Martin Altmeyer

Auf der Suche nach Resonanz

Wie sich das Seelenleben in der
digitalen Moderne verändert

Vandenhoeck & Ruprecht

In Erinnerung an Helmut Thomä

Bibliografische Information der Deutschen Nationalbibliothek

Die Deutsche Nationalbibliothek verzeichnet diese Publikation in der Deutschen Nationalbibliografie; detaillierte bibliografische Daten sind im Internet über http://dnb.d-nb.de abrufbar.

ISBN 978-3-525-46272-0

Weitere Ausgaben und Online-Angebote sind erhältlich unter: www.v-r.de

Umschlagabbildung: Women talking on subway
© Dreampictures/Image Source RF/vario images

Satz: SchwabScantechnik, Göttingen
Druck und Bindung: ⊕ Hubert & Co GmbH & Co. KG,
Robert-Bosch-Breite 6, D-37079 Göttingen

Gedruckt auf alterungsbeständigem Papier.

Inhalt

Warum wir digitale Selbstporträts verschicken – die Blitzkarriere
des Selfie · Wobei Menschen überall zuschauen sollen – kleines
Panoptikum der Zeigelust · Wie auch die Kulturprominenz
das mediale Identitätsspiel genießt – Sphären der gehobenen
Aufmerksamkeitsökonomie

Neugier – auf der Suche nach dem Menschen hinter der Medien-
figur · Rätsel – die Botschaft des Mediums im submedialen
Raum · Geheimnis – Exkurs über Realität in der Gegenwartskunst · Hoffnung – wer die Büchse der Pandora öffnet

Mentaler Kapitalismus – Bewirtschafte deine Persönlichkeit! ·
Demokratisierung des medialen Narzissmus – Die Kamera liebt
dich! · Einladung auf die Schaubühnen der Lebenswelt –
Zeig uns, wer du bist!

Ich werde gesehen, also bin ich – eine moderne Identitätsformel ·
Zwischen Selbst und Welt vermitteln – die schöpferische Funktion
des Narzissmus · Den Anderen betrachten, wie er mich betrachtet –
die narzisstische Urszene

Das Phantasma von Unbesiegbarkeit und Unsterblichkeit –
der Columbine-Effekt · Der Täter ist keine Marionette, an der
andere ziehen – das Schulmassaker von Erfurt · Allmacht,
Vorphantasie, Nachruhm – die performative Selbsterschaffung
im Gewaltakt · Anpassungsverweigerung, Freiheitspathos,
Mordlust – eine Blaupause sozialrebellischer Gewalt

Eine fatale Beziehungsstörung – soziale Metamorphosen des Todes-
triebs · Ein großartiges Gefühl – von der Ursachenforschung zur
Phänomenologie der Gewalt · Täter, Opfer, Publikum – zur
Dreiecksstruktur zeitgenössischer Gewalt

Gruppengewalt – wie unauffällige Menschen zu Massenmördern
werden · Kunstwerke des Bösen – zur medialen Inszenierung des
religiösen Terrors · Die Welt als Ganzheit – mentale Verwandt-
schaftsbeziehungen zwischen totalitären Massenbewegungen ·
Eine Kultur der Niederlage und die Figur des radikalen Verlierers

Vorwort

Mit diesem Buch lege ich eine Zeitdiagnose der digitalen Moderne vor. Es enthält den ebenso anspruchsvollen wie riskanten Versuch, besser zu verstehen, worin eigentlich die enorme Anziehungskraft der interaktiven Medien besteht, darüber aufzuklären, wie das zeitgenössische Selbst die mediale Lebenswelt zu eigenen Zwecken nutzt, und schließlich zu untersuchen, was uns die besondere Art dieser Nutzung über die soziale Natur des Seelenlebens im Allgemeinen verrät.

Den unter kritischen Intellektuellen weit verbreiteten Manipulations- oder Pathologieverdacht gegenüber der medialisierten Gesellschaft teile ich nicht. Deshalb sammle ich dafür auch keine Beweise. Meine eigene Sicht ist vielmehr wohlwollend und meine Untersuchungsmethode eher der Ethnologie abgeschaut, die sich ihrem Gegenstand nicht aus einer urteilenden Position, sondern aus der einer teilnehmenden Beobachtung nähert. Dazu bedarf es freilich einer unvoreingenommenen, am Neuartigen, Ungewohnten und Befremdlichen interessierten Grundeinstellung, die im modernekritischen Ressentiment leicht verloren geht.

Dass die heutige Mediengesellschaft tatsächlich attraktiv ist, lässt sich schon an bloßen Zahlen ablesen. Drei Viertel der europäischen Privathaushalte verfügt bereits über einen Online-Anschluss, Tendenz steigend. Die mobile Verwendung des Internets über Smartphones und Tablet-Computer nimmt rapide zu, vor allem unter der Jugend, bei der auch das interaktive Fernsehen die höchsten Einschaltquoten erzielt. Die sozialen Netzwerke, die es überhaupt erst seit 2004 gibt, erfreuen sich wachsender Beliebtheit. Stellen wir uns nur einmal die Facebook-Gemeinde als eigene Gesellschaft vor: Mit zum Jahresende 2015 über 1,5 Milliarden Einwohnern wäre sie die größte Nation der Erde und mit einem weltweiten Durchschnittsalter von unter dreißig Jahren auch die jüngste.

Manche Modernekritiker sehen sich durch solche Zahlen geradezu bestätigt, belegen sie doch aus ihrer Sicht einen psychosozialen Verfall im Weltmaßstab. Darauf stützen sie ihre Zeitdiagnosen eines informationskapitalistischen Totalitarismus, ganz gleich ob sie das mit den begrifflichen Mitteln der Psychoanalyse, der Gesellschaftstheorie oder des Romans tun. Sie wollen eine totalitäre Entwicklung erkannt haben, der sich die narzisstisch bedürftigen Individuen auch noch widerstandslos auslieferten. Im Grunde suggerieren sie, dass die digitale eine mentale Revolution ist, die längst die Seelen erfasst hat. Ich glaube das übrigens auch. Nur halte ich das nicht für einen Prozess der Zersetzung, sondern der Öffnung: Die Mediengesellschaft verändert das Verhältnis von Innen- und Außenwelt, indem sie soziale und psychische Sperren beseitigt. Inwiefern und auf welche Weise erreicht sie das?

Die digitale Moderne macht es ihren Bewohnern einfacher, miteinander Verbindungen aufzunehmen und zu kommunizieren, sich füreinander zu öffnen, sich untereinander auszutauschen und voneinander Antworten zu bekommen. Damit trägt sie zur Befriedigung eines zwischenmenschlichen Grundbedürfnisses bei. Im zeittypischen Drang zur medialen Sichtbarkeit wird nämlich ein elementares Resonanzverlangen erkennbar, das zum sozialen Fundament der Conditio humana gehört und schon den Säugling mit seiner Umwelt verbindet. Selbstverständlich machen die neuen Medien die Menschen, die sich ihrer bedienen, nicht besser und die Gesellschaften, in denen sie leben, nicht humaner. Aber sie bilden ein historisch einzigartiges, allen zugängliches Resonanzsystem, unter dessen Spiegel-, Echo- und Verstärkerwirkungen sich die Menschen stärker aufeinander beziehen – im Guten wie im Bösen. Das ist der Kern der hier vorgelegten Zeitdiagnose.

Meine zeitdiagnostischen Kernbefunde werden in den fünf Teilen des Buchs Schritt für Schritt entfaltet, wobei der Fokus immer wieder anders eingestellt wird. Jeder einzelne Teil beginnt mit einer knappen Übersicht und besteht wiederum aus jeweils drei Kapiteln (Ausnahme Teil III: zwei Kapitel). Die Kapitel sind durchlaufend nummeriert.

Der erste Teil – »Identitätsspiele mit Kamera: Das moderne Selbst in einer Ökonomie der Aufmerksamkeit« (S. 33 ff.) – enthält eine weit gefächerte Materialsammlung zur Suche nach Resonanzerfah-

rungen in der gegenwärtigen Lebenswelt. Zunächst wird der Mas-
senwettbewerb um sozialen Identitätsgewinn als zeitgenössisches
Gesellschaftsspiel behandelt, dessen jüngste, schlichteste, am weites-
ten verbreitete und am meisten beeindruckende Variante das Spiel
mit dem Selfie ist. Anschließend werfe ich einen Blick hinter die
medialen Kulissen, wo zunehmend Emotion, Verhalten und Persönlichkeit vermarktet werden und Authentizität als Edelware gilt.
Am Ende wird der kategorische Imperativ der Mediengesellschaft
benannt, der eine identitätsstiftende Urerfahrung des werdenden
Selbst in sich aufnimmt: Ich werde gesehen, also bin ich! In dieser
Eröffnung deute ich das Verlangen nach gesellschaftlicher Sichtbarkeit und Umweltresonanz als psychosoziales Bindemittel der digitalen Moderne.

Im zweiten Teil – »Big Brother als Big Mother: Die Lust an öffentlicher Selbstdarstellung« (S. 77 ff.) – werden zeittypische Sichtbar-
keits- und Resonanzwünsche anhand des interaktiven Fernsehens
analysiert, das sich im Übergang zum dritten Jahrtausend als weltweit erfolgreichste Sendeform etabliert hat (einmal abgesehen von
Fußballübertragungen und selbst diese werden allmählich zu interaktiven Shows). Sämtliche Formate des Reality-TV lassen sich im
Prinzip als Schaubühnen verstehen, auf denen sich jeder und jede
einem Publikum präsentieren kann. Im Detail untersucht werden
die quotenträchtigen, insbesondere bei der Jugend äußerst beliebten
Realityshows »Big Brother« und »Dschungelcamp«, die beide das
authentische Zusammenleben in der Gruppe zum Thema machen.
Die soziale Dramaturgie solcher seriellen Shows setzt auf das Interesse von Teilnehmern, sich der Welt zu zeigen und von dort Rückmeldungen auf die eigene Darstellung zu bekommen, ein interaktives
Interesse, mit dem sich die Zuschauer offensichtlich identifizieren.

Dieses Interaktionsmuster, das den neuen Medien eingeschrieben ist, wird im dritten Teil – »Hoffen auf Umweltresonanz: Die
unbewusste Kehrseite des Narzissmus« (S. 101 ff.) – mit den Mitteln
einer modernen Psychoanalyse untersucht, die dabei ist, vom klassischen Triebmodell zu einem Beziehungsmodell der Psyche überzu-
gehen: Das individuelle Selbst ist stets auf die soziale Realität bezogen und auf Umweltresonanz angewiesen. Aus dieser relationalen,
durch die Interaktionsbefunde der Säuglingsforschung gestützten

Betrachtungsweise lässt sich zunächst das Unbewusste neu definieren, nämlich als angeborene Bestrebung des Selbst, Verbindungen
mit der Umwelt herzustellen. Im Rahmen dieser Neudefinition erhält
auch der Narzissmus eine ganz andere Bedeutung als in der klassischen Psychoanalyse: Er wird nicht länger als reine Selbstliebe verstanden, die den Anderen nicht braucht, sondern im Gegenteil als
eine Beziehung zum eigenen Selbst, die unbewusst überhaupt erst
im Spiegel des Anderen entsteht.

Im vierten Teil – »Angreifen vor Publikum: Gewalt als demonstrative Machtinszenierung« (S. 135 ff.) – zeige ich, dass ein intersubjektiv verstandener Narzissmusbegriff nicht nur zum generellen Verständnis der medialen Welt taugt, sondern insbesondere
auch den Inszenierungscharakter barbarischer Gewaltakte, die vor
Zuschauern stattfinden, aufklären hilft. Exemplarisch lässt sich aus
Verlauf und Phänomenologie des Schulamoklaufs die grandiose
Botschaft des mörderischen Gewaltakts herauslesen, der insgeheim
auf einen entsetzten Dritten spekuliert, der bei der Demonstration
der eigenen Allmacht zuschauen soll. Skizziert wird eine Inter-
aktionstheorie menschlicher Destruktivität, die weder von innen
noch von außen und auch nicht aus Fremdheit entsteht, sondern
aus zu großer Nähe zwischen Menschen, die sich real oder imagi-
när aufeinander beziehen. Das erklärt auch die makabre Tötungslust bei den »Kriegern des Guten«, die ihre religiös oder weltanschaulich motivierten Massenmorde stets vor einem medialen
Weltpublikum und im Namen einer höheren Moral begehen; die
Vernichtung und Entwürdigung des Gegners dient zugleich der
Erhöhung des eigenen Selbstbilds.

Im fünften und letzten Teil – »Verbindungen zur Welt knüpfen:
Die zeitgenössische Psyche als soziale Netzwerkerin« (S. 185 ff.) – ver-
dichte ich meine Befunde zu einer Zeitdiagnose, die von sozialan-
thropologischen Erkenntnissen der Humanwissenschaften ausgeht.
Heute wissen wir, dass der Mensch kein Einzeller ist, der sich in einer
abgegrenzten psychischen Realität bewegt, sondern von Geburt an
ein soziales Wesen, das sich auf die äußere Realität und seine Mitmenschen bezieht; die Seele wird als ein komplexes Beziehungsorgan
verstanden, das Selbst und Welt, Innen und Außen, Trieb und Kultur
miteinander verbindet. Die digitale Moderne knüpft an den sozialen

Netzwerkcharakter der Seele an. Die neuen Medien erzeugen einen Strukturwandel der Öffentlichkeit, der auch Menschen, die nicht dem exklusiven Kreis der Reichen, der Schönen und der Bedeutenden angehören, die Flucht aus der Anonymität in die Sphäre sozialer Sichtbarkeit erlaubt. Die Chance auf mediale Spiegelung, auf ein Echo aus der Umwelt wird ausgiebig genutzt: Mit dem exzentrischen Selbst entwickelt sich ein moderner Persönlichkeitstyp, der auf der Suche nach sozialer Resonanz aus sich herausgeht, um sich und der Welt zu zeigen, was in ihm steckt – ganz gleich, was das ist.

Naturgemäß hatte die Kunst- und Literaturszene immer schon exzentrische Figuren angelockt. Einer der ersten literarischen Exzentriker war Heinrich von Kleist. Zu seiner Zeit ein Außenseiter der Literaturszene, gilt er heute als literarischer Erfinder des verunsicherten, zerrissenen, weltverlorenen Menschen in der beginnenden Moderne. Den seelisch gebrochenen Figuren seiner Theaterstücke und Novellen hat er ein verzweifeltes Bedürfnis nach sozialem Echo, nach Aufmerksamkeit und Anerkennung eingeschrieben. Das Käthchen von Heilbronn, die Marquise von O. oder Michael Kohlhaas – sie alle lassen sich von ihrem Schicksal keineswegs unterkriegen, sondern unternehmen etwas. Statt sich enttäuscht in sich selbst zurückzuziehen, gehen sie handelnd aus sich heraus und verlangen nach Resonanz.

Das gleiche Verlangen nach gesellschaftlicher Resonanz mag den zeitlebens verkannten Kleist im Alter von 34 Jahren getrieben haben, zusammen mit seiner Geliebten in Aufsehen erregender Weise Selbstmord zu begehen: Nach einem lukullischen Picknick am kleinen Berliner Wannsee erschießt er erst Henriette Vogel und dann sich selbst mit einer Pistole. In einem »Triumphgefühl«, wie es in seinen Abschiedsbriefen heißt, hinterlässt er der Nachwelt ein letztes Theaterstück, das bis heute in Erinnerung geblieben ist.

So herrscht im Werk, im Leben und im Tod von Heinrich von Kleist eine auffällige Exzentrik, die der Berliner Schauspieler Ulrich Matthes in einem Zeitungsinterview mit Uwe Ebbinghaus (2011) anlässlich des 200. Todestags des Dichters zu beschreiben versucht hat: »Immer wieder gibt es den Versuch bei ihm, sich in irgendeiner Weise mit dem, was innerlich in ihm brodelt, der Welt zu präsentieren, zu sagen: Schaut her, das bin ich, nehmt es wahr, reagiert darauf, ich biete es euch an«.

Was der für seine intensive Darstellungskunst zu Recht gerühmte und anerkannte Schauspieler im Dichter (wie in sich selbst) erkennt, ist ein dringendes Bedürfnis, das Innerste nach außen zu wenden, in der Hoffnung, von der sozialen Welt ein Höchstmaß an Resonanz und Spiegelung zu erhalten. Diese psychische Exzentrik scheint mir den Kern eines Persönlichkeitstyps zu bilden, den Kleist, seiner Zeit weit voraus, schon im frühen 19. Jahrhundert verkörpert hat. An der Schwelle zum 21. Jahrhundert hat das Exzentrische den Durchbruch geschafft und ist zum Erkennungsmerkmal des modernen Sozial-charakters geworden.

Das ist die zeitdiagnostische Bilanz dieses Buchs: In der digitalen Moderne neigt das zeitgenössische Selbst stärker dazu, sich ande-ren Menschen zu zeigen, um besser wahrgenommen zu werden und mehr Beachtung zu finden, letzten Endes aber, um jene Resonanz zu erhalten, die es gerade in einer krisenhaft zusammenwachsenden, allseits vernetzten und nicht zuletzt deshalb beunruhigenden Welt für die eigene Selbstvergewisserung braucht.

Dieses Buch ist nicht erst beim Niederschreiben entstanden, son-dern Ergebnis eines langjährigen Lern- und Forschungsprozesses mit dem Ziel, die zwischenmenschliche Natur des Seelenlebens zu begreifen. Seit der Millenniumswende habe ich in verschiedenen Vorträgen, Zeitungsbeiträgen, Fachaufsätzen und Buchveröffent-lichungen untersucht, wie sich in der Mediengesellschaft mit der Modernisierung der Lebenswelt auch die Psyche modernisiert. All diese Untersuchungen sind in diesen Text eingeflossen und zu einer Gegenwartsdiagnose verbunden worden. Wer sich für die Quel-len im Einzelnen interessiert, findet sie im Nachwort am Ende des Buchs.

Gewidmet habe ich das Buch der Erinnerung an Helmut Thomä, meinen langjährigen Gesprächspartner, Mitautor und Mitstreiter in Sachen Modernisierung der Psychoanalyse, der mir zu einem späten Freund geworden ist. 2013 ist er in hohem Alter gestorben; ich ver-misse seine frühmorgendliche Anrufe. An Helmut habe ich immer die Chuzpe bewundert, mit der er die Aufklärungsfunktion einer

wissenschaftlich fundierten Psychoanalyse gegen ihre fundamenta-
listische Versuchungen verteidigt hat. Gemeinsam haben wir daran
gearbeitet, dass die Intersubjektivität des Seelenlebens allmählich
auch in Deutschland als Paradigma einer modernen psychoanalytischen Theorie und Praxis anerkannt wird. Die aus diesem Paradigmenwechsel erwachsene Erkenntnis, dass das Selbst unbewusst
auf den Anderen bezogen, dass die Psyche mit der Lebenswelt aufs
Engste vernetzt und dass das Internet als ein soziales Resonanzsystem zu verstehen ist, hat dieses Buch erst ermöglicht.

Martin Altmeyer

Einleitung:
Das Ende der Unsichtbarkeit

What is the Self, anyway?
It is the identifiable subject of a selfie.[1]

Jason Feifer, »The Essence of a Selfie« (2015)

Unaufhörlich sind die Menschen am twittern, chatten, mailen, bloggen, hashtaggen, googeln und downloaden. Sie posten und posen und stellen ihre Selfies ins Netz oder verschicken sie über soziale Medien. Eifrig füllen sie ihre Facebook-Seiten. Begeistert schauen sie sich auf ihren Laptops TV-Casting- und Realityshows an oder nehmen selbst daran teil. Ständig blicken sie auf ihr Smartphone, um ja nicht die neueste SMS zu verpassen oder eine WhatsApp-Nachricht, die umgehend beantwortet wird. Warum tun sie das alles, vor allem Jugendliche und junge Erwachsene, aber zunehmend auch ältere Menschen? Aus narzisstischen Motiven? Weil Aufmerksamkeitssucht, Kommunikationsgier und Medienabhängigkeit sie dazu treiben? Sie tun das, vermute ich, weil sie auf der Suche nach sozialer Resonanz sind. Das Seelenleben im digitalen Zeitalter scheint von einem Grundbedürfnis nach sozialem Kontakt durchdrungen, vom Wunsch nach zwischenmenschlicher Kommunikation, vom Verlangen danach, gesehen und gehört zu werden, von einer Sehnsucht nach Spiegelung, nach einem Echo aus der Lebenswelt.

Beginnen wir mit zwei Beobachtungen, die mich in dieser Vermutung bestätigen. Die erste ist eine Selbstbeobachtung und stammt von David Brooks, einem US-amerikanischen Journalisten. Er hat ein lesenswertes Buch darüber geschrieben, wie Beziehungen und Emotionen unser Leben bestimmen – »Das soziale Tier« (Brooks, 2012) – und ist Kulturkolumnist bei der liberalen »New York Times«. In einer seiner Zeitgeistkolumnen beschreibt er ein eigentümliches Lebensgefühl, das sich im gewohnheitsmäßigen Griff nach dem Handy äußert:

---

1 »Was ist das Selbst überhaupt? Es ist das erkennbare Subjekt eines Selfie« (eigene Übersetzung).

»Selbst während der kleinsten Pause im wirklichen Leben greifst du zu deinem Phone, um Nachrichten zu checken. Du spürst jene Phantom-vibrationen selbst dann, wenn niemand dir textet. […] Online zu sein ist so, als ob man Teil der großartigsten Cocktailparty wäre, die jemals stattfände und nie zu Ende ginge. Wenn du eine E-Mail schreibst oder eine SMS, auf Facebook bist oder Instagram oder bloß den Links im Internet folgst, hast du Zugang zu einem ständig wechselnden Univer-sum sozialer Kontaktoptionen. Es ist, als ob du in einem unendlichen Menschenpulk unterwegs bist, mit unmittelbarem Zugang zu Leuten, denen du in Wirklichkeit fast niemals begegnest. Online zu leben ist so herrlich, weil es Geselligkeit nahezu ohne Spannungen schafft. Du kannst Bonmots, Fotografien, Videos oder Zufallsmomente von Einsicht, Ermutigung, Solidarität oder gutem Willen mit anderen teilen. Du lebst in einem Zustand immerwährender Vorwegnahme, weil die nächste soziale Begegnung in der nächsten Sekunde ansteht. […] Diese Art der Inter-aktion fördert mentale Beweglichkeit. […] Diese schnelle, reibungslose Welt begünstigt die rasche Auffassungsgabe, die unmittelbare Einschät-zung und den gekonnten Auftritt« (Brooks, 2015; eigene Übersetzung).

Das ist gut beobachtet. Die zweite Beobachtung ist erkenntnistheo-retischer Natur und stammt von dem Philosophen Peter Bieri, der unter dem Pseudonym Pascal Mercier eine Reihe von interessanten Romanen veröffentlicht hat (unter anderem »Nachtzug nach Lissa-bon«; Mercier, 2004). Er befasst sich mit dem Problem der Selbst-erkenntnis und fragt danach, wie wir erkennen, wer wir sind:

»Wohin können wir blicken? Nach innen, möchte man meinen. Doch es nützt nichts, die Augen zu schließen und sich zu konzentrieren. Es gibt kein inneres, geistiges Auge, das mit seinem unsinnlichen Blick die Konturen der Innenwelt erkunden könnte. Denn die Welt unserer Gedanken, Gefühle und Wünsche ist kein abgekapselter, selbstgenüg-samer Bereich, der sich ohne Blick nach außen verstehen ließe. Wenn wir wissen wollen, was wir über eine Sache denken […], so müssen wir nicht nach innen blicken, sondern nach außen auf diese Sache. Wenn wir wissen möchten, was genau das Gefühl ist, das wir einer Person oder einem Ereignis entgegenbringen, so geht es darum, die Empfin-dung aus der Situation und ihrer Geschichte heraus zu verstehen. Nur so finden wir heraus, ob es sich um Wut oder Verachtung, um Liebe oder Bewunderung handelt. Und wenn wir wissen wollen, was unsere bestimmenden Wünsche sind, ist es manchmal nötig, uns selbst wie einem Fremden gegenüberzutreten und uns in unserem Tun wie von außen zu betrachten. Erst dann wird uns vielleicht klar, dass wir am liebsten allein leben möchten, im Verborgenen und nicht, wie wir dachten, im Rampenlicht« (Bieri, 2007).

Das Empfinden imaginärer Vergemeinschaftung, das Brooks an sich selbst beobachtet, und der Blick nach außen, den Bieri im Prozess der Identitätsfindung am Werk sieht, beides wird in diesem Buch zusammengebracht. Meine Hypothese lautet, dass die neue Medienwelt ein einzigartiges Kommunikationssystem darstellt, das soziale Sichtbarkeit anbietet und zur persönlichen Resonanzsuche geradezu einlädt. Von ihren Bewohnern wird diese suggestive Einladung bereitwillig angenommen. Nicht etwa deshalb, weil sie dazu genötigt, verführt oder manipuliert würden, sondern aus zutiefst menschlichen Gründen: weil Erfahrungen von Umweltresonanz zum Kern der Conditio humana gehören, weil Resonanzerfahrungen dieser Art der Stärkung eines Gefühls von Identität und Bedeutung dienen.

    Mein Interesse gilt dem Zusammenspiel von Seelenleben und Lebenswelt in Zeiten des Informationskapitalismus: Wie eignen sich die Kinder der digitalen Moderne die Technokultur, in die sie hineinwachsen, seelisch an? Und was verrät uns die Art dieser Aneignung über die Verfassung der zeitgenössischen Psyche? Was den Leser und die Leserin erwartet, ist der Versuch einer psychoanalytischen Zeitdiagnose der digitalen Moderne. Um auf die Lektüre vorzubereiten, beantworte ich einleitend einige Fragen.

Sind die seelischen Wirkungen der digitalen Moderne bloß oberflächlicher Natur?

Die Moderne ist ständig in Bewegung. Rastlos dreht sie das Rad der Geschichte immer weiter. Unaufhaltsam treibt sie den Fortschritt voran. Andauernd verlangt sie nach Erneuerung. Seit dem 15. Jahrhundert, als sie sich allmählich aus dem Spätmittelalter zu entwickeln begann, besteht sie aus einer einzigen Folge von Entdeckungen,

Erfindungen und Eroberungen und zugleich von entsprechenden Umbrüchen in den Selbst- und Weltbildern der menschlichen Gattung. Der technische, soziale und mentale Wandel ist geradezu das Markenzeichen der Moderne. Nachdem die Menschheit die frühe Moderne, die Hochmoderne, die Gegenmoderne, die Spät- oder Postmoderne und die zweite oder reflexive Moderne hinter sich gelassen hat, markiert der Millenniumswechsel erneut eine Zeitenwende. Heute reden wir vom Zeitalter der digitalen Moderne, das durch die rasante Entwicklung der neuen Medien im Übergang vom zweiten zum dritten Jahrtausend durchdrungen ist.

Gewöhnlich bezeichnen wir als digitale Moderne einen durch revolutionäre Entwicklungen in der Elektronik- und Computerindustrie hochgerüsteten Informationskapitalismus mitsamt seinem technologischen Arsenal. Letzten Endes sind es grandiose Ingenieursleistungen, denen wir all jene Produkte einer elektronischen Kommunikationsindustrie verdanken, die aus dem gewöhnlichen Alltagsleben nicht mehr wegzudenken sind: Personal Computer, Notebook, Laptop, Tablet, Smartphone – allesamt keine 25 Jahre alt. Die Herzkammer all dieser digitalen Technologien bildet das Internet, das weltweit in der Lage ist, alles mit allem, jeden mit jedem zu verbinden, und in seiner Qualität, Reichweite und Geschwindigkeit ständig optimiert wird. Um dieses Kraftzentrum herum haben sich Korrespondenzdienste für Text- wie Bildaustausch und Sozialmedien angesiedelt, die sich permanent ausdehnen und vermehren.

Die pragmatische Verwendung der neuen Medientechnologien ist den meisten Zeitgenossen längst in Fleisch und Blut übergegangen. Bereitwillig lernen sie die Wundergeräte mit den glatten Fassungen und durchgestylten Oberflächen zu bedienen, zumal diese mit jeder Innovation nicht nur schöner, sondern auch benutzerfreundlicher zu werden versprechen. Doch die mentale Anpassung an die neuen Medien geht über die Begeisterung an deren Ästhetik und die Freude am multimedialen Kompetenzerwerb weit hinaus. Die digitale Revolution reduziert sich keineswegs auf Fortschritte in den angewandten Informationswissenschaften, sondern reicht bis in die Tiefenstrukturen der Psyche.

Was für die industrielle Revolution galt, die im Fabrikzeitalter nicht nur die äußere, sondern auch die innere Welt veränderte, gilt

für die digitale Revolution in noch stärkerem Maße. Die Veränderungen, die sie hervorgebracht hat, lassen sich nicht auf die rasan-
ten Fortschritte in den angewandten Informationswissenschaften
reduzieren. Sie erschöpfen sich keineswegs in einer revolutionären
Medientechnologie und deren alltagspraktische Verwendung. Denn
weit über den Zwang zum medialen Kompetenzerwerb hinaus haben
wir uns auf die schöne neue Computerwelt mental eingestellt. Wir
müssen nicht nur notgedrungen damit leben, sondern wir tun
das gerne. Mit ihrem Angebot an universellen Wissensbeständen,
schnellen Verbindungen und sozialen Vernetzungen verlockt und
verführt sie uns geradezu. Aber worin genau besteht diese Faszina-
tion?

Gewiss werden Smartphones und Laptops auch benutzt, um
Fakten und Wissen abzurufen, Termine zu vereinbaren, Einkäufe
zu machen, Bestellungen aufzugeben, Bankgeschäfte zu erledigen,
Wohnungen zu suchen, Autos zu mieten, Kinobesuche zu planen
oder Reisen zu organisieren und einiges mehr. Die unbestreitbaren
Vorteile, die mit der stetigen Ausdehnung der digitalen Kommuni-
kationstechnologien verbunden sind und analogen Aufwand erspa-
ren, werden von immer mehr Menschen genutzt. Solche medialen
Angebote sind schon deshalb attraktiv, weil sie den persönlichen und
beruflichen Alltag erleichtern, bei der Organisation des Soziallebens
helfen, der Erweiterung des eigenen Horizonts dienen und für die
Lebensgestaltung noch weitere nützliche Funktionen erfüllen, die
wenig kosten. Aber das ist eben nicht alles.

Ausgiebig und intensiv nutzen die Menschen die zahlreichen
Kommunikationskanäle, um sich darzustellen und sichtbar zu
machen, mit anderen in Verbindung zu kommen und zu interagieren, Rückmeldungen zu erhalten und zu geben. Die psychische
Anpassungsleistung, die die Bewohner der digitalen Moderne zu
erbringen haben, ist anscheinend kein Akt der passiven und wider-
strebenden Unterwerfung, sondern einer der aktiven und freiwilligen Aneignung: Endlich können sie sich zu Wort melden, ins Bild
setzen und zeigen, wer sie sind. Wie sie das im Einzelnen bewerk-
stelligen und welche seelischen Rückwirkungen das hat, wird in diesem Buch untersucht.

Bildet sich in der modernen Kommunikations-gesellschaft ein neuer Persönlichkeitstyp?

Im Zentrum meiner Untersuchung steht die Frage, ob sich in der medienvermittelten Technokultur des 21. Jahrhunderts (Lemma, 2015) ein zeitgemäßer Sozialcharakter herausbildet, der die typischen Charakterformationen des 20. Jahrhunderts alt aussehen lässt. Dabei verzichte ich auf jene Pathologisierungen, wie sie in der Tradition gesellschaftskritischer Zeitdiagnosen üblich waren. Denn vom Vorherrschen psychopathologischer Störungsmuster ausgehend, dienten die klassischen Analysen des Sozialcharakters jeweils der Untermauerung einer bestimmten Sozialkritik – ganz gleich, ob sie nun dem Fin de Siècle die »Neurasthenie« (Radkau, 1998), der autoritären Gesellschaft den faschismusanfälligen »autoritären Charakter« (Horkheimer, 1936/2005; Adorno et al., 1973), einer Kultur der Selbstbezogenheit die »narzisstische Persönlichkeit« (Ziehe, 1978) oder einer von anonymen Machtdiskursen beherrschten Welt das »subjektlose Subjekt« (Foucault, 1982/2007) zuordneten.

Im Gegensatz zu solchen Diagnosen einer Individual- und Sozialpathologie erkläre ich weder die moderne Kommunikationsgesellschaft für krank und behandlungsbedürftig noch die Individuen, die in ihr leben. Auch die These einer »Kolonialisierung der Lebenswelt« (Habermas, 1981) durch moderne Systemimperative wird hier nicht fortgeschrieben. Die digitale Moderne kolonisiert die Menschen nicht, sie verbindet sie miteinander. Meine eigene Haltung zur Medialisierung des Alltagslebens ist wohlwollend-interessiert, jener von Freud empfohlenen Grundeinstellung einer gleich schwebenden Aufmerksamkeit vergleichbar, die von Psychoanalytikern und Psychoanalytikerinnen ihren Patienten gegenüber wie selbstverständlich eingenommen wird, gegenüber den kulturellen Phänomenen der Medienwelt aber häufig schwer fällt.

So hat beispielsweise Christopher Bollas (2015) – in einem der Hauptvorträge beim Kongress der Internationalen Psychoanalytischen Vereinigung, der 2015 unter dem Motto »Psychoanalysis in a Changing World« stattfand – die digitale Moderne als »age of bewilderment« tituliert, was man als Zeitalter der Verwirrung, des Durcheinanders oder der Verwilderung übersetzen kann. Der Welt der neuen Medien hat er ein verheerendes Zeugnis ausgestellt. Durch den »Horizontalismus« der Netzwerkgesellschaft gehe Denk- und Gefühlstiefe verloren: Alles sei nur noch bezogen, ohne Essenz. Mit ihrer Tendenz zur »Homogenisierung« entwerte sie die Bedeutung von Differenz: Alle seien gleich, alles sei gleich wichtig. Die ihr unterworfenen Individuen flüchteten sich in »Pseudo-Dummheit«: Symptomatisch dafür sei die verkürzte Twitter-Sprache. Die Menschen seien infiziert durch eine oberflächliche »Sightophilia«: Eine unbändige Lust am Sehen und Gesehenwerden hätte die Fähigkeit zur inneren Einsicht zersetzt. Unter Verweis auf entsprechende Erfahrungen mit jüngeren Patienten, deren niedriges Bildungsniveau, eingeschränkte Reflexionsfähigkeit und restringierte Sprachcodes er bemängelt, prognostiziert Bollas allen Ernstes den drohenden »Subjektizid« *(subjecticide):* Wenn eine angewandte Psychoanalyse mit psychotherapeutischen und kulturkritischen Mitteln diesen digitalen »Mord am Subjekt« schon nicht verhindern könne, müsse sie wenigstens Widerstand leisten.

Solche Unheilsprognosen, in denen sich eine apokalyptische Weltsicht mit der grandiosen Selbstsicht einer helfenden Profession mischen, liegen mir fern. Die hier vorgelegte Zeitdiagnose, die methodisch aus der psychoanalytisch-kulturanthropologischen Perspektive teilnehmender Beobachtung entstanden ist, wird dagegen eher beschreibend als kritisch, eher wohlwollend als skeptisch, eher verständnisvoll als anklagend ausfallen. Wer nach empirischen und epidemiologischen Daten verlangt, wird sie in den umfangreichen Studien finden, die der Entwicklungspsychologe Martin Dornes in seinen beiden Büchern zur mentalen Verfassung moderner Kommunikationsgesellschaften – »Modernisierung der Seele« (2012) und »Macht der Kapitalismus depressiv?« (2016) – zusammengetragen hat.

In seiner Metaanalyse kommt Dornes zu einer insgesamt positiven Bewertung des psychischen Strukturwandels im informationskapitalistischen Zeitalter. Der »postheroischen Persönlichkeit« (Dornes, 2012), so nennt Dornes den zeitgenössischen Sozialcharakter, bescheinigt er freilich eine ambivalente Struktur: Die typische Persönlichkeitsstruktur der Gegenwart sei im Vergleich zu früheren Epochen offener, durchlässiger, flexibler, lebendiger und reichhaltiger geworden, weniger starr, weniger zwanghaft und weniger eingeschränkt, aber auch, womöglich aus denselben Gründen, sensibler, labiler und störungsanfälliger.

Diese innere Ambivalenz – übrigens generell ein Kennzeichen der Moderne, wie Zygmunt Bauman in »Moderne und Ambivalenz« (2005; vgl. auch Bauman, 2003) gezeigt hat – gehört vielleicht zum seelischen Preis einer sexuellen, moralischen und kulturellen Liberalisierung, der freilich mit den psychischen Kosten zu verrechnen ist, die durch die Liberalisierung eingespart werden. Denn gerade jene Charakterpanzerung, die in vorliberalen Gesellschaften durch Verdrängung, Verleugnung und Unterdrückung von Bedürfnissen entstanden war, musste teuer bezahlt werden.

Die zeitdiagnostische Bewertung von psychosozialen Veränderungen ist stets eine Frage der eigenen Perspektive und Einstellung. Ich selbst stehe der digitalen Moderne offen, jedoch nicht indifferent gegenüber. Was für die Technologie generell gilt, hat auch für die Medientechnologie Geltung. Sie ist an sich weder gut noch böse, aber auch nicht neutral (vgl. Kranzberg, 1986). Insofern bin ich weder Digitalutopist noch Digitalpessimist, sondern interessiert und neugierig auf das Neue, das sich in den medienvermittelten Formen von Individuierung und Vergesellschaftung andeutet.

Das Verlangen nach sozialer Resonanz ist beileibe kein Kunstprodukt der Medienwelt, was manche ihrer Kritiker behaupten. Es handelt sich vielmehr um ein menschliches Grundbedürfnis, das am Beginn jeder seelischen Entwicklung steht, wie uns die Säuglingsforschung lehrt. Von Geburt an verlangt der Säugling nach Umweltantworten. Er tut das mit all seinen Sinnen. Er schaut, er hört, er tastet, er greift und er riecht buchstäblich in seine Umwelt hinein. In der Erwartung, Reaktionen zu bekommen, versucht er ständig, Kommunikationen zu initiieren, Affekte und Kognitionen auszutauschen, Menschen in seinem Blickfeld zu animieren – bis er müde wird und sich in den Schlaf, den Traum oder die eigene Phantasiewelt zurückzieht. Aber selbst dann ist der Säugling nicht einsam, sondern in einem Zustand des »Alleineseins in Gegenwart eines Anderen« (Winnicott, 1974), einer Seelenverfassung, die sich von der Einsamkeit dadurch unterscheidet, dass er sich nicht von der umgebenden Welt verlassen, sondern aufgehoben und in sie eingebettet fühlt.

Menschen brauchen Umweltresonanz nicht zuletzt deshalb, um
ihr Selbst- und Sicherheitsgefühl zu regulieren, um zu erfahren, wer
sie sind. Weit über Kindheit, Pubertät und Adoleszenz hinaus bleibt
der Niederschlag frühkindlicher Resonanzerfahrungen im Seelenleben des Einzelnen virulent, bis ins hohe Alter hinein. Genau das
macht die Attraktivität der digitalen Moderne aus: dass sie an solchen, im impliziten Gedächtnis aufbewahrten Spiegel- und Echoerfahrungen andocken kann. Für diese These wird das Buch Evidenzen
und Begründungen liefern.

Oder verursacht der technologische Totalitarismus der digitalen Moderne einen psychosozialen Verfallsprozess?

Mit der Annahme, dass die digitale Moderne ein soziales Resonanzsystem zur Befriedigung zwischenmenschlicher Echo- und Spie-
gelungsbedürfnisse bietet, setze ich mich einerseits von futuristi-
schen Cyborgvisionen ab, andererseits aber auch von einer radikalen
Modernekritik, die Endzeitstimmung verbreitet, und einen »digitalen Totalitarismus« heraufziehen sieht. »Big Data« heißt das Code-
wort für die angebliche Herrschaft einer dubiosen Koalition aus privaten Internetkonzernen und staatlichen Geheimdiensten, welche
die Menschheit bedroht.

Einer der internationalen Wortführer des modernekritischen Kulturpessimismus ist Evgeny Morozov, der mit zahlreichen Blogs, Zei-
tungsaufsätzen und Vorträgen einen intellektuellen Feldzug gegen den
Informationskapitalismus führt. Insbesondere attackiert er mit der
Idee des Teilens ein Schlüsselkonzept der digitalen Ökonomie. Jede
praktische Anwendung des »Sharing«-Gedankens – und sei sie noch
so einleuchtend wie das Teilen der eigenen Wohnung oder des eigenen
Autos – entlarvt er als infamen Trick der Computerindustrie zum Zwecke weiterer Ausspähung, sozialer Kontrolle und kapitalistischer Profitmacherei. Morozovs Buch »Smarte neue Welt« (2013) erinnert schon
im Titel an die »Schöne neue Welt« von Aldous Huxley (1932/1953),
der in seinem berühmten Roman aus dem Jahr 1932 – dem Vorjahr
der faschistischen Machtübernahme in Deutschland – das Schreckens-
bild einer totalitären Gesellschaft entworfen hatte.

Auf Morozovs »antitotalitäre« Abrechnung mit der digitalen Moderne beruft sich auch Jonathan Franzen in seinem Gegenwartsroman »Unschuld« (2015), nur dass er das Internetzeitalter nicht mit dem Nationalsozialismus, sondern mit dem DDR-Sozialismus vergleicht. Andreas Wolf, eine seiner als Sprachrohr des Autors benutzten Romanfiguren und fiktiver Neffe von Markus Wolf, dem Leiter des DDR-Auslandsspionage, lässt er entsprechende Parallelen ziehen: »Ersetzte man *Sozialismus* durch *Netzwerke,* hatte man das Internet« (Franzen, 2015, S. 662). Um ihn wenig später nachtragen zu lassen: »Wie die alten Politbüros stellte sich auch das Neue als Feind der Elite und Freund der Massen dar, darauf aus, den Konsumenten zu geben, was sie haben wollen« (Franzen, 2015, S. 664). Die »Echokammer des Internet«, meint der Autor – im Interview mit der Überschrift »Das ist alles sehr deutsch« – sei aber nicht nur totalitär, sondern gleichzeitig »so ziemlich das größte Instrument zur Förderung von Narzissmus, das je gebaut wurde« (zit. n. von Lovenberg, 2015).

Im Diskurs des kulturellen und seelischen Niedergangs mischt die deutsche Intellektuellenszene kräftig mit. In einem einschlägigen Sammelband spricht Frank Schirrmacher (2015) vom »technologischen Totalitarismus«. Botho Strauß (2013a) beschwört die »Bakterienschwärme neuer Medien«. Hans Magnus Enzensberger beklagt die »Fallgruben der Digitalisierung« (2014). Harald Welzer warnt vor der »Totalisierungsfalle des Informationszeitalters«, in der die digitale Medienwelt eine Jugend gefangen halte, die zur Verteidigung ihrer »Autonomie« nicht mehr bereit oder in der Lage sei (Pauen u. Welzer, 2015). Byung-Chul Han erkennt im zeitdiagnostischen Zweijahresrhythmus nacheinander eine erschöpfte »Müdigkeitsgesellschaft« (Han, 2010), eine manipulative »Transparenzgesellschaft« (Han, 2012) und schließlich eine Gesellschaft neoliberaler »Psychopolitik« (Han, 2014), in der die klassisch-kapitalistische Fremdausbeutung durch informationskapitalistische Selbstausbeutung ersetzt, der Einzelne gar »zum Geschlechtsteil des Kapitals« gemacht werde.

In seinem Ressentiment gegen die gleichmacherische Moderne verfolgt auch Peter Sloterdijk jene »schrecklichen Kinder der Neuzeit« (2014), die seit der französischen Revolution »das Glück der Privilegierten« hassten und durch die Wechselfälle der Geschichte hindurch in den Computerkids ihre zeitgemäßen Avatare gefunden hätten. Aber ist die Generation der »Millennials« – der um die Jahrtausendwende geborenen »digital natives« – wirklich so schrecklich oder zeugt Sloterdijks Attacke nur vom Schrecken eines geistesaristokratischen Autors, der seine publizistischen Privilegien gefährdet sieht, wo jetzt auch Herr Hinz und Frau Kunz sich zu allem Möglichen zu Wort melden dürfen?

Als ob die Zeit anzuhalten wäre, predigen Intellektuelle von links bis rechts digitale Enthaltsamkeit: Werft eure Handys weg! Kappt eure Internetzugänge! Meidet die sozialen Netzwerke! Solche Parolen verraten freilich mehr über die inneren Dämonen der Modernekritiker als über die Medienwelt, die sie dämonisieren. Frei von jeder Ironie fordern sie die Jugend zum strategischen Rückzug aus der digitalisierten Gegenwartskultur auf, in einer Kombination von Selbstgerechtigkeit und moralischer Emphase, die wir bisher nur von den Weltreligionen kannten in ihrem fundamentalistischen Widerstand gegen die kulturelle Moderne – die Gleichstellung der Frau, die sexuelle Freizügigkeit, die Zulassung der Homosexuellen-Ehe, die intellektuelle Flachheit sowie weitere Schritte ins sittliche Verderben.

In ihrem entsetzten Blick auf die Gegenwart ähneln die Fortschrittskritiker dem »Angelus Novus« von Paul Klee, jenen Unheil verkündenden Engel, der sein Gesicht bekanntlich der Vergangenheit zuwendet. In seinem marxistisch inspirierten Messianismus hat Walter Benjamin diesen »Engel der Geschichte« schon 1940 als Seher der kommenden Katastrophe gedeutet:

»Wo eine Kette von Begebenheiten vor uns erscheint, da sieht er eine einzige Katastrophe, die unablässig Trümmer auf Trümmer häuft und sie ihm vor die Füße schleudert. Er möchte wohl verweilen, die Toten wecken und das Zerschlagene zusammenfügen. Aber ein Sturm weht vom Paradiese her, der sich in seinen Flügeln verfangen hat und so stark ist, dass der Engel sie nicht mehr schließen kann. Dieser Sturm treibt ihn unaufhaltsam in die Zukunft, der er den Rücken kehrt, während der Trümmerhaufen vor ihm zum Himmel wächst. Das, was wir den Fortschritt nennen, ist dieser Sturm« (Benjamin, 1940/1974, S. 697 f.).

Was bewegt die neuen Modernekritiker
und wie kann man ihnen antworten?

Im digitalen Zeitalter hat der Wettbewerb um katastrophische Deutungshoheit unterschiedliche Pathologiediagnosen hervorgebracht,
von denen drei gegenwärtig um die zeitdiagnostische Diskursführerschaft streiten:

1. Die erste und älteste war die *Zeitdiagnose einer Kultur des wachsenden Narzissmus* im morbiden Spätkapitalismus (ausgehend
   von Lasch, 1979/1995): Ein sozialisierter Narzissmus mit der ihm
   eigenen Selbstbezogenheit, Beziehungsunfähigkeit und Verant-
   wortungslosigkeit sorge letztlich dafür, dass die Individuen im
   Strudel ihrer endemischen Egomanie zunehmend vereinsamen –
   um am Ende in den sozialen Medien vergeblich nach Ersatzbe-
   friedigungen und Surrogatbeziehungen zu fahnden.

2. Es folgte die *Zeitdiagnose eines allgemeinen Erschöpfungszustands,*
   der eigentlich nur ein gesellschaftliches Unbehagen zum Ausdruck bringe (zuerst vorgelegt von Ehrenberg, 2008, 2011): Mit
   ihrem psychisch nicht zu verkraftenden Überschuss an Insze-
   nierungsangeboten, Wahlmöglichkeiten und Entscheidungs-
   zwängen treibe die Multioptionsgesellschaft die Menschen in
   die Depression, der typischen Zeiterkrankung; das Selbst erlebe
   sich chronisch als überfordert und unzulänglich – um sein Versagen schließlich in manischen Versuchen der Selbstoptimierung
   abzuwehren, in depressiven Selbstvorwürfen zu bewältigen oder
   in Alkohol, Drogen und anderen Süchten wie Arbeits-, Vergnü-
   gungs- und Mediensucht zu ertränken.

3. Breite Zustimmung gewann zuletzt die *Zeitdiagnose einer rasenden Beschleunigung* im Turbokapitalismus (vor allem vertreten von
   Rosa, 2005, 2011, 2013; dagegen Reiche, 2011): Das Bewegungs-
   tempo der neoliberalen Konkurrenzgesellschaft mit ihren rasenden Taktfolgen, unendlichen Bilderfluten und wachsenden Flexi-
   bilitätsanforderungen erzeuge eine kulturelle Akzeleration, welche
   bereits die psychische Strukturbildung bei Kindern und Jugendlichen unterminiere – und diese zur heillosen Flucht in die Oberflächen einer virtuellen Medienwelt treibe, während die Erwachsenen sich zunehmend in Burnout-Erkrankungen flüchteten.

Im Unterschied zum Pessimismus dieser Art von Zeit- und Gesellschaftskritik komme ich zu einer sozialdiagnostisch wie individual-
psychologisch optimistischen Einschätzung der digitalen Moderne.
Potenziell haben die neuen Medien eine *demokratiefördernde Wirkung,* weil sie der Mehrheit der Menschen ungehinderten Zugang
zur Öffentlichkeit gewähren, der ihnen früher verwehrt geblieben
war; sie bieten Foren, auf denen Ansichten über Gott und die Welt
vorgetragen und diskutiert werden können. Sie haben eine *kulturell stimulierende Wirkung,* weil sie den Nutzern nicht nur einen
nahezu ungehinderten Zugang zu Werken der Kunst, der Literatur,
der Architektur, der Fotografie, der Archäologie, der Musik, des
Theaters und des Films gestatten, sondern auch kreative Selbsttä-
tigkeit erlauben. Sie haben eine *sozial integrative Wirkung,* weil sie
den zwischenmenschlichen Austausch erleichtern, weil sie Kom-
munikationswege einfacher, schneller und unaufwändiger machen,
weil sie zum Teilen von Informationen, Produkten und Ansichten
ermuntern. Und nicht zuletzt haben sie eine *psychisch befreiende
Wirkung,* weil sie jenem menschlichen Grundbedürfnis nach einem
sozialen Widerhall entgegenkommt, das die apokalyptischen Reiter
der Modernekritik übersehen, ein universelles, in jedem Einzelnen
angelegtes Verlangen nach Umweltresonanz, das Gegenstand der
folgenden Untersuchung ist.

Nicht zufällig hat die computerisierte Welt ihre historischen und
kulturellen Wurzeln in der kalifornischen Hippie- und Alternativszene des Silicon Valley. Dort jedenfalls, wo sie sich frei entfalten
konnte, hat sie zur Entwicklung außerordentlich vitaler und offener
Kommunikationsgesellschaften beigetragen, die ihren Mitgliedern
weniger überflüssige Zwänge emotionaler, sozialer und moralischer
Natur auferlegt, dafür aber mehr Selbstständigkeit, Eigenverantwortung und Ausdrucksbereitschaft abverlangt, auch wenn diese Entwicklung ihre dunklen Kehrseiten hat.

Denn zweifellos gibt die digitale Moderne, wie alles, was neu in
die Welt kommt und deshalb ungewohnt, unvertraut oder unverstan-
den ist, auch Anlass zur Beunruhigung. Selbstverständlich kann eine
unvernünftige Nutzung der neuen Medien schaden, wenn man sich
etwa pausenlos im Internet bewegt oder in den sozialen Netzwerken
unterwegs ist oder suchtartig am Smartphone hängt. Auch sind User,

die gewohnheitsmäßig Gewalt- oder Pornografieseiten anklicken, in
Videospielen die Grenze zwischen Phantasie und Wirklichkeit aus
dem Blick verlieren oder sich offen, meist aber im Schutz der Anonymität an Hasstiraden im Netz beteiligen, keine angenehmen Zeitgenossen. Ebenfalls auf der Schattenseite der digitalen Medienwelt
liegen etwa Pop-up-Werbung, Fake-Identitäten oder Online-Betrug,
ganz zu schweigen vom regen Gebrauch, den rechts- und linksradi-
kale Gruppierungen, religiöse Terrororganisationen, Sektenprediger,
Organhändler, Menschenschmuggler, homophobe Eiferer, Verschwö-
rungstheoretiker, Judenhasser und Holocaust-Leugner, Besucher
kinderpornografischer Tauschbörsen oder Mitglieder von Verbre-
cherringen von der neuen Kommunikationstechnologie machen.

Das alles sind höchst problematische Folge- und Begleiterschei-
nungen einer digitalen Moderne, die die Menschen nicht besser
macht oder schlechter, sondern nur neue Lebens- und Entwick-
lungsbedingungen schafft. Man muss sehr ernst nehmen, was sich
im Schatten des Internets an Bösartigem, Verabscheungswürdigem
und Verachtenswertem entwickelt. Aber es sind Randphänomene,
die eine mitunter überscharfe Modernekritik gern ins Zentrum rückt.
Ihr scheint das Vertrauen in die technische Intelligenz, das soziale
Gespür, die moralische Integrität und die praktische Lernfähigkeit
einer Jugend zu fehlen, die in die Mediengesellschaft hinein gewachsen, mit ihr groß geworden und auch in der Lage ist, sie zu gestalten.
Wie jede neue Generation eignen sich auch die Kinder der digitalen
Moderne ihre Welt auf eigene Weise an, mit all den Chancen und
Optionen, den Risiken und Gefahren, den Überraschungen und
Abenteuern, die diese zu bieten hat.

Wie lassen sich Veränderungen im zeitgenössischen Seelenleben erkennen?

In die Psyche kann niemand hineinschauen. Manche Neurobiolo-
gen glauben das zwar, doch in ihrem Naturalismus verwechseln sie
die Seele mit dem Gehirn. Sogar manche Psychoanalytiker glauben
das, auch wenn sie das Gehirnscanning durch Introspektion erset-
zen wollen; aber das ist ebenfalls ein Irrtum. Wenn dem zeitgenössischen Seelenleben also weder auf dem objektiven Weg neurowis-

senschaftlichen Wissens noch auf dem subjektiven Weg spekulativer
Innenschau auf die Spur zu kommen ist, wie sonst?

Die innere Beschaffenheit der Psyche können wir nur aus ihren
Äußerungen erschließen. Was Menschen denken, fühlen, wünschen, glauben, hoffen oder fürchten, wie sie andere Menschen und
sich selbst sehen, lässt sich bloß im genauen Blick auf die Beziehung erkennen, die sie zwischen sich und ihrer Lebenswelt herstellen. Dazu aber müssen wir die soziale Oberfläche des Seelenlebens
ergründen, die psychoanalytisch allzu lange missachtet worden ist.
Die Psychoanalyse »hat das Graben in der Tiefe übertrieben«, meint
Sudhir Kakar, ein indischer Psychoanalytiker und Kulturvermittler,
doch »im Fluss des Lebens fließt alles mehr oder weniger weit oben.
Die allertiefste Tiefe ist eine Illusion« (zit. n. von Thadden, 2005).

In diesem Buch folge ich erkenntnistheoretisch einer »flachen
Ontologie« (vgl. Krämer, 2001). Im Gegensatz zur Tiefenontologie
der klassischen Psychoanalyse verzichtet diese auf die Unterscheidung von Wesen und Erscheinung, Tiefe und Oberfläche. Sie nimmt
die Dinge, wie sie sind, ohne »dahinter« oder »darunter« etwas anderes zu vermuten. Letzten Endes sind wir das, was wir tun und lassen.
Wir sind, was und wie wir reden. Wir sind was und wie wir wahrnehmen, denken und empfinden. Daraus folgt jedoch keineswegs,
Tiefe oder Essenz überhaupt zu bestreiten. Eine flache Ontologie
bedeutet lediglich, das Wesen der Dinge in den Erscheinungen zu
erfassen, die Tiefe an der Oberfläche selbst zu suchen, genau hinzuschauen und aufmerksam zu registrieren, was dort passiert. Erst
wenn wir eine horizontale Perspektive einnehmen, und das heißt:
die Beziehungsoberflächen und Oberflächenphänomene würdigen,
versetzen wir uns in die Lage, die soziale Struktur unserer Sprache,
die intersubjektive Struktur unserer Lebenswelt, die Beziehungs-
struktur der menschlichen Psyche zu entdecken.

Im mäandernden Fluss des digitalen Lebens enthüllt die zeitgenössische Psyche, was sie in früheren Zeiten gern und erfolgreich
verhüllt hat (oder mangels entsprechender Bühnen weniger zeigen konnte): dass Menschen keine Monaden, sondern aufeinander
bezogen sind; dass Individuen nicht autonom, sondern voneinander abhängig sind; dass persönliche Identität nicht von innen entsteht, sondern auf Umweltresonanz angewiesen ist. Das mag für den

Einzelnen kränkend sein, erklärt jedoch zugleich die Attraktivität
der Medienwelt als eines einzigartigen Resonanzsystems, das der
sozialen Vergewisserung der eigenen Existenz dient. Offenbar ist es
der digitalen Moderne gelungen, eine entwicklungspsychologische
Identitätsformel mit einer medialen Identitätsformel zu kombinie-
ren: »Ich werde gesehen, also bin ich!«.

I
Identitätsspiele mit Kamera:
Das moderne Selbst in einer Ökonomie
der Aufmerksamkeit

*Niemand kann alleine spielen, sagte ich. Selbst wenn
niemand anderes im Zimmer ist, muss ein imaginärer
Anderer da sein (S. 324).
Die Griechen wussten, dass die Maske im Theater
keine Verkleidung ist, sondern ein Mittel der Enthüllung (S. 85).
Ist es nicht das, was ich will? Schaut meine Arbeit an.
Schaut und seht. Wie soll man leben? In der Welt oder
in einer Welt im Kopf? Außen gesehen und anerkannt
werden oder sich innen verstecken und denken?
Als Schauspielerin oder Einsiedlerin (S. 293)?*

Aus den Notizbüchern von Harriet Burden, der Hauptfigur
im Roman von Siri Hustvedt »Die gleißende Welt« (2015).
Weil die fiktive Künstlerin als Frau in der Kunstwelt
zu wenig Beachtung fand, ließ sie in ihrem feministi-
schen Enthüllungsprojekt »Maskierungen« die eigene
Kunst von verschiedenen Männern unter deren Maske
und Namen ausstellen – zunächst mit Erfolg.

Vieles spricht dafür, dass sich in den liberalisierten Gesellschaften des Westens neben dem sozialen und kulturellen Wandel auch ein psychischer Wandel vollzieht. Identität ist das seelische Hauptproblem unserer Zeit, nicht mehr Sexualität. Sämtliche Zeitdiagnosen, ganz gleich ob epidemiologischer, entwicklungspsychologischer, sexualmedizinischer, sozialwissenschaftlicher oder familiensoziologischer Provenienz, teilen miteinander diesen Kernbefund. Es scheint so, als ob das Leiden am Selbst jenes Leiden am Trieb ersetzt hätte, mit dem das Ich in der sexualfeindlichen Kultur zu Freuds Zeit noch beschäftigt war. Heute quält sich der Einzelne mit anderen Fragen herum: Wer bin ich? Wohin soll ich mich entwickeln? Was ist mein Platz in der Welt? Wer sind meine Freunde? Wo finde ich Beachtung? Woher bekomme ich Anerkennung? Wie erhalte ich Resonanz? Weil die innerseelischen Konflikte weniger um die Befriedigung sexueller Wünsche als um die Beziehung des eigenen Selbst zur sozialen Umwelt kreisen, beginnt Freuds Triebmodell der Identitätsbildung zu veralten. Nicht mehr Triebschicksale, sondern Beziehungsschicksale begleiten die Entwicklung der modernen Persönlichkeit. Alter Gewissheiten beraubt sendet der Einzelne Botschaften aus, die der eigenen Selbstvergewisserung dienen, adressiert an einen Anderen, der statt als Objekt des sexuellen Begehrens eher als Spiegel des eigenen Selbst Bedeutung erhält. Es sind stumme Resonanzerwartungen, unausgesprochene Forderungen eines Selbst, das nach Antworten aus der Umwelt verlangt. Im Unbewussten jedenfalls wird der Andere als jemand gebraucht, der irgendwie reagieren soll. Erst seine Reaktionen verschaffen dem Selbst nämlich jene identitätsstiftende Aufmerksamkeit, Beachtung und Anerkennung, die es um seiner persönlichen wie sozialen Existenz willen dringend benötigt. Diese Art von Identitätssuche steht im Zentrum eines medialen Gesellschaftsspiels, das in der globalisierten Kommunikationsgesellschaft an Bedeutung gewinnt (Kapitel 1, S. 37 ff.). Ein Blick hinter die Kulissen der Medienwelt zeigt, dass bei diesem Spiel das Authentische gesucht wird, das so schwer zu finden und deshalb so kostbar ist (Kapitel 2, S. 52 ff.). Wer dabei mitmacht, darf sich zeigen und dem kategorischen Imperativ der digitalen Moderne folgen: Ich werde gesehen, also bin ich! (Kapitel 3, S. 67 ff.).

Kapitel 1
Ein zeitgenössisches Gesellschaftsspiel: Der Massenwettbewerb um soziale Identität

Warum wir digitale Selbstporträts verschicken – die Blitzkarriere des Selfie

Auf Selfies sehen wir Menschen, wie sie sich selbst sehen oder gern sehen möchten. So scheint es zumindest. Aber die digitalen Selbstporträts sind nicht fürs eigene Fotoalbum bestimmt, sondern für Freunde, Bekannte und den Rest der Welt. Sie folgen einer Logik der Selbstinszenierung, die stets auf ein Echo aus der Umwelt hofft. In Wahrheit zeigen Selfies – gern auch Doppel- oder Gruppenselfie mit Prominenz –, wie ihre Produzenten von anderen Menschen gesehen werden möchten. Sie werden ins Internet gestellt oder per SMS, Facebook oder Instagram verschickt, um potenzielle Betrachter zu interessieren. Insgeheim zielt das per Smartphone in Sekundenschnelle aufgenommene, mit zwei, drei Clicks in die digitale Welt übertragene Selbstbild auf soziale Resonanz. Mit dem Selfie ruft der Einzelne der Welt zu: Schaut her! Hier bin ich! So bin ich! Was haltet ihr davon? Wie findet ihr mich? Antwortet mir!

Mit solchen Botschaften steht das Selfie indes nicht allein. Zum gleichen Genre gehören auch andere Produkte jener neuen »Ökonomie der Aufmerksamkeit« (Franck, 1998), die sich bereits im letzten Viertel des 20. Jahrhunderts herausgebildet, aber erst im 21. Jahrhundert richtig Fahrt aufgenommen hat und auf deren Märkten bekanntlich Selbstdarstellung gegen Beachtung getauscht wird. Dazu zählen unter anderem

- der weltweit boomende *Körperkult,* vom Workout oder Bodybuilding über die Tattoo- und Piercingmode bis zur schönheitschirurgischen Körpermodifikation; indem es seinen Körper gestaltet und ausstellt, spekuliert das an seiner Optimierung arbeitende Selbst insgeheim auf den virtuellen Blick des Anderen.

- das ebenso globalisierte *Mitmachfernsehen* mit seinen zahllosen
  Talk-, Quiz-, Game-, Koch-, Casting-, Doku- und Realityshows
  oder wie sie alle heißen; wie schon der Name sagt, sind derartige
  Shows ein einziges Angebot an das bedürftige Selbst, sich zu zeigen (*to show*: zeigen), um in der Welt Beachtung zu finden.
- die *sozialen Netzwerke,* von Facebook bis LinkedIn, mit ihren
  Fotostrecken, Freundschaftsbekundungen, öffentlichen Tagebüchern, Gesprächsplattformen und Gemeinschaftsfunktionen;
  indem sie Selbstdarstellungen jeder Art kommunizieren, enthalten sie zugleich unausgesprochene Resonanzerwartungen.

Es sind durchaus verschiedene Produkte einer panoptischen Alltagskultur, die hier auf die Schaubühnen einer Aufmerksamkeitsökonomie drängen. Was sie jedoch vereint, sind suggestive Botschaften, die
das zeitgenössische Selbst in einer globalisierten Kommunikationsgesellschaft an seine Umgebung aussendet. Sie lauten: Look at me!
Listen to me! Be with me! Sie verraten uns etwas über das veränderte Begehren in der Mediengesellschaft. Über die Lust daran, von
anderen gesehen, gehört und beachtet zu werden. Über das Bedürfnis nach Nähe und Kontakt. Über das Verlangen nach Begegnung
und Austausch. Über die Sehnsucht nach Freundschaft und Liebe.
Über die Neigung zur Selbstinszenierung, die auch vor der spielerischen Erfindung eines neuen oder ganz anderen Selbst nicht
zurückschreckt. Zumindest im Unbewussten vermitteln diese Kern-
botschaften einen dringenden Wunsch, auf irgendeine Weise von
anderen Menschen registriert zu werden, Spuren zu hinterlassen in
der sozialen Lebenswelt.

Gegenwärtig steht das Selfie mit enorm hohen Verkaufsziffern
ganz oben auf der medialen Produktpalette. Und zwar nicht nur deshalb, weil es so einfach herzustellen und so schnell auf den Markt zu
bringen ist, sondern weil sich im Selfie das Darstellungsbedürfnis
so wunderbar bündeln und das eigene Bild so gut unter Kontrolle
halten lässt. Als bei der Oscar-Preisverleihung 2014 die Gastgeberin
Ellen DeGeneres, umrahmt von ihren gerade geehrten Berühmthei-
ten der Filmbranche, »spontan« ein Selfie schoss und noch von der
Bühne aus ins Netz stellte, wurde das digitale Gruppenbild binnen
Sekunden millionenfach angeklickt. Danach schwappte die Selfie-

Begeisterung auf Prominente jeder Couleur über und ließ sich nicht mehr stoppen. Auch dadurch nicht, dass die Filmfestspiele in Cannes 2015 für den roten Teppich ein Selfie-Verbot verkündeten.

In einer herrlichen Glosse zum Celebrity-Selfie skizziert die Kulturjournalistin Verena Lueken diese Entwicklung im Filmgeschäft, nicht ohne Nostalgie und voller Verachtung über die narzisstische Lust am Selbstbild. Unverhohlen schwärmt sie von den wahren Diven früherer Zeiten, als es nur Paparazzi gab und noch keine Selfies, die den Bildjägern heute die Arbeit abnehmen. Dabei erfüllte der alte, »elegant« zelebrierte Narzissmus dieselbe Funktion wie der neue: gesehen und (hoffentlich) geliebt zu werden – nur dass man heute die Dinge buchstäblich selbst in die Hand nehmen kann:

»Marlene Dietrich wählte das Dunkel, die Garbo tellergroße Sonnenbrillen. Elegant. Unmissverständlich. Zu Tode fotografiert, wollten sie vor allem eines: nie wieder fotografiert werden. Nie wieder das eigene Bild sehen. Nie wieder im Abbild angegafft werden, zu Zeiten und Zwecken, die sie nicht kannten und nicht kennenlernen wollten. Sie wussten noch nichts vom Selfie. Sie kannten nur Paparazzi. Vor die Wahl gestellt, wer ihre Abkehr vom öffentlichen Bild unterlaufen würde: ein schmieriger Typ, der für ein Foto von ihnen über jeden Zaun klettern, jeden Concierge bestechen, jede Grenze überschreiten würde, oder sie selbst – wie hätten sich die beiden Ladies entschieden? Vermutlich hätten sie die Alternative für lächerlich gehalten, sich ein Tuch über den Kopf gezogen und wären ins Dunkle geflohen.

Wie scharf Leute, die sowieso ununterbrochen fotografiert werden, heute darauf aus sind, sich auch noch selbst abzulichten, wissen wir spätestens, seit Ellen DeGeneres bei der Oscar-Verleihung im vergangenen Jahr zum Selfie bat und alle sich ins Bild drängelten. Wir sehen es aber auch an jedem roten Teppich, über den die Stars mit gezücktem Mobiltelefon tänzeln, bei Pressekonferenzen, Fotoshootings. Das Celebrity-Selfie, über Instagram oder sonst wie global verbreitet, spricht von einem anderen Narzissmus, einem anderen Kontrollwahn als dem der großen Diven des zwanzigsten Jahrhunderts.

Das Filmfestival in Cannes hat nun beschlossen, der unstillbaren Selbstverliebtheit einen Riegel vorzuschieben. Mit immer noch strengen Dresscodes, der auch die Kameramänner und Fotografen am roten Teppich und der großen Freitreppe zum Festivalpalast hinauf in dunkle Anzüge oder Smokings zwingt, ist Cannes einer der letzten Orte für große Garderoben am helllichten Tag. Doch seit die Stars sich selbst dabei fotografieren, wie sie die berühmten Stufen erklimmen, hat die Eleganz der Veranstaltung gelitten. Deshalb hat die Festivalleitung angekündigt, das Selfieschießen einzudämmen. Es sei grotesk und lächerlich und halte den Ablauf auf. Eine Bastion der Vernunft? Oder ein hilfloser Versuch, Manieren einzufordern? Wir werden sehen. Die Diven, die erwartet werden, Cate Blanchett, Marion Cotillard, Isabelle Huppert, sie kamen auch bisher ohne Selfie aus« (Lueken, 2015).

Ob sich das digitale Selbstdarstellungsbedürfnis mit derlei Appellen an Vernunfts- oder Anstandsregeln wirksam eindämmen lässt, wird man bezweifeln dürfen. Sehr wahrscheinlich ist das nicht. Jedenfalls ist der »Narcistick« im Kommen, wie man die schicke Verlängerungsstange zur besseren Selfie-Aufnahme inzwischen nennt. Zur Not verkleidet sich das menschliche Urbedürfnis nach Sichtbarkeit, indem es sich zum Beispiel ein moralisches Kostüm überzieht. Dann entstehen Selfie-Metamorphosen für einen guten Zweck:

Im Sommer 2014 durfte man sich einen Kübel Eiswasser über den Kopf schütten und das entsprechende Foto oder Video ins Netz stellen: Millionen von Menschen – Prominente wie Unbekannte – nahmen an dieser »Ice Bucket Challenge« teil, um lobenswerter Weise auf die bisher unheilbare Nervenkrankheit ALS aufmerksam zu machen und Spenden für ihre Erforschung zu sammeln.

Im Frühjahr 2015 tauchten in den sozialen Netzwerken massenhaft Selfies von Frauen auf – darunter auch zahlreiche Fotomodelle –, die ihr Gesicht mit verschmiertem Lippenstift zeigten: »SmearforSmear« hieß die durchaus verdienstvolle Kampagne, mit der öffentlichkeitswirksam auf die Gefahren von Gebärmutterkrebs aufmerksam gemacht wurde.

Auch Männerkrankheiten werden unter Einsatz von Selfies bekämpft, wie in der moralisch ebenfalls über jeden Verdacht erhabenen »Movember-Kampagne«: Jedes Jahr im November sollen selbst geschossene Fotos von Männern mit Schnurrbärten – nach

Angaben der Organisatoren 2015 schon über 4 Millionen – zur Vorsorge gegen Hoden- und Prostatakrebs ermutigen, verbunden mit der Bitte um Spendengelder.

Gewiss hält man bei solchen Massenepidemien sein Gesicht in die Kamera, um der guten Sache die dringend benötigte Aufmerksamkeit zu verschaffen. Aber ein wenig davon fällt unvermeidlich auch für einen selbst ab – ein gelungener Kompromiss zwischen sozialem Engagement und dem narzisstischem Extragewinn.

In all seinen Spielarten ist das Selfie zum Emblem einer selbstbezüglichen Medienwelt geworden. Deren scheinbarer Narzissmus täuscht aber darüber hinweg, dass sich im submedialen Raum nicht nur gewöhnliche Eitelkeit oder außergewöhnlicher Exhibitionismus verbergen. Denn das Versprechen von sozialer Sichtbarkeit, das an der medialen Oberfläche in der Tat eingelöst wird, wird von einer genuinen Hoffnung auf soziale Resonanz und Anerkennung begleitet, die an das Sichtbarkeitsversprechen andockt: Wenn ich von anderen gesehen werde, darf ich auf Resonanz hoffen, und je nachdem, wie sie ausfällt, fühle ich mich anerkannt.

Auf der Unterseite der Medienwelt finden wir die stumme Erwartung auf freundliche Umweltreaktionen, die seelisch deshalb so bedeutsam sind, weil sie eine identitätsstiftende Funktion haben. Wer in dieser Welt unterwegs ist, tut das nicht als Einzelgänger, sondern sehnt sich nach einem sozialen Echo, möchte sich gespiegelt sehen. Er zeigt sich letzten Endes, um zu erfahren, was er kann, wer er ist und welche Bedeutung er für andere hat. Aus dieser Sehnsucht, die häufig im Unbewussten bleibt, erwächst eine panoptische Lust, die sich in der digitalen Moderne auf jede denkbare Weise befriedigen lässt.

Wobei Menschen überall zuschauen sollen – kleines Panoptikum der Zeigelust

Ständig auf der Suche nach interessantem Material, sind die neuen Bildmedien inzwischen bei der Psyche fündig geworden. Längst wird das Seelenleben in sämtlichen Schattierungen ausgeleuchtet, die ganze Skala der Empfindungsmöglichkeiten ausgereizt, die Vielfalt zwischenmenschlicher Beziehungen ausgedeutet. Diskretion scheint

jedenfalls out. Denn interaktive Medien leben geradezu von der Zeigelust. Sie werden in dem Maße genutzt, indem sie Sichtbarkeit verschaffen und Resonanzbedürfnisse befriedigen.

In nachmittäglichen Talkshows des interaktiven Fernsehens werden intimste Dinge aus dem Privatleben ausgebreitet. Wir sind dabei,
wenn Paare den Partnertausch organisieren oder Swingerclubs besu-
chen. In Langzeitdokumentationen schauen wir pubertierenden
Kindern dabei zu, wie sie mit den Wirren der Pubertät zurechtkommen. Wir beobachten Schauspieler, wie sie sich auf die Suche nach
ihren Vorfahren in die eigene Vergangenheit begeben. Wir begleiten
hoffnungsvolle Auswandererfamilien auf dem Weg in die Fremde,
um zu sehen, wie ihre Hoffnungen verfliegen. Wir bewundern die
Anstrengungen von Heimwerkerfamilien, die unter Anleitung von
Experten aus dem Baugewerbe Wände hochziehen, Elektrokabel verlegen, Bäder installieren, Wohnungen einrichten und Gärten anlegen.

In Gestalt sogenannter Castingshows werden immer neue Talent-
wettbewerbe organisiert, in denen vor einer strengen Jury aus Bran-
chenprofis zukünftige Sänger, Models, Tänzer, Comedians, Modera-
toren, Amateurköche oder Kleindarsteller gegeneinander antreten.
Dabei werden sämtliche Technikregister der Medienwelt gezogen.
Moderne Trainings- und Feedbackmethoden kommen zum Einsatz. Zur Verbesserung der Einzel- und Gruppenperformance erhalten die Bewerber professionelles Coaching. Trailer zur Lebensgeschichte werden eingespielt. Ihnen werden persönliche Bekenntnisse
zu den Bewerbungsmotiven abverlangt, aber auch die Enthüllung
ihrer emotionalen Verfassung oder die Beurteilung von Mitbewer-
bern. Solidaritätsbekundungen und tröstende Umarmungen gehören ebenso zum Standardrepertoire wie Schadenfreude, Neid oder
Häme. Besonders beliebt ist der Beziehungskonflikt, der vor laufender Kamera ausgetragen wird.

Bei Sportübertragungen bekommen wir nicht nur sportliche
Leistungen geboten, sondern auch Einblicke in die demonstrierte
Gefühlswelt junger Menschen. Der Diskuswerfer zerreißt nach dem
Sieg sein Trikot, animiert von begeisterten Fotografen. Der Fußbal-
ler experimentiert mit nie gesehenen Varianten des Torjubels. Wir
können teilhaben an der Freude der Gewinner, an den Tränen der
Verlierer, an der Bitterkeit der Enttäuschten, an der Verzweiflung der

Gescheiterten, am Unglück der Unglücklichen, an der Kränkung der Gekränkten, am Schmerz der Verletzten, am Schweiß der Erschöpften, und zwar nicht nur auf Seiten der Sportler, sondern auch auf Seiten des Publikums, das sich in der geteilten Emotion mit seinen Helden vereint.

In den modernen Krimiserien sind selbst die Leichen nicht einfach Leichen, sondern werden in der Gerichtspathologie mediengerecht seziert. Die Täter sind nicht bloß Täter, sondern werden bis in die Details ihrer Tat oder Lebensgeschichte als Psychopathen entlarvt. Und sogar die Ermittler ermitteln nicht einfach, sondern führen dem Publikum ihre psychischen Störungen, Beziehungsprobleme und Sexualgewohnheiten vor. Der eine Kommissar trinkt. Der andere nimmt heimlich Drogen. Der dritte wiederum verliebt sich in die Zeugin. Während der vierte Trost bei der Verdächtigen sucht und der fünfte seinen Vorgesetzten hasst. Die Kommissarin gewinnt an Format, weil sie an ihrer kaputten Ehe oder an einem frühen Trauma leidet, weil sie ihre Einsamkeit überspielt, ihren Sohn vernachlässigt, sich in Bars rumtreibt oder ihre Vorliebe für sadomasochistische Spiele offenbart.

Private Webkameras, auf denen Leute per Live-Stream ins Internet stellen können, was sie gerade tun oder lassen, stehen inzwischen in vielen Haushalten, längst auch in Kinderzimmern. Das Videoportal YouNow zum Beispiel lädt Jugendliche ab 13 Jahren – ohne deren Alter wirklich zu kontrollieren – dazu ein, die Welt an ihren täglichen Verrichtungen teilhaben zu lassen. So sehen wir Jungs und Mädchen zu, wie sie spielen, essen und schlafen, wie sie abhängen und rumsitzen, wie sie ihr Zimmer aufräumen, sich ihre Haare zurechtmachen oder andere unspektakuläre Dinge tun. Die Einladung wird massenhaft angenommen und die Zuschauer scheinen das zu genießen: Bis Anfang 2015 hatte das 2011 eröffnete Videoportal eine monatliche Besucherzahl von 100 Millionen, davon 12 Millionen allein in Deutschland.

Das mentale Panoptikum erweitert sich ständig. Jede Regung kommt ans Licht. Alles Mögliche wird ins Bild gesetzt. Alles darf gezeigt, bei allem darf zugeschaut werden, ohne dass jemand dazu gezwungen wird. Niemand muss sich offenbaren, weil freiwillig geliefert wird.

Deshalb hat das Panoptikum der digitalisierten Transparenzgesellschaft im 21. Jahrhundert wenig gemein mit jenem Panoptikum, das Michel Foucault einer aus dem Feudalismus entstandenen
Disziplinar- und Überwachungsgesellschaft des 18. Jahrhunderts
bescheinigt hatte (Foucault, 1976; vgl. Foucault, 1974). Auch wenn
die gängige Kulturkritik das so sehen möchte, wenn sie vom »digitalen Totalitarismus« spricht – so der Titel eines von Frank Schirrmacher (2015) herausgegebenen Sammelbands, dessen Beiträge den
Staat und die Internetkonzerne bezichtigen, die Bürger bzw. Kunden
zu überwachen, um sie besser kontrollieren und ausbeuten zu können. Diese Kritik an »Big Data« unterschlägt, dass die Bewohner der
digitalen Moderne sich gerne zeigen und als begeisterte User keineswegs die bewusstlosen Opfer einer panoptischen Machtmaschinerie
sind, wie sie Foucault vor Augen hatte.

Wo liegt der Unterschied zwischen den Verhältnissen im 18. und
im 21. Jahrhundert? Foucaults architektonische Metapher für das
Panoptikum einer totalitären Kontrollgesellschaft war der Gefäng-
nisturm. Nur von diesem zentral gelegenen Turm aus hatten die
Gefängniswärter – sprich: die Herrschenden – den Überblick. Nur
von oben ließ sich die Überwachung der renitenten Gesellschaftsmit-
glieder durch vollständige Sichtkontrolle gewährleisten. Die Gefäng-
nisinsassen – sprich: die Opfer gesellschaftlicher Herrschaft – unter-
warfen sich, indem sie die äußere Kontrolle internalisierten, soziale
in psychische Unterwerfung verwandelten. Ihrer Überwachung entziehen konnten sie sich letzten Endes nur durch Unsichtbarkeit.

Bei Foucault steht das Panoptische für vertikale Überwachung
und für Identitätsverlust: Im Blick der Herrschenden und für diese
sichtbar zu sein, bedeutet die unterschiedslose Unterwerfung, das
heißt die Vernichtung des Einzelnen als Individuum; um diesem
Schicksal zu entgehen, muss er sich buchstäblich verstecken, sich
unsichtbar machen, will er psychisch überleben. In der modernen
Mediengesellschaft dagegen steht das Panoptische für horizontale Vernetzung und für Identitätsgewinn: Digitale Unsichtbarkeit
bedeutet den sozialen Tod, aufzufallen und sichtbar zu werden die
Hoffnung auf Anerkennung. Deshalb versuchen die Menschen, im
Foucault'schen Panoptikum sich um der eigenen Identität willen
dem Zwang zur Sichtbarkeit zu entziehen, während sie im medialen

Panoptikum der Gegenwart um der eigenen Identität willen nach sozialer Sichtbarkeit verlangen.

Im Übrigen profitieren von der Ökonomie der Aufmerksamkeit beileibe nicht nur die Underdogs, die dort um Anerkennung kämpfen (zum »Kampf um Anerkennung« vgl. Honneth, 1992). Die Märkte der modernen Aufmerksamkeitsökonomie stehen vielmehr sämtlichen Schichten der Gesellschaft offen. Zusammen bilden sie eine Art offene Arena, die für alle am Identitätsspiel interessierten Marktteilnehmer Platz hat, wenn auch auf verschiedenen Rängen. In den Niederungen mag sich eine Spaß- und Trashkultur angesiedelt haben, unter den Augen einer angewiderten Kulturkritik, die darin ein Zeichen für den Untergang des Abendlandes erkennen will, aber für die eigene Rolle im Identitätsspiel um Bedeutung und Anerkennung blind ist. Denn auch die Medienkritiker bedienen sich der Medien, weil sie öffentliche Resonanz für ihre klugen Ein- und Ansichten brauchen. Aber nicht nur dafür.

Denn ebenso wenig, wie die Werke der Hochkultur ohne die Aufmerksamkeit und den Beifall eines Publikums auskommen, können die intellektuellen Matadore des Kulturbetriebs darauf verzichten. Sie wollen schließlich selbst gehört und gesehen werden. Sie lieben das intelligente Publikum, dem sie gefallen und das die Liebe erwidert, wenn ihm geschmeichelt wird. Wie selbstverständlich tummeln sie sich auf den Edelbühnen der modernen Medienwelt, um dort ihre öffentliche Rolle als Kulturvermittler zu zelebrieren, die eigene Berühmtheit auszukosten und entsprechende Identitätsgewinne einzustreichen.

Wie auch die Kulturprominenz das mediale Identitätsspiel genießt – Sphären der gehobenen Aufmerksamkeitsökonomie

Als einst im »Literarischen Quartett« Marcel Reich-Ranicki mit Hellmuth Karasek und Sigrid Löffler (später ersetzt durch Iris Radisch von der »Zeit«) jeweils zusammen mit wechselnden Autoren die Romane der Weltliteratur begutachteten, stieg mit den Verkaufszahlen der besprochenen Bücher auch das Selbstwertgefühl der TV-Rezensenten. Nachdem sich Löffler, weil sie sich in einer Sendung von Reich-Ranicki beleidigt fühlte, zurückgezogen und ihre eigene Literaturzeitschrift gegründet hatte, warf sie ihm öffentlich vor, er sei »prominenter als die meisten Autoren und Bücher, über die er sich äußert«, und missbrauche das Fernsehen als »Eitelkeitsmaschine seines Daseins« (Löffler, 2002, S. 27) – und das, nachdem sie, im außerordentlich unterhaltsamen und publikumsträchtigen Quartett neben ihm sitzend, jahrelang von seiner Prominenz profitiert hatte.

Wegen sinkender Quoten und des hohen Alters des Gastgebers wurde die beliebte Literatursendung irgendwann eingestellt, allerdings gegen Reich-Ranickis erklärten Willen.[1] Damit begann ein Prominenten-Stadl in mehreren Akten, das wie ein narzisstischer Reigen um die Eitelkeiten der Protagonisten kreiste:

Erster Akt: Tief gekränkt wies Reich-Ranicki den ihm zuerkannten Deutschen Fernsehpreis noch während der öffentlichen Preisverleihung zurück, nicht ohne vor laufender Kamera den offenkundigen Qualitätsverlust des Fernsehens zu beklagen, wofür ihm nicht zuletzt die Einstellung seines »Literarischen Quartetts« den schlagenden Beweis geliefert hatte.

Zweiter Akt: Worauf der für die Laudatio vorgesehene Thomas Gottschalk, seit Jahrzehnten ein Großmeister der leichten Familienunterhaltung, sich keineswegs getroffen fühlte, sondern Reich-Ranicki vor einem amüsierten Publikum in Feierlaune beruhigen musste, nicht ohne ihm ein persönliches TV-Gespräch über die sinkende Qualität des deutschen Fernsehens anzubieten, was einige Wochen später tatsächlich stattfand.

Dritter Akt: Worauf Elke Heidenreich, die ihrerseits die Lobrede auf Reich-Ranicki hatte halten wollen – angeblich mit dem Geehrten so abgesprochen, wie sie behauptete und dieser selbst bestritt –, nicht nur Gottschalk, der schließlich den Vorzug als Laudator erhalten hatte, für seine, ihrer Ansicht nach, dümmliche Gameshow »Wetten, dass …?« abmeierte, sondern auch noch das gesamte Programmniveau ihres Arbeitgebers ZDF ins kulturkritische Visier nahm.

---

1   Im Herbst 2015 ist das »Literarische Quartett« vom ZDF neu gestartet worden, mit Volker Weidermann, Maxim Biller, Christine Westermann als Stammbesetzung und jeweils einem weiteren Gast.

Vierter Akt: Weswegen sich seinerseits das ZDF in Gestalt seines Programmdirektors beleidigt fühlte, Heidenreichs eigene Bücher-sendung »Lesen!«, die man zunächst nur vom Abend auf einen nachtspäten Sendetermin hatte verschieben wollen, ganz vom Programm absetzte und seiner undankbaren Gelegenheitsmoderatorin umgehend kündigte.

Fünfter Akt: Weswegen sich seinerseits Reich-Ranicki ebenfalls brüskiert fühlte, weil Heidenreich ihn im Grunde der Lüge bezichtigt hatte, worauf er sie als Intrigantin beschimpfte und dem vorher noch geschmähten ZDF allen Ernstes anbot, bei der Suche nach ihrem Nachfolger für die Moderation von »Lesen!« zu helfen und unter Umständen sogar selbst zur Verfügung zu stehen.

Sechster Akt: Wonach die ihrerseits beleidigte Heidenreich ihre Büchersendung auf eigene Faust und mit mäßigem Erfolg im Inter-net eine Zeit lang weiter betrieb, bevor sie als Gastmoderatorin verschiedener Literatursendungen auf den Fernsehschirm zurück-kehrte, wobei sie sich jedoch mit den jeweiligen Chef-Moderatoren im Eifersuchtskrieg um höheres Literaturwissen überwarf (mal mit Denis Scheck bei »Druckfrisch« in der ARD, mal mit Stefan Zweifel beim Schweizer »Literaturclub«).

Kulturelle Bildung schützt anscheinend weder vor Eitelkeit noch vor Kränkbarkeit, womöglich macht sie nur noch anfälliger für die schillernden Seiten der medialen Welt.

In den Höhen des Politikbetriebs geht es nicht anders zu, weil Politikprominenz immer zugleich Medienprominenz bedeutet. Den öffentlich Exponierten winken die narzisstischen Boni der gehobe-nen Aufmerksamkeitsökonomie, die sie gerne mitnehmen: die enor-men Spielräume für Selbstdarstellung, die sublime Befriedigung von Resonanzbedürfnissen, ein selbstverständlicher Status der Berühmt-heit und die persönlichen Identitätsgewinne, die sich daraus ergeben. Auch dafür einige ausgewählte Beispiele:

Als Alice Schwarzer unter großem Medienecho postfemininistische Frauen beschimpfte, weil diese sich weigerten, weibliche Sexuali-tät umstandslos mit Belästigung, Pornografie oder Prostitution zu verbinden, kämpfte sie nicht nur um die Anerkennung ihres

Lebenswerks, sondern auch um ihren persönlichen Sonderstatus als Ikone des deutschen Feminismus. Indem sie ausgerechnet für die »BILD«-Zeitung in die Rolle der Gerichtsreporterin schlüpfte, um zur Anklägerin im Prozess gegen einen ehemaligen Wettermoderator zu werden, der der Vergewaltigung angeklagt war (und am Ende trotz Schwarzers persönlichen Schuldspruch vom Gericht freigesprochen wurde), machte sie nicht zuletzt Imagewerbung in eigener Sache. Für eine Anzeigenserie des gleichen Blatts warb sie anschließend mit einem ganzseitigen Foto und diesem Text: »Jede Wahrheit braucht eine Mutige, die sie ausspricht«!

Schon in seiner Zeit als aktiver Politiker war der ehemalige Hamburger Innensenator und spätere Kanzler Helmut Schmidt ein Meister der Selbstinszenierung. Dass er diese Kunst selbst im Ruhestand beherrschte, demonstrierte er immer wieder beim spätabendlichen Interview im Fernsehstudio, wo er qualmend oder tabakschnupfend den Staatsmann einer vergangenen Epoche gab, als die Dinge noch in Ordnung waren. Starmoderatorin Sandra Maischberger, die ihn schon öfters und offenbar gern interviewt hatte, schien jedenfalls hingerissen, selbst als er die elektrische Zigarette, die sie ihm anbot, souverän verschmähte. Ach, wäre der noch im Amt, dachte sich der Zuschauer am Bildschirm, so einer würde es schon richten. Noch seine Beerdigung, Schmidt verstarb im November 2015 im Alter von 96 Jahren, inszenierte er selbst, einschließlich Liturgie und Gesang.

Schmidts alter Widersacher und Nachfolger Helmut Kohl, der in seinen sechzehn Jahren Kanzlerschaft immer so tat, als verachte er die Medien, baute mit seiner demonstrativen Vorliebe für pfälzischen Saumagen, pfälzischen Dialekt und pfälzisches Englisch sein eigenes volkstümliches Medienbild auf, pflegte es sorgsam und vermarktete es erfolgreich – bis das Bild des ehrlichen Pfälzers im Korruptionsskandal um schwarze Parteispenden irreparablen Schaden nahm und nach dem Suizid seiner Ehefrau und den Familienenthüllungen seines Sohnes vollends zerbrach.

Angela Merkel wiederum musste in ihrer dem Ziehvater Kohl abgerungenen Kanzlerrolle lernen, die emotionale Ungerührtheit, die ihrem Mienenspiel, ihrer Körpersprache und ihrem Politikstil eingeschrieben schien, als unerschütterliche Gelassenheit zu verkaufen, um in turbulenten Krisenzeiten zur Mutter der Nation zu werden, der man sogar das angedrohte »Durchregieren« nachsah, weil jeder wusste, dass das eine leere Drohung bleiben würde. Mit demonstrativer Bescheidenheit schaffte sie den Aufstieg zur mächtigsten Frau der Welt, um schließlich von der womöglich noch mächtigeren Hillary Clinton in die »Schwesternschaft der reisenden Hosenanzüge« aufgenommen zu werden. Während der Flüchtlingskrise im Sommer und Herbst 2015, als Hunderttausende in Europa Schutz vor Elend, Verfolgung und Krieg und neue Lebenshoffnung suchten, zeigte sie sich gegen alle Widerstände als mitfühlende Kanzlerin, die der staunenden Welt das Bild eines zur Solidarität bereiten Deutschland bot: »Wir schaffen das!«

In der Mediengesellschaft gehört Darstellungskompetenz zu den Schlüsselqualifikationen des politischen Personals. Das gilt vor allem für den gekonnten Auftritt im Fernsehen. Politische Talkshows seien »Veranstaltungen, in denen Politiker so tun, als ob ihnen niemand beim Reden zusähe«, erkannte Frank Schirrmacher in einem klugen Beitrag zu den Inszenierungskünsten des Politikbetriebs (2008). Wer wie mancher Politiker der zweiten Reihe, so Schirrmacher weiter, die medienwirksam die Abschaffung solcher Talkshows verlangte, weil diese das Parlament entwerteten, verhielte sich wie der mit seiner dürftigen Rolle unzufriedene Mameluck in Lessings »Nathan der Weise«, der an die Rampe trete und »vor staunendem Publikum die Absetzung des Stücks [fordere], das ihn bekannt gemacht hat«.

Diese Erfolgsregeln perfekter Selbstdarstellung gelten allerdings nur mit Abstrichen. Manchmal kann es von Vorteil sein, gegen diese Regeln zu verstoßen. Denn es gibt auch eine Gegenregel: Allzu vollkommen darf der Auftritt nicht werden, sonst gerät er unter Inszenierungsverdacht. Damit die authentische Inszenierung gelingt, tut der wahre Medienprofi gut daran, gelegentlich leicht aus der Rolle zu fallen, indem er zu erkennen gibt, dass er vor der Kamera steht, dass ihm jemand dabei zusieht und dass er ein Mensch ist, kein Darsteller. Die Prominenz der Medienbranche versteht sich auf diese Kunst:

Nahezu perfekt beherrscht Steffen Seibert – bis 2010 Anchorman des spätabendlichen »Heute-Journal« im ZDF, bevor ihn Angela Merkel zu ihrem Regierungssprecher machte – diese leichte Rollendistanz. Gerade das macht ihn interessant, unterscheidbar und authentisch. Stets strahlt er bei aller Souveränität und Seriosität eine gewisse Jungenhaftigkeit aus, die ihm gestattet, zwischendurch auch mal ein wenig linkisch und befangen, ja unbeholfen zu wirken, was ihn für das Publikum nur noch sympathischer macht und seiner Karriere keineswegs geschadet, sondern eher genützt hat: weil gerade dieser Zug seiner Person etwas Menschliches, etwas Widersprüchliches gibt und ihm ein Maß an Authentizität verleiht, das vielen seiner allzu glatten Kollegen fehlt.

Am Ende ist es das gekonnte Spiel mit dem Authentischen, das jenseits der Inszenierung beherrscht werden will. Die Unverfügbarkeit der Person muss hinter der Rolle erkennbar bleiben. Dafür zwei weitere Beispiele aus der deutschen Musikbranche:

Andreas Kümmert ist ein hochbegabter Gitarrist und Sänger, der mit seiner kraftvollen Soul-Stimme und in seiner sonderbaren Körpersprache an den 2014 verstorbenen Joe Cocker erinnert. Beim Branchenführer Universal-Music unter Vertrag inszeniert er sich als authentischer Straßenmusiker, der das Musik-Business verachtet, ja hasst. Mit deutlichem Übergewicht, dicker Hornbrille, ungepflegtem Rauschebart, fettigen Haaren und einem biederen Holzfäller-Outfit gewann er 2013 bei der Sat 1-Castingshow »The Voice of Germany« gegen die gestylte, gecoachte und gehypte Konkurrenz: »Die Leute nehmen mich so an, wie ich bin – darüber bin ich sehr froh. Selbst wenn sie etwas dagegen hätten, wie ich aussehe, würde mir das auf Deutsch gesagt meilenweit am Arsch vorbeigehen«. Im Frühjahr 2015 wurde er beim deutschen Vorentscheid für den »European Song Contest«, die größte Musikshow der Welt, wieder im Schlabberlook und nach schnörkellosem Auftritt ohne jede Show mit Abstand zum Sieger gewählt. Statt sich zu freuen und dem begeisterten Publikum zu danken, verzichtete er unter Buh-Rufen noch auf der Bühne: Er könne das nicht, bei der Endausscheidung antreten – zuviel Rummel. »Dieser Mensch gehört Euch nicht!« kommentierte Carolin Ströbele (2015), die Aufregung um seine Entscheidung zeige nur, dass »der freie Wille im Showbusiness offenbar nichts zählt«. Sie übersieht, dass ihm gerade seine authentische

Selbstinszenierung gegen die Regeln des Showbusiness eine Ausnahmestellung in diesem Geschäft verschafft.

Den umgekehrten Weg geht ein anderer musikalischer Auftrittskünstler, der ganz in seiner einzigartigen Rolle aufzugehen scheint: Helge Schneider. Gerade das macht ihn umso spannender. Denn jeder fragt sich, wer der wahre Mensch sein mag, der sich hinter seiner Kunstfigur versteckt. Aber er verweigert die Auskunft. Selbst in dem Dokumentarfilm »Mülheim Texas – Helge Schneider hier und dort«, den Andrea Roggon 2015 über ihn gedreht hat, lässt er sich nicht in die Karten schauen. Bei den kärglichen Auskünften, die er über sein Privatleben, seine Kindheitsgeschichte und seine Berufswahl gibt, bleiben immer noch Zweifel, ob er wirklich als er selbst oder in der Persona von Helge Schneider spricht, der auch scheinbar Persönliches fingiert.

Bei diesen verschiedenen Auftrittsvarianten geht es weniger um die Psychologie der Selbstdarsteller, obwohl ihr mal bunt schillernder, mal im Verborgenen bleibender Narzissmus von gewissem Interesse sein mag. Für das Publikum weitaus interessanter ist jedoch das mediale Versteckspiel, das hier getrieben wird. Wir fragen uns stets, ob auf den Bühnen der Mediengesellschaft der wirkliche Mensch auftritt oder nur die mediale Kunstfigur. Beides sei miteinander identisch, suggerieren uns die Bilder. Aber wir haben unsere Zweifel. Wir wissen es nicht und wollen nicht daran glauben.

Kapitel 2
Ein Blick hinter die Kulissen:
Authentizität als Edelware der Medienwelt

Neugier – auf der Suche nach dem Menschen hinter der Medienfigur

Beginnen wir wieder mit der Politik, wo sinkende Wahlbeteiligungen, Politikerbeschimpfungen und populistische Strömungen eine zunehmende Verdrossenheit über den Politikbetrieb anzeigen. Viele Menschen fühlen sich nicht gehört, geschweige denn in ihren Anliegen verstanden. Für sie sieht es so aus, als ob die gekonnte Inszenierung von Politik, einschließlich der routinierten Selbstinszenierung der Politiker, Vorrang hat vor dem Inhalt, der Verkauf einer Botschaft wichtiger ist als die Sache, um die es geht, die Verpackung eines Problems mehr Überzeugungskraft hat als die Problemlösung, die vorgeschlagen wird. Paradoxerweise macht aber gerade der allgegenwärtige Inszenierungsverdacht persönliche Politikereigenschaften wie Frische, Wahrhaftigkeit und Echtheit umso wertvoller und politisch zu besonders nachgefragten Gütern. Diese Paradoxie ist der Nährboden des politischen Populismus, auf dem Politikunternehmer wie Silvio Berlusconi (oder Donald Trump im Kampf um die Kandidatur der republikanischen Partei für die Präsidentschaftswahl 2016) ihre Karrieren begründet haben:

Silvio Berlusconi, der in Italien als Medienunternehmer in die Politik einstieg und Politik wie ein Medienunternehmer betrieb, bis er wegen krimineller Vergehen verurteilt und verjagt wurde, verkörperte wie kein anderer das perfekte Zusammenspiel von Politik und Medien. Gerade mit seinen zahllosen Sex- und Korruptionsskandalen inszenierte er sich ein Jahrzehnt lang erfolgreich als Prototyp des »wahren Italieners«, der immer wieder gewählt wurde, weil ihm die Freuden des Lebens, das persönliche Wohlergehen, der raffinierte Steuerbetrug wichtiger schienen als Politik (Trump, der

offen mit seinem Reichtum protzt, den ihm seine diversen Immo-
biliengeschäfte und medialen Showauftritte eingebracht haben,
empfiehlt sich öffentlich als Personifizierung des amerikanischen
Traums – mit beträchtlichem Publikumserfolg).

In Deutschland ist der halbseidene Berlusconi zutiefst verachtet worden (wie der neureiche Trump). Stattdessen wurde ein Politikertyp
bevorzugt, der mit einer ganz anderen Selbstinszenierung die Sehnsucht nach dem starken Mann außerhalb des üblichen Politikbetriebs
bediente. Es war der gut aussehende und modern wirkende Karl-
Theodor Freiherr von und zu Guttenberg, der aus dem Nichts auf-
tauchte und das Volk wie die Medien im Sturm eroberte, aber die
Massengunst genauso stürmisch wieder verlor:

Guttenberg schien ein Politiker der neuen Art, mit der Attitüde eines
Mannes von Adel und ohne politischen Ehrgeiz. Einer, der Politik
eigentlich nicht nötig hatte und überall eine gute Figur machte.
Seine ebenso attraktive wie selbstbewusste Ehefrau aus dem Hause
Bismarck trug dazu bei, dass es die beiden als glamouröses Paar
nicht nur auf die Titelseiten der Yellow Press, sondern auch von
»Zeit« (Jessen, 2009: »Adel macht Eindruck«) und »Spiegel« (Demmer, Feldenkirchen, Kurbjuweit u. Pfister, 2010, Titelstory: »Die
fabelhaften Guttenbergs«) schafften und überdies von einem Mas-
senblatt des Boulevard zum gegenseitigen Vorteil massiv unterstützt wurden. So wurde Guttenberg in kürzester Zeit zum belieb-
testen Politiker Deutschlands. In der Pose des aufrechten Mannes,
der Tacheles redet und kein Blatt vor den Mund nimmt, wenn es
sein muss, schien ihn seine rasante Karriere als Minister für alle
Gelegenheiten unaufhaltsam ins Kanzleramt zu führen – bis sich
herausstellte, dass seine Doktorarbeit ein zusammengeschustertes
Plagiat war. Auch als promovierter Akademiker hatte er lediglich
posiert. Nachdem er von findigen Netzwerkern enttarnt worden war,
arbeitete Guttenberg zerknirscht am Bild des fehlbaren Familien-
menschen, für den es schließlich Wichtigeres gab als akademische
Regeln zu beachten. Eine Weile versuchte ihn die Kanzlerin zu halten, indem sie den ertappten Hochstapler vom fähigen Politiker zu
trennen versuchte. Bald aber waren persönliche Glaubwürdigkeit

und Medienkapital verspielt, sodass der Rücktritt vom Amt des
Verteidigungsministers unausweichlich wurde. Noch beim Abgang
erklärte sich der falsche Doktor zum Opfer eben jener Medien,
denen er seinen Aufstieg verdankte: ein Blender bis zum Schluss.

Die Medialisierung von Politik ist der Grund, weshalb bei den
Spin-Doktoren, die im Hintergrund des Politikbetriebs die Fäden
ziehen, kaum mehr auszumachen ist, ob sie Politik-, Image- oder
Medienberater sind. Die Unterschiede verblassen, weil sie einfach
nur modernes Produktmarketing praktizieren. Dass Politik mit Hilfe
der Medien betrieben wird, befand der Journalist Richard Herzinger in einer eleganten Analyse politischer Performanz, zwinge den
erfolgreichen Politiker eben nicht zu unbedingter Ehrlichkeit, sondern »zur Vervollkommnung seiner Darstellungskünste in der Rolle
der ehrlichen Haut« (Herzinger, 2000).

Auch außerhalb der Politik ist die mediale Vermarktung längst
üblich geworden. Immer mehr öffentliche Kulturbetriebe, private
Dienstleistungs- und Industrieunternehmen oder gesellschaftliche
Einrichtungen wie Gewerkschaften, Sportverbände und Kirchen
leisten sich mittlerweile professionelle Marketingexperten, um Vorstandsvorsitzende, Gewerkschaftsbosse oder Bischöfe, aber auch
ukrainische Boxer, russische Tennisspielerinnen, brasilianische Fußballer, italienische Tenöre oder bayrische Rodlerinnen auf den nächsten Medienauftritt vorzubereiten. Wie Produktionsdesigner feilen sie
am Markenimage ihrer Schützlinge, um deren publikumswirksames
Alleinstellungsmerkmal herauszupräparieren.

Auf diese Weise gewann beispielsweise Lena Meyer-Landrut beim
»Eurovision Song Contest« 2009. Ihr Sieg war Ergebnis einer lang-
fristig angelegten Medienstrategie, die ihre Unverbrauchtheit, ihre
Jugendlichkeit, ihr ungekünsteltes Auftreten in den Vordergrund
schob – ein Bild, zu dem selbst ihre eher schwache und hörbar
unausgebildete Stimme beitrug. Stefan Raab agierte in der Rolle
eines Strippenziehers der Unterhaltungsindustrie, nur dass er im
Unterschied zu den Spindoktoren aus der Politik nicht im Hintergrund blieb. Seinerseits in der Rolle eines ewig unverbrauchten
Shootingstars des Spaßfernsehens mit hohem Authentizitätsfak-

tor groß geworden, machte er »Lena« zur authentischen Sängerin, indem er dafür sorgte, dass europaweit etwas vom eigenen Image auf seine Entdeckung abfärbte. Dass die angestrebte Titelverteidigung im folgenden Jahr zum Flop wurde (eine »Scheißidee«, so Raab im Nachhinein), lag daran, dass man so etwas nicht zweimal machen kann. Die Wiederholung roch nach Schmierentheater und ließ ausgerechnet das vermissen, was am Original so anziehend gewesen war: eine mit sich selbst vollkommen identische Lena.

Die mediale Erzeugung von Identität hat inzwischen selbst den seriösen Wissenschaftsbetrieb ergriffen, dem ohne öffentliche Aufmerksamkeit der Geldzufluss zu versiegen droht. Längst haben Universitäten und Forschungsinstitute eigene PR-Abteilungen, falls entsprechend begabte Wissenschaftler solche Aufgaben nicht gleich persönlich übernehmen.

Craig Venter zum Beispiel war ein begnadeter Verkäufer seines Humangenomprojekts. Er brachte die Figur des ebenso genialen wie selbstbewussten Wissenschaftsunternehmers auf die Bühne. Zum gleichen Typus gehörten die Computer- und Internetpioniere der digitalen Gründergeneration, in ihrem Tross verwegene Technikvisionäre wie Ray Kurzweil, Bill Joy oder David Gelernter, die sie in ihren Thinktanks beschäftigten und von denen sie sich medial begleiten ließen.

Jaron Lanier, einer der profiliertesten Internettheoretiker der ersten Stunde – er hat angeblich den Begriff der »virtuellen Realität« erfunden, und tritt stets im alternativen Bob Marley-Look auf; Markenzeichen: lange Rasta-Zöpfe – hat inzwischen die Fronten gewechselt mit seinem Buch »Wem gehört die Zukunft? Du bist nicht der Kunde der Internetkonzerne. Du bist ihr Produkt« (Lanier, 2014). Vom Propheten der digitalen Moderne ist er zu ihrem globalen Chefkritiker geworden und hat dafür 2014 den Friedenspreis des deutschen Buchhandels bekommen. Mit Evgeny Morozov, der mit »Smarte Neue Welt: Digitale Technik und die Freiheit des Menschen« (Morozov, 2013) direkt an Aldous Huxleys (1932/1953) Schlüsselroman über die totalitäre Gesellschaft anschließt, liefert er sich einen internationalen Konkurrenzkampf um Diskursführerschaft in der Kritik am digitalen »Totalitarismus«.

Zum Genre der Selbstvermarkter gehören auch Vielschreiber wie Bernard-Henri Lévy (Markenname: BHL), Peter Sloterdijk oder Slavoj Žižek, die in den Kulturredaktionen der Qualitätsmedien außerordentlich beliebt sind. Bei ihnen ist manchmal kaum zu unterscheiden, ob ihr Engagement der Bedeutsamkeit der Sache gilt, über die sie schreiben, oder der eigenen Person, weil sie beidem zugleich Aufmerksamkeit verschaffen. In jedem Fall aber häufen sie intellektuelles Kapital an, auch wenn sie in der akademischen Welt, die sie klammheimlich beneidet, wegen ihrer medialen Dauerpräsenz einen denkbar schlechten Ruf als »Medienphilosophen« genießen.

In der Öffentlichkeit hat ihnen dieser Ruf bisher nicht geschadet, sondern eher genützt, weil hier nicht der trockene Akademiker gefragt ist. Wer in diesem Genre reüssieren will, muss nicht nur etwas zu bieten haben, was aufregend genug ist, um die Gemüter zu erhitzen: eine moralische Forderung, eine steile These, einen skandalösen Vergleich. Er muss auch als authentische, erkennbare, unverwechselbare Person auftreten können. Das Paradebeispiel ist Slavoj Žižek, der als Weltendeuter nicht nur von den neuen, sondern auch von den alten Medien hofiert wird.

Žižek ist ein Star in den sozialen Netzwerken. Videos seiner bizarren, aber stets unterhaltsamen Auftritte sind Renner auf YouTube oder Facebook. Er schreibt aber auch für international renommierte Qualitätszeitungen. Ob »New York Times« oder »New Statesman«, »Neue Zürcher Zeitung«, »Frankfurter Allgemeine Zeitung«, »Süddeutsche Zeitung«, »Spiegel« oder »Zeit« – alle Kulturredaktionen schätzen seine Beiträge. Gelegentlich schreibt er denselben Artikel für verschiedene Blätter. Mal tritt er als radikaler Kulturphilosoph auf, mal als lacanianischer Psychoanalytiker, mal als Lenin- und Stalinverehrer, mal als eine Rollenmischung, immer aber als wilder Bürgerschreck im Rasputin-Look.

Seinen Essay über die Seelenlage der muslimischen Terroristen, den die »New York Times« auf ihren Meinungsseiten schon 2014 veröffentlicht hatte (Žižek, 2014), ohne zu wissen, dass dieser Text im Wesentlichen schon in seinem Buch zum Thema »Violence: Six Sideways Reflections« (Žižek, 2008) enthalten war, bot Žižek nach dem Pariser Anschlag auf die französische Satirezeitschrift »Charlie Hebdo« in leichter Variation gleich mehreren europäische Zeitungen an, die ihn unter verschiedenen Überschriften abdruckten (nachzulesen als Gastbeitrag jeweils bei der »Schweizer Wochenzeitung« vom 15. Januar 2015: »Verunsicherte Fundamentalisten«, oder bei der »Zeit« vom 28. Januar 2015: »Wer hat die Kraft der Leidenschaft?«). Was hat uns der Theorie-Allrounder in Sachen Fundamentalismus zu sagen?

Als Gegengift gegen die Leidenschaft der radikalislamistischen »Gotteskrieger« empfiehlt Žižek einen leidenschaftlichen Linksradikalismus, um dann dem ideologisch erschlafften Westen wie seinen Gegnern gehörig die Leviten zu lesen: Der saftlose Liberalismus des reichen Westens habe nicht einmal ein ordentliches Überlegenheitsgefühl zustande gebracht und damit sogar die armen Terroristen angesteckt, die »sich insgeheim selbst für unterlegen halten« (vgl. Žižek, 2015b), weil sie unbewusst bloß neidisch auf den Reichtum des Westens seien und zudem vom heiligen Ernst ihrer Sache nicht wirklich überzeugt. Ihn stört deshalb auch keineswegs, dass die religiösen Fundamentalisten die verhasste Geldgesellschaft angreifen, sondern dass sie es mit dem falschen Bewusstsein tun und zudem ohne die nötige Überzeugung. Über Selbstzweifel aber muss der wahre Fundamentalist erhaben sein, wie Žižek in seiner eigenen Radikalkritik am maroden Kapitalismus demonstriert. Ungeachtet der totalitären Geschichte des Realkommunismus im 20. Jahrhundert beruft sich der bekennende Salonbolschewist auf das Erbe Lenins, der keine Angst hatte, sich im beherzten »Griff nach der Macht die Hände schmutzig zu machen«, und verbeugt sich vor der »inneren Größe des Stalinismus« (Žižek, 2002), schwärmt von der »göttlichen Gewalt«, dem »emanzipatorischen Terror« gegen die kapitalistische Ökonomie (Žižek, 2011)«; das Versagen der chinesischen Kulturrevolution liege im Wesentlichen nur darin, dass sie letzten Endes dem Kapitalismus den Weg in China geebnet habe (Žižek, 2008).

Ist Slavoj Žižek wirklich die Person, die er zu sein vorgibt? Oder ist er nur ein medienbegabter Provokateur, der die Gesetze des Metiers verstanden hat und die Wünsche des Publikums bedient? Woran aber erkennt man durch das Mediale hindurch das Wirkliche? Existiert die

Person hinter der medialen Maske überhaupt? Antworten auf solche Fragen kann das Medium jedoch nicht geben. Schon deshalb, weil es ein Medium ist – bloß ein Spiegel der Wirklichkeit und nicht die Wirklichkeit selbst. Aber zugleich müssen die Medien versuchen, die Wahrheitsfrage offen zu halten, um die Neugier zu wecken, um das Interesse wach zu halten, um ihre Zuschauer oder Leser zu fesseln. Denn aus der chronisch verweigerten Frage nach dem Authentischen bezieht die mediale Welt einen erheblichen Teil ihrer Anziehungskraft.

Rätsel – die Botschaft des Mediums im submedialen Raum

Von den meisten Dingen der Welt kennen wir nur die Medienversion. Ständig leben wir im Zweifel, ob die Berichte den Tatsachen entsprechen, ob die vorgeführten Bilder die Wahrheit sagen, ob die dargestellte auch die wirkliche Wirklichkeit ist. Was sich im Auge der Kamera zeigt, würden wir gern mit eigenen Augen sehen und das Mediale in Echtes zurückverwandeln. Doch Realität und Inszenierung sind nicht leicht voneinander zu trennen. Tatsache und Fiktion, Sachverhalt und Diskurs, Haltung und Pose lassen sich schwer unterscheiden, weil sich beide Seiten unaufhörlich ineinanderschieben.

Womöglich ist die Botschaft des Mediums bloß das Medium selbst, wie Marshall McLuhan (1964/1992) uns vor fünfzig Jahren schon gelehrt hat. Aber die meisten haben vergessen, was der Medientheoretiker seinem berühmten Satz hinzugefügt hat. Dass nämlich der Nutzer der Inhalt der Botschaft ist: »The medium ist the message – and the user is its content!« Aber ausgerechnet der Mediennutzer kann in den Spiegelkabinetten der digitalen Moderne kaum noch erkennen, was Wirklichkeit und was nur Gerede ist, wo das Original in die Kopie übergeht, wann die Wahrheit aufhört und die Manipulation beginnt. Alles, was wir dort lesen, hören oder sehen, scheint in ein zeittypisches Zwielicht getaucht. Letzten Endes müssen wir darauf vertrauen, dass wahrheitsgemäß berichtet wird. Aber das Vertrauen reicht nicht immer.

Die Rückseite der Medialisierung ist deshalb der chronische Verdacht, dass es sich um Massenbetrug handelt. Vielleicht ist alles ganz anders, als es uns vorgeführt wird. Auf dem Boden dieses Verdachts blühen allerlei Verschwörungstheorien. Sie beruhigen ihre Anhänger in ähnlicher Weise wie die Wahnbildungen der paranoiden Schizophrenie den Psychotiker beruhigen: Die Beunruhigung ist zuerst da, der Wahn dient der Beruhigung, er hat eine stabilisierende Funktion. Wer erst einmal weiß, woher das Böse kommt, hat die Dinge wenigstens im Blick – wenn auch um den Preis so mancher Verrücktheit. War 9/11 nicht das Gemeinschaftswerk der US-amerikanischen und israelischen Geheimdienste CIA und Mossad, das man den radikalen Islamisten in die Schuhe geschoben hat, um sie zu diskreditieren? Haben die Angriffe auf New York City und Washington überhaupt stattgefunden oder sind sie ein Fake gewesen, eine gigantische Manipulation mit Hilfe der Medien? Droht nicht eine schleichende »Islamisierung des Abendlandes«, die von der »Lügenpresse« geleugnet wird, wie die völkische Pegida-Bewegung behauptet?

Auch jenseits von Verschwörungstheorien bleiben wir bei der Verdächtigung nicht stehen. Wir können gar nicht anders, als nach der Wahrheit zu forschen, die uns das Medium scheinbar vorenthält. Wir fühlen uns um diese Wahrheit betrogen, wenn man uns weismachen will, die Borderline zwischen Fiktion und Realität existiere gar nicht und könne deshalb auch nicht markiert werden, es sei letztlich egal, ob etwas wahr oder erfunden ist: »Wo gibt es schon Wahrheit?«. Der postmoderne Zynismus genügt uns auf Dauer nicht und hält uns keineswegs davon ab, in den medialen Fiktionen unaufhörlich weiter nach Spuren des Realen zu suchen. Immer noch bemühen wir uns, zwischen echt und unecht, zwischen Faktum und Fake zu unterscheiden. Neugierig auf das Wesen der Dinge jenseits des Scheins, auf eine verborgene Tiefe unter der Oberfläche versuchen wir ständig, der wirklichen Wirklichkeit auf die Schliche zu kommen.

Auf der anderen Seite macht die Erfahrung, dass in der Medienwelt die Dimensionen von Wirklichkeit und Künstlichkeit verschwimmen, auch den Reiz des Vorgeführten aus. Gerade wegen ihrer Undurchschaubarkeit und Uneindeutigkeit werden die Dinge interessant. Und wir beginnen zu rätseln. Eben diese undurchschaubare Mischung aus Wirklichkeit und Künstlichkeit macht den eigentlichen Reiz des Reality-TV aus, dessen Dramaturgie im nächsten Kapitel anhand von zwei Beispielen (»Big Brother« und »Dschungelcamp«) untersucht wird.

Allen interaktiven Formaten des Fernsehens, behaupte ich, insbesondere aber dem Reality-TV, wohnt eine Rätselhaftigkeit inne,
die wir auch in der modernen Kunst finden. Ein solcher Vergleich
wird Widerspruch, wenn nicht gar Empörung hervorrufen. Die Einwände liegen nahe: Ist das Reality-TV in seiner Banalität nicht vollkommen durchschaubar? Laufen solche Formate nicht stets nach
immer demselben Schema ab? Ist das, was passiert, nicht vorher-
sehbar und deshalb alles andere als rätselhaft? Das Reality-TV sei
eher ein Symptom des allgemeinen Kulturverfalls und habe doch
mit moderner Kunst nichts zu tun!

In der Tat war das Fernsehen, als im Jahr 2000 mit »Big Brother«
die erste Realityshow startete, umgehend der zivilisatorischen Grenz-
überschreitung bezichtigt und unter Trashverdacht gestellt worden.
Schon aus den Vorkritiken in den Feuilletons konnte man die kulturelle Entrüstung heraushören. Aber es war der gleiche Oberton, der
bereits die moderne Kunst seit ihrer Entstehung im 19. Jahrhundert
begleitet hatte: Sie sei eine einzige Lüge, hieß es damals, weil sie die
Wirklichkeit nicht richtig abbilde. In ihren Porträts verfehle sie die
körperliche Physiognomie des Menschen. In ihrer Naturmalerei ver-
zeichne sie Landschaft, Pflanzen und Tiere. In ihren Stillleben ver-
zerre sie die Dinge.

Die bildende Kunst der Moderne galt lange als unecht und deshalb wertlos im Vergleich zur traditionellen Malerei. Von der faschistischen Ästhetik zur »entarteten Kunst« erklärt und als undeutsch
verfolgt, hängen die Meisterwerke heute als Inkunabeln der Klassischen Moderne in jedem Museum. Mit dem Makel der kulturellen
Wertlosigkeit behaftet ist auch so manches Kunstwerk des 20. Jahrhunderts zur Welt gekommen. So haben die Readymades oder das
Urinal von Marcel Duchamp ebenso öffentliche Empörung hervorgerufen wie die aufgestapelten Suppendosen von Andy Warhol oder
die ausgebreiteten Filzbahnen von Joseph Beuys: Das sei doch keine
Kunst, das könne doch jeder! Dabei haben all diese zeitgenössischen
Künstler mit ihren skandalisierten Kunstwerken die Bedeutung des
Alltäglichen hinterfragt und die Frage nach dem Geheimnis hinter
den profanen Gegenständen aufgeworfen.

Man muss deshalb Produkte des Unterhaltungsfernsehens wie
»Big Brother« oder das »Dschungelcamp« nicht aufwerten zu dem,

was Joseph Beuys einmal eine soziale Installation genannt hat. Man braucht das Reality-Fernsehen nicht zum zeitgenössischen Gesamtkunstwerk erheben, nur weil die Selbstdarsteller uns stets rätseln lassen, wer sie wirklich sind, und weil wir eben nie wissen, wie es am Ende ausgeht. Aber um zu verstehen, um dahinter zu kommen, was am interaktiven Fernsehen rätselhaft und eben aus diesem Grund interessant ist, müssen wir unsere spontanen Abwehrreaktionen dem Neuen gegenüber hinterfragen, wie sie auch in der Kunstgeschichte notorisch waren.

Geheimnis – Exkurs über Realität in der Gegenwartskunst

Heute gehört dokumentarische Verrätselung zu den Markenzeichen der Gegenwartskunst. Gerhard Richter lässt seine Gemälde gelegentlich wie unscharf gemachte Fotovorlagen aussehen, die ein Geheimnis bergen und deren malerische Unschärfe manchmal auf den Inhalt abfärbt, wie in seinem Zyklus »18. Oktober 1977«:

In fünfzehn mehr oder weniger verwischten Schwarz-Weiß-Bildern mit vielen Grautönen thematisiert Richter das Ende der ersten Generation der »Rote Armee Fraktion«, wie sie sich selbst nannte, der »Baader-Meinhof-Gruppe«, wie sie von Polizei und Medien und auf Fahndungsplakaten genannt wurde. Von ihrer Festnahme bis zu den umstrittenen Selbstmorden im Hochsicherheitsgefängnis von Stuttgart-Stammheim einschließlich der Beisetzungszeremonie auf dem Friedhof. Nach dem Vorbild der Historienmalerei lässt Richter die Ereignisse im »Deutschen Herbst« noch einmal Revue passieren: den angezweifelten Suizid von Ulrike Meinhof, die sich im Mai 1976 in ihrer Zelle erhängte; den abgesprochenen Selbstmord von Andreas Baader, Gudrun Ensslin und Jan-Carl Raspe, die die Szene wie eine Liquidation durch den Staat aussehen ließen; die Beerdigung, an der Tausende von Gleichgesinnten und Sympathisanten teilnahmen. Gerade die weit verbreiteten Zweifel daran, welche Version der von Richter künstlerisch verarbeiteten Wirklichkeit des deutschen Linksterrorismus die richtige sei, haben diesen Gemäldezyklus zu einem Schlüsselwerk der zeitgenössischen Kunst gemacht, das lange im Frankfurter Museum für Moderne Kunst hing, bevor es vom New Yorker Museum of Modern Art gekauft wurde.

In Richters neuem Zyklus, einer Werkgruppe von vier Bildern, gemalt nach Fotovorlagen aus einem deutschen Konzentrationsla- ger – es waren aus dem Lager herausgeschmuggelte Fotografien eines Häftlings, der zum sogenannten »Sonderkommando« gehört hatte, einer Einheit, die bei den Exekutionen Hilfsdienste leisten musste und deren Mitglieder selbst ermordet wurden, um keine Augenzeu- gen zu hinterlassen – verfährt der Maler nach demselben Prinzip einer künstlerischen Verrätselung des Grauens:

> Das beginnt bereits mit dem fehlenden Titel; im Werkverzeichnis heißt es knapp »Abstrakte Bilder (937/ 1–4)«. Auch im Dresdener Albertinum, wo die Werkgruppe im März 2015 zum ersten Mal aus- gestellt wurde, fehlte die Beziehung zur grauenhaften Wirklichkeit, die in diesen Bildern eingefangen ist. Lediglich die Pressemitteilung enthielt den Hinweis, der Zyklus ginge auf »vier, von einem Häftling im August 1944 im Konzentrationslager Birkenau aufgenommene Fotografien zurück«.

In Auschwitz-Birkenau, dem größten Vernichtungslager der Nazis, wurde eine Million Menschen jüdischer Herkunft ermordet. Nach Auschwitz könne man keine Gedichte mehr schreiben, hatte Adorno einst gemeint und war von Paul Celan mit dessen »Todesfuge«, die das Lager jedoch nicht beim Namen nennt, widerlegt worden. Über Auschwitz könne man keine Bilder malen, scheint Richter zu meinen und malt einen Bilderzyklus, in dem Auschwitz nicht mehr zu erken- nen, aber der Schrecken des Todeslagers zu ahnen und zu spüren ist. In ihrer eindrücklichen Besprechung seiner Werkgruppe schreibt Julia Voss über Richters Kunst der Verrätselung, die die Bilder von Auschwitz gerade durch das Verwischen und Unkenntlichmachen mit einer Bedeutsamkeit auflade, die erst im Kopf des Betrachters entsteht und in seiner Gedanken- und Gefühlswelt weiterarbeitet (Voss, 2015):

»Wer nicht wüsste, worauf sich der Zyklus bezieht, würde nie darauf kommen. Etwas Schlimmes ist geschehen, das ahnt man. Wer in der

Kunstgeschichte sucht, würde sich aber vielleicht eher an Claude Monet erinnern, seine Seerosen-Bilder. Bei Richter ist es, als ob eine Ölkatastrophe in die Pastellwelt des Impressionisten eingebrochen sei, als habe die Industrie der Ersten Welt, die sonst mit Vorliebe die Dritte Welt verwüstet, ihren Schmutz zur Abwechslung in einem schönen französischen Teich verklappt. Teeriges Schwarz, ein zu giftiges Chemiegrün, blutiges Rot. Das ist eine Möglichkeit, die Bilder zu sehen. […] Wer noch näher herantritt, sieht die Schlieren, Risse, Krümel, Fetzen und Pocken, die Richter mit seiner Rakel-Technik produziert und die viele seiner abstrakten Bilder zu Seherlebnissen macht. Dafür verwendet er einen großen Spachtel, mit dem die Farbe über die Leinwand gezogen wird. Die Schichten verbinden sich nie ganz, die pastose Farbe reißt immer wieder auf. Auch dazu gibt es eine Vorgeschichte: Angeblich hat der Maler zuerst die Auschwitz-Fotografien abgemalt und sich dann dafür entschieden, sie zu übermalen. Sehen kann man das nicht, man muss es glauben. […] Es kann kein Zweifel daran bestehen, dass der Bezug zu Auschwitz die Bilder auflädt, ihnen eine Bedeutung verleiht, die ihnen die Malerei allein nicht gibt. Richter weicht damit von seiner bisherigen Praxis ab, den Nationalsozialismus im Rahmen von Familienfotos zu behandeln. Noch dazu sind die neuen Bilder nun ungegenständlich, abstrakt. […] Kitsch sind diese Bilder nicht. Dafür sind sie zu unaufdringlich, zu zurückhaltend. Richter versucht nicht, das Grauen zu überbieten, malerisch zu vergrößern oder sich anzueignen. Seine Bilder beziehen sich nicht auf das Sichtbare, sondern sie bieten dem Betrachter für Assoziationen Raum: für den Schrecken, den die historischen Fotografien auslösen, für die Vorstellung von der Angst der Häftlinge, erwischt zu werden, vielleicht ihre Hoffnung, es könnte Hilfe geben. All das bleibt im Kopf des Betrachters. Richter ist zu dem Schluss gekommen, dass er Auschwitz nicht malen kann. Zu diesem Ergebnis kamen andere vor ihm auch. Das Unvorstellbare lässt sich nicht darstellen […]«.

Beim Versuch, die unvorstellbare Barbarei darzustellen, lässt die Gegenwartskunst Dinge aus, um sie der Phantasie des Betrachters zu überlassen. Das ist ein generelles Prinzip moderner Kunstproduktion. Genauso verfährt auch das moderne Theater, das moderne Kino oder die moderne Literatur, wenn sie gut genug sind. Gerade dadurch, dass sie ihren Gegenstand in ein Geheimnis verwandeln, fesselt zeitgenössische Belletristik das Interesse des Zuschauers bzw. des Lesers, während er Versuche zur schrittweisen Enthüllung des Geheimnisses unternimmt.

Der amerikanische Gegenwartsroman hat es hier zu großer Meisterschaft gebracht – realistisch, doch stets dabei, der äußeren Realität ihre inneren Geheimnisse zu entlocken. Ältere Autoren wie Don DeLillo oder Thomas Pynchon, Philip Roth oder Paul Auster beherrschen diese Kunst, jeder auf seine eigene Art, und die jüngeren wie Jonathan Safran Foer oder Nicole Krauss haben diese Schreibkunst weiterentwickelt. So macht etwa Nicole Krauss in ihrem 2011 erschienen Roman »Das große Haus« die Herkunft und Geschichte eines überdimensionalen Holzschreibtischs mit 19 Schubladen vom ersten Kapitel an zu einem Rätsel, das den Leser bis zum Ende des Buchs ständig in Bann hält und buchstäblich erst auf der letzten Seite gelöst wird.

Hoffnung – wer die Büchse der Pandora öffnet

In seinem Buch »Unter Verdacht. Eine Phänomenologie der Medien« schreibt der Kunsttheoretiker und Museumsmann Boris Groys (2000): »Nur ein Kunstwerk, das wie ein Krimi aufgebaut ist, hat heute Erfolg«. Wie hinter jedem Verbrechen ein Geheimnis lauere, das wir als Leser enthüllen möchten, vermuteten wir unter der medialen Oberfläche, so Groys, einen »submedialen Raum«, den wir gern ausleuchten würden.

Diese Vermutung macht auch das Reality-Fernsehen so spannend – mit seinem Versprechen, die Wirklichkeit zu zeigen, wie sie ist. Gerade weil uns dort das echte Leben, die wirkliche Beziehung, das aufrichtige Gefühl oder das wahre Selbst versprochen wird, hoffen wir im submedialen Raum etwas anderes zu finden als die pure Präsentation. Wie Detektive im Kriminalroman die wahren Motive für den Mord zu ermitteln versuchen, um den Täter zu finden, versucht das Fernsehpublikum zu ergründen, was sich unter der oberflächlichen Selbstinszenierung sonst noch verbirgt. Denn wir alle sind interessiert am Geheimnis des Anderen, das sich in den Tiefen seiner Seele verborgen hält, an der Wahrhaftigkeit einer Person hinter der medialen Fassade, am submedialen Raum, in dem das Versteckspiel aufhört und sich der echte Mensch zu erkennen gibt.

Nach dem Wahrhaftigen und Echten suchen wir sogar in den Untiefen jener neuen Ökonomie, deren Währung bloß Aufmerksamkeit und Beachtung ist und die wir im Grunde für flach und flüchtig halten. Gerade diese Unterstellung aber macht die unaufhörliche Suche danach umso reizvoller, spannender und nicht zuletzt profitabler. Schließlich wird Authentizität auf den Märkten des mentalen Kapitalismus wie ein seltenes Gut gesucht, das nicht nur dem quotensüchtigen Medium Zuschauerzahlen, Werbeeinnahmen und Imagegewinn verschafft, sondern auch dem interessierten Publikum sein Vergnügen.

Das Authentische für das neue Fernsehen entdeckt zu haben, als eine besondere Ware, mit der sich handeln lässt, darin besteht letzten Endes die Pionierleistung des Reality-TV. In all seinen Formaten wird die Authentizität der Darsteller versprochen, die eigentlich keine Darsteller sind, sondern wirkliche Menschen. Die kostbare Trouvaille wird einem dankbaren Zuschauer angeboten, der nach dem Echten hungert und dem Versprechen glauben will, dass echt ist, was er sieht. Zumindest hofft er darauf. Zugleich zweifelt er jedoch, ob die Menschen, die sich hier präsentieren, wirklich authentisch sind und nicht nur so tun, als ob sie es wären. Er traut der Sache nicht ganz, als ob er schon ahnt, dass sich das wahre Selbst hinter dem falschen Selbst ebenso wenig offenbaren wird, wie das wahre Denken hinter dem bloßen Sprechen. Jedenfalls bleibt er auf der Hut. Schließlich will er sich von der medialen Inszenierung nicht betrügen lassen. Er verlangt Aufklärung.

Im berühmtesten Kapitel ihrer »Dialektik der Aufklärung« (1947/1969) haben Max Horkheimer und Theodor W. Adorno der kapitalistischen Kulturindustrie einst vorgehalten, diese betreibe »Aufklärung als Massenbetrug«. Haben sie mit ihrem Verdikt womöglich Recht behalten? Gilt auch für die Echtheitsversprechen des mentalen Kapitalismus der berühmte Satz aus dem Kulturindustriekapitel: »Immerwährend betrügt die Kulturindustrie ihre Konsumenten um das, was sie immerwährend verspricht« (S. 161). Erweisen sich die Versprechen des Mitmachfernsehens als raffinierte Betrugsfalle, in die sowohl die naiven Teilnehmer vor als auch die naiven Zuschauer hinter der Kamera tappen?

Aber die Aufmerksamkeitsökonomie, auch wenn sie Hoffnungen weckt, die manchmal enttäuscht werden, betrügt nicht einfach. Für die Erfüllung jener heimlichen Identitätshoffnungen, mit der so viele Menschen die Spiegelkabinette und Echoräume des interaktiven Fernsehens betreten, wird nur keinerlei Gewähr übernommen. Mit seinem Eintritt in die Medienwelt wird der Einzelne zum Mitspieler an einem sozialen Experiment, an dem neben dem Medium als Laborbesitzer und Versuchsleiter auch andere Menschen beteiligt sind, die als Zuschauer am Ende darüber entscheiden, wie der Auftritt des Selbst zu bewerten ist. Denn indem es medial auftritt, begibt sich das Selbst in ein virtuelles Interaktionslabor. Naturgemäß kann niemand vorhersagen, ob für die jeweilige Versuchsperson die Sache gut oder schlecht ausgeht, ob das Laborexperiment gelingt oder scheitert.

Im Grunde muss das Selbst vor seinem Auftritt eine Art narzisstische Risikoabwägung vornehmen. Auf der einen Seite steht das mögliche Scheitern, das in der Natur medialer Selbstpräsentation liegt: die Scham, wenn die Vorführung peinlich wird, die Blamage, wenn die Sache misslingt und man am liebsten im Boden verschwinden würde. Doch auf der anderen Seite steht der mögliche Identitätsgewinn, den das auftretende Selbst einheimsen kann: der Stolz über die gelungene Darstellung, der Beifall des Publikums, dem es sich zeigt und von dem es gesehen, vielleicht sogar bewundert oder beneidet wird. Wer die Büchse der Pandora öffnet, muss jedenfalls wissen, dass er an ihrem Boden lediglich die Hoffnung findet, die bekanntlich trügerisch ist.

Kapitel 3
Der kategorische Imperativ der Medien-
gesellschaft: Ich werde gesehen, also bin ich!

Mentaler Kapitalismus –
Bewirtschafte deine Persönlichkeit!

Jene besondere Wirtschaftsform, die auf informationstechnologisch hoch entwickelter Basis das Seelenleben bewirtschaftet, nennt Georg Franck (1998) in seinem gleichnamigen Buch eine »Ökonomie der Aufmerksamkeit«. Die Märkte dieser Ökonomie eines »mentalen Kapitalismus« (Franck, 2005) sind frei zugänglich. Im Prinzip kann jeder Mensch dort auftauchen, sofern er etwas zu kaufen oder zu verkaufen hat. Gehandelt wird nämlich mit alltäglichen Gütern, die der menschlichen Psyche entstammen, mit mentalen Stoffen aller Art, wozu Gefühle, Phantasien, Charaktereigenschaften, emotionale Bindungen, soziale Beziehungen oder sexuelle Vorlieben gehören. Der wertvollste aller Stoffe ist jedoch die interessante Persönlichkeit, sie ist das höchste Gut, die Ware mit dem größten Marktwert.

Innerhalb dieser eigentümlichen Ökonomie, die in der digitalen Moderne erst richtig aufgeblüht ist, wird die Banken- und Börsenfunktion von den Massenmedien übernommen. Diese kontrollieren Zahlungsmittel und Tauschwerte in einem Marktgeschehen, dessen Währung der ganz normale menschliche Narzissmus ist. Zwar florierte der Narzissmus in seiner medialen Gestalt bereits in vordigitalen Zeiten, aber nur im exklusiven Teilbereich jener »besseren Gesellschaft«, die immer schon die Möglichkeit besaß, sich der Öffentlichkeit zu präsentieren und das auch gerne tat. Damals noch streng reguliert und besonderen Zugangsregeln unterworfen, steht dieser Markt des medialen Narzissmus im digitalen Zeitalter prinzipiell allen offen.

Ob die auf den Märkten der Aufmerksamkeitsökonomie angebotenen Waren sich wirklich verkaufen lassen, zeigt sich erst an der

Kaufbereitschaft der Abnehmer. Denn wie alle anderen freien Märkte auch, werden sie allein durch Angebot und Nachfrage reguliert. Die mentalen Angebote müssen also von interessierten Kunden nachgefragt werden. Was aber bringt die Anbieter dazu, sich auf diesen speziellen Markt zu begeben. Wo bleibt ihr Profit, wenn er sich nicht in harter Währung berechnen lässt? Statt Geld bekommen sie öffentliche Aufmerksamkeit. Schon im ersten Satz seines bahnbrechenden Buchs nennt Franck öffentliche Aufmerksamkeit eine Droge, freilich eine Droge eigener Art, weil sie dem Konsumenten den Kick der Berühmtheit verschafft: »Die Aufmerksamkeit anderer Menschen ist die unwiderstehlichste aller Drogen. Ihr Bezug sticht jedes andere Einkommen aus. Darum steht der Ruhm über der Macht, darum verblasst der Reichtum neben der Prominenz« (Franck, 1998, S. 10).

Der Autor dieses Satzes, der eigentlich Stadtplaner ist, darf sich durch die weitere Entwicklung der digitalen Moderne bestätigt fühlen. Inzwischen muss man seine geniale Analyse, die noch aus dem 20. Jahrhundert stammt, aber leicht korrigieren. Zwar kommt im mentalen Kapitalismus des 21. Jahrhunderts immer noch Ruhm vor Macht und Prominenz vor Reichtum. Aber in der entfesselten Aufmerksamkeitsökonomie ist der Ruhm zu einem eigenen Machtfaktor geworden und Prominenz zur sprudelnden Quelle von Reichtum.

Nehmen wir die mächtigen Internetkonzerne, die den expandierenden Weltmarkt des mentalen Kapitalismus erfolgreich bedienen und am Verkauf ihrer Produkte außerordentlich gut verdienen. Ihre genialen Gründerfiguren entstammen meist dem alternativen Hippie-Milieu Kaliforniens. Doch aus den kommunikationstechnologischen Subkulturen der amerikanischen Westküste haben sie es mittlerweile in die Aktienmärkte geschafft. An den internationalen Börsen, wo sie den klassischen Industrieunternehmen längst den Rang abgelaufen haben, werden sie hoch gehandelt. Anfang 2015 lag der Börsenwert von Apple (Börsengang 1980) bei 700 Milliarden Dollar, von Google (Börsengang 2004) bei 355 Milliarden. Facebook (Börsengang 2012) mit seinen damals 1,3 Milliarden Nutzern war 211 Milliarden wert, mehr als doppelt so viel wie beispielsweise Volkswagen, Siemens oder Bayer (Quelle: »Focus« vom 15. Februar 2015).

Dabei macht Facebook im Grunde nichts weiter, als Menschen auf riesige Entfernungen und in Sekundenschnelle virtuell miteinander zu verbinden und ihnen zugleich das Gefühl zu geben, mitein-ander verbunden zu sein, sowie Plattformen anzubieten, auf denen sie sich wechselseitig zeigen und austauschen können. Statt eigener Inhalte liefert Facebook nur Möglichkeiten, miteinander in Kontakt und Kommunikation zu kommen.

> Die Verbindung geschieht über schlichte Text-, Bild- und Sprach-mitteilungen, inzwischen auch über Sozialfunktionen wie »Graph Search« (z. B.: Suche all meine Freunde in Frankfurt!), »Places« (deutsch »Orte«: Wo bin ich gerade?) oder »Timeline« (deutsch »Chronik«: Nimm meine Hand und zeig' mir dein Leben!). All diese Funktionen dienen in irgendeiner Weise der Kontaktaufnahme und Kontaktpflege, der Kommunikation und Interaktion und schließlich der Selbstdarstellung und Eigenverortung.

Obwohl ein soziales Medium wie Facebook seine Dienstleistungen kostenlos anbietet, wird von den informationskapitalistischen Netz-werkanbietern inzwischen viel Geld verdient, vorwiegend durch Werbeeinnahmen. Die eigentliche Währung, die in der Aufmerk-samkeitsökonomie Gültigkeit hat, ist jedoch narzisstischer Natur. Was für die Nutzer zählt, sind Einschaltquoten, Clickraten und andere Formen des medialen oder sozialen Feedbacks. Schon daran ist zu erkennen, dass der Narzissmus, der im Netz seine Befrie-digung sucht, keinen Rückzug des Selbst, keine Abwendung von der Welt bedeutet. Im Gegenteil: Das Selbst darf sich zeigen und darauf hoffen, von der Welt gesehen zu werden – ein lukrativer Austausch, in dem Selbst- und Weltbezogenheit anscheinend gar keinen Gegensatz mehr bilden, sondern auf eigentümliche Weise zueinander finden.

Im Zeitalter der interaktiven Massenmedien haben sich die eins-tigen Reservate des medialen Narzissmus geöffnet. Was früher den Schönen, den Reichen und den Wichtigen vorbehalten war, steht heute allen zur Verfügung. Die Schaubühnen der Mediengesell-schaft haben ihre sozialen Schranken geöffnet und laden die ehe-mals Ausgegrenzten ein, am Kampf um die wertvolle Ressource Prominenz teilzuhaben. Die Underdogs haben diese Botschaft ver-standen. Wer etwas werden will, muss sich nur vor eine Kamera drängen und von ihr beachtet werden. Jeder kann berühmt werden, was immer er zu bieten hat. Denn das Marktgeschehen ist demokratisiert und die Marktteilnehmer kommen aus allen Schichten der Gesellschaft.

Demokratisierung des medialen Narzissmus – Die Kamera liebt dich!

Die interaktiven Formate des Fernsehens erhalten deshalb einen solchen Zulauf, weil sie einfachen Menschen Gelegenheit geben, aus der Anonymität ihres gewöhnlichen Alltags aufzutauchen. Auch die bisher Namenlosen wollen sich der übrigen Welt zeigen. Sie erobern die virtuellen Spiegel- und Echoräume der neuen Medienwelt als Bühnen für das eigene Selbst, auf denen sie endlich auch gesehen und gehört werden wollen. In der medialen Spiegelung erst gewinnen sie gesellschaftliche Bedeutung, für sich und für andere. So erwerben sie soziale Identität: Im Auge der Kamera, unter den Scheinwerfern der Studios, in der Aufmerksamkeit der Zuschauer wird aus dem sich präsentierenden Nobody ein wahrgenommener Jemand.

»Die Kamera liebt dich!« überschrieb Slavoj Žižek (2000) seinen Zeitungsbeitrag zum Start von »Big Brother«. Die Leute bräuchten »den Blick der Kamera als Beweis für ihre Existenz« und hätten eher Angst davor, »nicht die ganze Zeit von dieser Macht beobachtet zu werden«. Zizek muss es wissen, surft er doch seinerseits auf den medialen Wogen des kritischen Zeitgeists wie kein anderer. Er benennt damit ein narzisstisches Bedürfnis, das sich das Reality-TV zunutze macht: eine zeittypische Lust an der performativen Selbstdarstellung vor Publikum, die über den kurzen Ruhm hinaus auch der persönlichen Selbstvergewisserung dient. Berühmt ist, wer erkannt wird, heißt die Devise.

Unter Gebildeten gilt die Medienberühmtheit, um die es dem gewöhnlichen Selbst bei seiner Präsentation auf den Schaubühnen der Lebenswelt zu gehen scheint, gemeinhin als oberflächlich und vorübergehend – als ob sie dem armen Selbstdarsteller nur zugeschrieben, seinem Selbst bloß angeheftet würde. Aber diese Vorstellung ist ein Irrtum. Weil das wärmende Licht der Öffentlichkeit bis in die Tiefen der Seele reicht, bekommt es durchaus inneres Gewicht.

Erfahrungen sozialer Resonanz bleiben dem Subjekt keineswegs äußerlich, auch nicht in ihrer medialen Spielart, sondern werden verinnerlicht. Als internalisierte Interaktionserfahrungen lassen sie sich nicht einfach ablegen wie ein Mantel oder abnehmen wie Schminke.

Um welche Art von Interaktionserfahrung handelt es sich beim als narzisstisch verrufenen Medienauftritt? Und wie verläuft der Prozess einer Verinnerlichung von Resonanz? Verinnerlicht wird die performative Erfahrung des Selbst, von einem Publikum nicht nur angeschaut und angehört zu werden, sondern auch Rückmeldungen zu bekommen. Als visuelle Szene wird diese Resonanzerfahrung im impliziten Gedächtnis festgehalten, in einem unbewussten Register unserer Erinnerung, das nichts vergisst, selbst wenn die Show längst vorbei ist.

Unaufhörlich wird in diesem Gedächtnisspeicher des Unbewussten abgelegt, wie und unter welchen Umständen das Selbst sich gezeigt, welche Resonanz es erhalten und was es dabei empfunden hat. Ständig werden dort Erfahrungen von Befriedigung oder Enttäuschung, Freude oder Wut, Stolz oder Kränkung registriert, je nachdem, ob das Selbst bei seiner Darstellung von anderen Menschen beachtet oder ignoriert worden ist. All diese intersubjektiven Erfahrungen werden als szenische Erinnerungen in kognitiven, emotionalen und sozialen Registerabteilungen aufbewahrt und als soziale Identitätspartikel in die seelische Binnenstruktur des Selbst eingebaut, wobei sowohl die Art der Selbstinszenierung als auch die Verarbeitung der Reaktionen darauf jeweils auf Basis der bisherigen Lebensgeschichte und Persönlichkeitsstruktur geschieht.

Gewiss folgen die Individuen, wenn sie die zahllosen Einladungen auf die Schaubühnen der Mediengesellschaft annehmen, jenem kategorischen Imperativ moderner Kommunikationsgesellschaften, der Identität verspricht: »Ich werde gesehen, also bin ich«! Aber zugleich folgt das Selbst mit dem Bühnenauftritt eigenen Interessen, die in die gleiche Richtung gehen. Im performativen Akt der Selbstdarstellung wird nämlich ein ureigenes Interaktionsmuster wiederbelebt, das aus der frühen Kindheit stammt. Es hat dieselbe identitätsstiftende Wirkung: »Ich werde gesehen, also bin ich«! Genau das ist der Grund, warum das zeitgenössische Bedürfnis nach Umweltresonanz an diesem archaischen Kindheitsbedürfnis andocken kann: Weil die Erfahrung sozialer Resonanz zum existenziellen Fundament seelischer Entwicklung gehört.

Denn bereits der Säugling sucht den Blick der Mutter, um in ihrem Gesicht eine erste Ahnung davon zu erhalten, wer er ist. Wenn er sie anlächelt, erlebt er im Spiegel ihrer mimischen Reaktionen etwas von sich. Und zwar nicht nur in Situationen, in denen sie liebevoll zurücklächelt, sondern auch dann, wenn sie ihn sorgenvoll oder deprimiert, ärgerlich, zornig oder wütend anschaut. Selbst, wenn sie ihn ganz übersieht. In solchen affektiv gefärbten Interaktionen lässt sich menschliche Identitätsbildung in ihrer zwischenmenschlichen Genese beobachten. Denn persönliche Identität entsteht nicht wie der Apfel aus dem Kern. Sie wächst nicht von innen nach außen, sondern von außen nach innen, wie uns die empirische Kleinkindforschung lehrt.

Von Geburt an sind Menschen auf Rückmeldungen aus ihrer Umwelt angewiesen, um zu erfahren, wer sie sind. Im kategorischen Imperativ der Medienwelt steckt, auch wenn das pathetisch klingen mag, der soziale Imperativ der Menschwerdung. Die mediale ist zugleich eine entwicklungspsychologische Identitätsformel: Zeige dich! Strebe nach Sichtbarkeit! Mach' dich in der Welt auf die Suche nach sozialer Resonanz!

Einladung auf die Schaubühnen der Lebenswelt – Zeig uns, wer du bist!

Die »schrecklichen Kinder der Neuzeit«, unterstellt Peter Sloterdijk (2014) in seiner gleichnamigen Kampfschrift, gehorchten im mentalen Kapitalismus nur den gesellschaftlichen Forderungen einer gierigen, auf schnöden Profit abzielenden Aufmerksamkeitsökonomie. Aber diese Kids gehorchen zugleich ihrem eigenen Bedürfnis nach sozialer Sichtbarkeit. Aus diesem Grund sind die Nutzer der neuen Medien auch nicht Objekte einer gigantischen Massenverschwörung, die sich die Auflösung der Privatsphäre vorgenommen und es auf deren ökonomische Ausbeutung abgesehen hat. Vielmehr sind hier Subjekte unterwegs, die in den Netzwerken der Mediengesellschaft ihre eigenen Ziele verfolgen. Wir haben diesen Zusammenhang bloß noch nicht hinreichend verstanden, weil die Dinge zusammenfließen.

Wahrscheinlich ist in der (mental)kapitalistisch verfassten Mediengesellschaft das individualpsychologische Resonanzbedürfnis von seiner sozioökonomischen Verwertung gar nicht zu trennen. Womöglich verschmilzt die mediale Subjektrolle mit der medialen Objektrolle schon deshalb, weil sich das Individuelle vom Gesellschaftlichen ohnehin nicht scharf unterscheiden lässt. Denn Menschen sind keine Monaden, sondern soziale Wesen. Das menschliche Seelenleben ist kein apartes Gebilde, das bloß nach inneren Regeln funktioniert.

Denn im Unbewussten brodelt nicht jener ursprünglich asoziale oder gar antisoziale Dampfkessel, den Freud noch vor Augen hatte, als er einen natürlichen Gegensatz zwischen gesellschaftsfeindlichem Trieb und triebfeindlicher Gesellschaft behauptete, der vom reifen Ich nur durch Triebunterdrückung aufzulösen war, das heißt durch die Unterwerfung des rebellischen Es im Auftrag eines strengen Über-Ich, das die Eltern und im weiteren Sinne die Normen der Gesellschaft repräsentieren und soziale Anpassung gegen den Willen des Einzelnen erzwingen sollte. Diese Behauptung ist von der modernen Säuglingsforschung eindrücklich widerlegt worden.

Von Geburt an beziehen sich Kinder auf ihre Umgebung, erwarten Aufmerksamkeit von ihren Bezugspersonen, fordern Resonanz auf ihre Äußerungen. Auch als Jugendliche oder Erwachsene folgen Menschen nur ihrer sozialen Natur, wenn sie sich nach Entfaltungsmöglichkeiten umschauen, um durch Identifikation, Abgrenzung oder Neuentwurf ihre individuelle Persönlichkeit zu entwickeln. Individuen bewegen sich nicht *außerhalb der Gesellschaft* oder behaupten sich *gegen die Gesellschaft,* wie die klassische Psychoanalyse nahelegt, sondern *innerhalb der Gesellschaft.* Solche Zusammenhänge werden in den folgenden Kapiteln theoretisch genauer betrachtet und anhand von weiterem Material empirisch belegt.

Im Vorgriff auf diese Analysen im zweiten Teil verweise ich am Ende dieses ersten Teils auf einen Schlüsselroman, der die digitale Moderne als ein Unternehmen zeichnet, dem es einzig um Überwachung, Kontrolle und Ausbeutung ihrer manipulierten Bewohner geht: »The Circle« von Dave Eggers (2014), der im Sommer 2014 in Deutschland erschien, die Feuilletonredaktionen begeisterte und zum Publikumserfolg wurde. Der US-amerikanische Schriftsteller, der für seine dokumentarisch-gesellschaftskritischen Bücher und sein soziales Engagement bekannt ist, liefert hier eine in Literatur verwandelte Radikalkritik der Netzwerkgesellschaft, die einem neuen Totalitarismus entgegentaumelt. Er entwirft eine aus der Gegenwart in die Zukunft verlegte totalitäre Gesellschaft, die das Privatleben des Einzelnen den suggestiven Zwängen allgegenwärtiger und allumfassender Sichtbarkeit aussetzt.

> Dabei ist Circle – ein geschlossener Kreis, aus dem es kein Entrinnen gibt – der Name eines gigantischen Internetkonzerns, eine Art Großfusion aus Google, Facebook, Twitter, Apple und Amazon. Allmächtig wird die Firma nicht durch Zwang und Gewalt, sondern durch eine Soft Power, die tief in unser Innenleben eindringt. Eingang in die Köpfe und Herzen verschafft sie sich mit Hilfe manipulativer Psychotechniken, suggestiver Heilsversprechen und esoterischer Parolen: Heilen ist Teilen, Geheimnisse sind Diebstahl, Transparenz ist Utopie.

Eggers' Roman kann man (und soll man wohl auch) als Fortschreibung von George Orwells 1949 erschienenem Schlüsselroman »Nineteen Eighty-Four« (deutsch: »1984«) lesen. Wie ein verzweifelter Rufer in der Wüste warnt Eggers vor den panoptischen Netzwerken der Digitalgesellschaft. Er klagt den Monopolkonzern an, über das Internet eine Totalüberwachung der User anzustreben, um aus der Ausspähung, Kontrolle und Manipulation ihrer Lebensäußerungen seinen Geschäftsgewinn zu erzielen. Aber gleichzeitig scheint er das digitale Erfolgsgeheimnis auf der Kundenseite entschlüsselt zu haben, nämlich das existenzielle Bedürfnis danach, von der sozialen Umwelt wahrgenommen zu werden. Jedenfalls entlockt der Autor seiner Hauptfigur Mae, die als Angestellte bei Circle arbeitet, folgendes Bekenntnis: »Wir wissen alle, dass wir sterben. Wir wissen alle, dass wir in dieser großen Welt nicht von Bedeutung sind. Deshalb bleibt uns bloß die Hoffnung, gesehen oder gehört zu werden, wenn auch nur für einen Augenblick« (Eggers, 2014, S. 568).

Dieses Bekenntnis offenbart das unbewusste Hintergrundmotiv der Bewohner der digitalen Moderne: eine stille Hoffnung auf Umweltresonanz, die sie letztlich auf die Bühnen der modernen

Lebenswelt treibt. Auf der Suche danach, von anderen Menschen Aufmerksamkeit zu erfahren, wollen sie in den weltweiten Netzwerken eher gesellschaftliche Spuren hinterlassen als Spuren vermeiden. Sie haben deshalb weniger Angst davor, von der Gesellschaft überwacht als von ihr übersehen zu werden. Im Grunde der zeitgenössischen Seele bedeutet Big Brother eigentlich Big Mother.

II
Big Brother als Big Mother:
Die Lust an öffentlicher
Selbstdarstellung

Falls Du ein Geheimnis bewahren willst,
musst Du es auch vor dir selbst verbergen.

George Orwell, »1984« (1949/1994, S. 166)

Erst durch Geheimnisse weiß man, dass man ein Innen hat.
Ein radikaler Exhibitionist ist ein Mensch, der seine Identität
eingebüßt hat. Doch auch Identität in einem Vakuum ist sinnlos.
Früher oder später braucht das Innen einen Zeugen.

Andreas Wolf, eine der Hauptfiguren in
Jonathan Franzens Roman »Unschuld« (2015, S. 407)

Meine These vom zeittypischen Verlangen nach Sichtbarkeit und Resonanz prüfe ich am Beispiel von zwei außerordentlich erfolgreichen Realityshows des interaktiven Fernsehens. Die erste, die als Pionierformat im Jahr 2000 in Deutschland auf Sendung ging und weiterläuft, wurde von ihren Machern in provokativer Absicht »Big Brother« genannt. Die zweite – ein Geschwisterformat von »Big Brother« in exotischer Verpackung – startete im Jahr 2006 mit dem nicht weniger provokanten Titel »Das Dschungelcamp: Ich bin ein Star – Holt mich hier raus!« und lief bis 2015 (Fortsetzung für mindestens 2016 angekündigt). Beide Realityshows erreichten durchschnittliche Zuschauerzahlen wie sonst nur Fußballspiele der deutschen Nationalmannschaft oder der ARD-Tatort am Sonntagabend. Kritiker hatten die Bewohner des »Big Brother«-Hauses, noch bevor das Spektakel auf den Bildschirm kam, bereits als Ausbeutungsobjekte eines verwahrlosten Privatfernsehens sehen wollen, das auf der Jagd nach Quote alle Grenzen der Intimsphäre zu überschreiten bereit war. Aber weil die Fernseh-WG auf ihrem Recht bestand, das Private öffentlich zu machen, schlug der Menschenrechtsdiskurs bald in einen Verachtungsdiskurs um. Nun wurde den Selbstdarstellern ihr Exhibitionismus, ihre Lust an der Selbstentblößung vorgeworfen. Was aber fasziniert die Zuschauer an der Dauerbeobachtung junger Menschen, die vor einem Millionenpublikum echtes Zusammenleben in der Gruppe spielen? Welche Motive haben auf der anderen Seite die Teilnehmer, wenn sie sich dem Medium für eine Veranstaltung zur Verfügung stellen, die sie über Tage und Wochen dem neugierigen Blick des Publikums aussetzt? Und was ist die Rolle des Fernsehens in diesem eigentümlichen Zusammenspiel des Begehrens? Antworten auf solche Fragen lassen sich nur finden, wenn man die medialen Kapriolen der zeitgenössischen Lebenswelt mit analytischem Besteck und der nötigen Gelassenheit untersucht. Kulturkritische Empörung ist jedenfalls kein guter Ratgeber bei einem solchen Vorhaben. Denn unter der medialen Oberfläche interaktiver Formate des Reality-TV muss sich ein besonderer Reiz verbergen, der das starke Interesse insbesondere unter der Jugend erklären würde, dabei mitzumachen oder zuzuschauen. Solche Sendungen, haben etwas zu bieten, was der üblichen Kulturkritik entgeht. Was das Interessante daran ist, wird in diesem Teil *en gros et en detail* untersucht. Mit seinen Reality-TV-Formaten lädt das interaktive Fernsehen zum allgemeinen Vergnügen der Zuschauer jedermann und jedefrau im jüngeren Alter zur authentischen Selbstdarstellung ein, nach dem Motto: Sichtbarkeit für alle (Kapitel 4, S. 81 ff.). Bei »Big Brother« wird die Einladung, sich anderen Menschen zu zeigen, von den Darstellern und Darstellerinnen dankend angenommen und die Neugier des Publikums auf das Menschlich-Zwischenmenschliche mit einer sozialen Dramaturgie bedient (Kapitel 5, S. 87 ff.). Im »Dschungelcamp« wird das Zuschauerinteresse dadurch erhöht, dass das Zusammenleben in einer exotischen Naturumgebung stattfindet, was dem Gruppengeschehen einen Hauch von Abenteuer und Grenzerfahrung verleiht (Kapitel 6, S. 95 ff.). In beiden Fällen bedeuten die omnipräsenten Kameras und Mikrofone nicht Überwachung, sondern Aufmerksamkeit.

Kapitel 4
Sichtbarkeit für alle: Das interaktive Fernsehen bittet auf die Schaubühnen der Lebenswelt

Ein Dreieck des Begehrens –
das Medium zwischen Darsteller und Publikum

Blicken wir auf den Beginn des dritten Jahrtausends zurück. Im Frühjahr 2000 startete auf dem kleinen Sender RTL II die erste Staffel von »Big Brother«. Das ebenso schlichte wie geniale Konzept der holländischen Entertainment-Firma Endemol, die dieses Format erfunden hatte und produzierte, bestand darin, im Setting einer Fernsehwohngemeinschaft eine Gruppe von Menschen in der Spätadoleszenz interagieren zu lassen und ihren gewöhnlichen Alltag in seiner Unvorhersehbarkeit zu zeigen – mit all seinen überraschenden Wendungen, zwischenmenschlichen Begegnungen, sozialen und emotionalen Konflikten. Das Konzept ging vollkommen auf, wenn man die Zuschauerquoten, das Medienecho und die Werbeeinnahmen zum Maßstab macht. Das Millennium hatte mit einem medialen Scoop begonnen, der dem sogenannten Reality-TV in Deutschland zum Durchbruch verhelfen und im kommenden Jahrzehnt die gesamte Medienlandschaft umwälzen sollte.

Was war das Erfolgsgeheimnis von »Big Brother«? Ganz einfach: das gesamte Panorama des Sozial- und Seelenlebens auf den Bildschirm zu bringen und bis in seine dunklen Nischen hinein auszuleuchten. Dafür ließ man junge Frauen und Männer, die in einem spektakulär angelegten und beworbenen Casting eigens dafür ausgesucht worden waren, als Mitglieder einer Wohngemeinschaft agieren. In einem weitgehend abgeschlossenen Umfeld bekamen sie Gelegenheit, sich einem Millionenpublikum zu präsentieren: mit ihren Stärken und Schwächen, in ihren wechselnden Gefühls- und Stimmungslagen, in ihren Freundschafts- und Feindschaftsbeziehungen, im Streit miteinander, aber auch in anrührenden Szenen von

Nähe und Zärtlichkeit und nicht zuletzt im Rahmen von wechselnden Koalitionen und Cliquenbildungen. »Big Brother« lieferte jenen
ebenso seltenen wie kostbaren Stoff, den das Fernsehen zu seiner
Auffrischung dringend brauchte: Authentizität.

Dem meist jugendlichen Publikum, das das Geschehen auch via
Internet verfolgen konnte, wurden Einblicke in das wirkliche Seelenleben, in die echte Gruppendynamik, in das unverfälschte Zusammenleben versprochen und in der Tat auch geboten. Die Aussicht,
authentische Menschen ihresgleichen im alltäglichen Miteinander
zu erleben, machte dieses neuartige Fernsehformat bei den Zuschauern so attraktiv. Das aber war nur die eine Seite. Die andere Seite
der Attraktivität zeigte sich im massenhaften Andrang auf die Teil-
nahme an »Big Brother«, die ein offenkundiges Bedürfnis nach sozialer Sichtbarkeit offenbarte, das nach Befriedigung suchte. Denn die
Fernseh-WG bot jungen Menschen, die bis dahin keiner kannte, eine
willkommene Gelegenheit, sich im Fernsehen einem gleichaltrigen
Publikum zu zeigen, mit allem, was sie zu zeigen hatten.

So verpassten die Erfinder von »Big Brother« dem gealterten
Fernsehen einen Schuss Jugendlichkeit, einen Schuss Lebensecht-
heit und nicht zuletzt einen guten Schuss zeitgenössischen Narzissmus – vor und hinter dem Bildschirm. Mit diesem Cocktail gelang
es ihnen tatsächlich, dem Leitmedium des 20. Jahrhunderts, das im
digitalen Zeitalter um seine Existenz bangen musste, neues Leben
einzuhauchen. Denn die unterschiedlichen Wünsche passten perfekt zusammen in diesem Zusammenspiel des Begehrens: die Zeigelust der Bewohner, die sich präsentieren wollten, die Schaulust
der Zuschauer, die sich mit den Darstellern identifizierten, und
das Geschäftsinteresse des Senders, der sich neben dem Imagegewinn wertvolle Einschaltquoten versprach. Von diesem medialen
Beziehungsdreieck profitierten schließlich alle Beteiligten, jeweils
auf ihre Weise. Was aber war dann das Anstößige, das Skandalöse
an diesem spektakulären Pionierformat einer interaktiven Fern-
sehkultur?

Der Untergang des Abendlandes –
Kulturkritik im Modus des Ressentiments

Schon nach der von RTL II wie ein Werbefeldzug organisierten Vor-
ankündigung von »Big Brother« wusste man im deutschen Feuilleton, dass es sich hier nur um ein weiteres Produkt jener wertlosen
Trashkultur handeln konnte, die bereits in den nachmittäglichen
Talkshows zu besichtigen war. Dort meldeten sich im besten Falle
einfältige Menschen zu Wort, die ihre persönlichen Nöte, zwischenmenschlichen Sorgen und gescheiterten Lebensprojekte mediengerecht vorstellen durften, animiert von Moderationsprofis, die
sie zu intimen Geständnissen ebenso einluden wie zu erbitterten
Angriffen auf ehemalige Liebespartner, verhasste Eltern oder ungeliebte Geschwister: »Ich halte es nicht mehr aus: mein Vater schlägt
meine Mutter!«, »Meine beste Freundin hat mich betrogen!«, »Mein
Kind verhungert – und ich kann nichts tun!« So hießen die Themen
solcher Talkshows, die vor einem gerührten, leidenden, empörten,
hämischen oder johlenden Studiopublikum die Psycho- und Sozio-
pathologien des Alltagslebens ausbreiteten.

Nun sollte der Auftritt ungebildeter, uninteressanter und unange-
nehmer Zeitgenossen auch noch in Gruppenstärke stattfinden. Ein
Sturm der Empörung erhob sich gegen den schweren Zivilisations-
bruch, der dem veranstaltenden Sender attestiert wurde. Als ob der
Untergang des Abendlandes drohte, beklagte eine modernekritische
Einheitsfront den allgemeinen Werteverfall, das Ende der Scham,
den Verlust der Diskretion, den neuen Exhibitionismus. Man lamen-
tierte über die Auflösung der Privatsphäre bis zum Verschwinden des
Subjekts, bezeichnender Weise im dekadenten, ohnehin verhassten
Privatfernsehen, dem man überdies den schleichenden Niveauver-
lust der Alltagskultur anlastete.

Sämtliche normativen Register wurden gezogen. In »Big Brother«
wollte man ein billiges Schmierentheater erkennen, das zum Angriff
auf all jene intellektuellen, ästhetischen und moralischen Standards
zu blasen schien, an denen sich unsere Vorstellungen von gutem
Geschmack und richtigem Leben schließlich orientierten.

Die schamlose Kultur des neuen Jahrtausends habe sich mit »Big
Brother« »ihre erste verbindliche Metapher geschaffen«, meinte bei-

spielsweise Roger Willemsen (2000). Dabei hatte er einst selbst der öffentlichen Selbstentblößung Tür und Tor geöffnet, als er mit psychotherapieähnlichen Gesprächssendungen im Fernsehen auftrat und so lange, so insistierend und so empathisch in seine Gesprächspartner eindrang, bis sie jenes wahre Selbst preisgaben, das herauszuholen er sich vorgenommen hatte. Es waren allerdings Talkshows auf seinem eigenen, das heißt gehobenem Niveau, ob es sich dabei um Kulturgrößen aus der Musik-, Literatur- oder Filmbranche handelte, die er interviewte, oder auch einmal um einen jungen Mann, der vor der Kamera von der Vergewaltigung durch die eigene Mutter erzählen durfte. Heute schreibt Willemsen nur noch kluge Reisebücher und geißelt den angeblichen Verfall der parlamentarischen Demokratie. Aber in den dritten Programmen tritt er immer noch auf – als Teammitglied einer Ratesendung mit dem bezeichnenden Titel »Ich trage einen großen Namen«.

Die einhellige Vorverurteilung durch eine versammelte Kultur-, Politik- und Medienelite sorgte jedoch nur für das gewünschte Aufsehen, das der Sender gut gebrauchen konnte. Spätestens als der damalige Innenminister gegen »Big Brother« den Schutz der Menschenwürde ins Spiel brachte, hatte sich die Spekulation auf den Skandal gelohnt. Die Marketingstrategie des Senders war perfekt aufgegangen. Der von der Produktionsfirma vorausgesehene Reflex war prompt eingetreten. »Big Brother« war in aller Munde.

Die maßlose Kritik bedeutete für den Sender kostenlose Reklame, fachte die öffentliche Neugier an und funktionierte wie ein Brandbeschleuniger der Aufmerksamkeit. Das erleichterte der ersten Staffel von »Big Brother« den Start und ließ ihren Bekanntheitsgrad steigen, zu dem nebenbei auch die lukrativen Kooperationen mit Pepsi Cola, der »Bild«-Zeitung und anderen am jungen Massenpublikum interessierten Werbepartnern beitrugen. Das wiederum spornte das Feuilleton erst recht an, das mit heißer Nadel weiter an gesellschaftskritischen Verfallsdiagnosen strickte und Endzeitstimmungen schürte.

Die Verteidigung eines Medienprivilegs –
im Verachtungsdiskurs der Eliten

Feuilletonredakteure führender Zeitungen prognostizierten in ihren
Vorschauen auf »Big Brother« ein Spannerspektakel, ein zynisches
Gruppenexperiment, eine Explosion des Privaten. In der Nachlese
entdeckte man die »krampfhaften Zuckungen einer Gesellschaft, die
sich planvoll entblößt« (Greiner, 2000), »die größte Grenzüberschrei-
tung, seit es Fernsehen gibt«, für die auch noch »die Zuschauer dem
Medium die Absolution erteilt« haben (Kegel, 2000). Ins Visier geriet
auch der marode Spätkapitalismus, der mit seiner vollkommen enthemmten, am schnöden Profit interessierten Kulturindustrie keinerlei moralische Skrupel mehr zu kennen schien. Im Zuge der Total-
ökonomisierung unserer Lebenswelt, so hieß es, würde der entfesselte
Zeitgeist selbst vor der publikumswirksamen Ausbeutung intimster
Gefühls- und Gedankenwelten nicht mehr zurückschrecken.

   Nachdem ein zwischenzeitlich aus verfassungsrechtlichen Gründen erwogenes Verbot von »Big Brother« (Schutz der Menschenwürde) an ebenfalls verfassungsrechtlichen Bedenken (Schutz der
Presse- und Meinungsfreiheit) gescheitert war, erzwang die vereinigte
Kulturkritik immerhin eine Auflage, die der Sender umstandslos
akzeptierte: Um dem eingeklagten Recht auf Privatheit wenigstens
partielle Geltung zu verschaffen, durften Kameras und Mikrofone
nun statt der geplanten 24 nur noch 23 Stunden eingeschaltet sein!

   Wer sich jedoch über diesen Kompromiss beschwerte, waren
ausgerechnet die Bewohner des »Big Brother«-Hauses, zu deren
Schutz – eine Art Sichtschutz gegen den angeblichen »Menschen-
zoo« – diese eine Stunde täglicher Medienabstinenz erkämpft worden war. Sie sahen sich in ihrem Zeigebedürfnis eingeschränkt und
um eine Stunde Selbstdarstellung bestohlen. Schließlich hätten sie
nichts zu verbergen. Das wiederum provozierte die Kulturkritiker
in ihrer geballten Empörung. Umgehend nahmen sie sich den Exhibitionismus der Bewohner vor, die sich dem voyeuristischen Blick
von Kamera und Publikum freiwillig aussetzten. Die Gesellschaftskritik schlug in Subjektkritik um.

   Die Insassen des Wohncontainers waren nun einem öffentlichen Mobbing ausgesetzt, das freilich weniger etwas über sie selbst

als über die Geisteshaltung ihrer Kritiker aussagte: Sie wirkten wie »Stammkunden der Bahnhofsmission«, »Zuhältertypen« und »Studentenzicken«, seien »geistig sparsam ausgestattet« oder gar »dumm wie ein Billigsofa« (alle Zitate aus Gehrs u. Tuma, 2000). Gerade solche Entgleisungen verwiesen jedoch auf intellektuelle und affektive Sperren, welche die durchaus kultivierten Kommentatoren des Zeitgeschehens daran hinderten, das Neue an »Big Brother« und vergleichbaren Produkten des Reality-Fernsehens zu erkennen. Was durch die Struktur und Machart dieser interaktiven Sendeformate hindurch mit Macht an die Öffentlichkeit drängte, war ein zeitgenössisches Bedürfnis danach, sich in den Medien zu zeigen und Publikumsresonanz zu bekommen.

Bevor diese These in den folgenden Kapiteln anhand von empirischem Material aus »Big Brother« sowie einem strukturähnlichen Nachfolgeformat »Dschungelcamp: Ich bin ein Star – Holt mich hier raus!« ausformuliert und geprüft wird, zunächst einige Basisdaten. Die Zahlen belegen die zeitdiagnostische Relevanz solcher Reality-shows:

- »Big Brother«, das Pionierformat dieser Spielart des interaktiven Fernsehens, startete im Jahr 2000 und lief 2015 in seiner 12. Staffel beim Spartensender Sixx. Für die Untersuchung ausgewählt wurde die allererste Staffel (sie lief vom 28. Februar bis 9. Juni 2000), die mit Einschaltquoten von durchschnittlich knapp 5 Millionen Zuschauern bei den 14- bis 49-Jährigen Marktanteile von über 8 Prozent, bei der eigentlichen Zielgruppe der 14- bis 29-Jährigen 40 Prozent erreichte.

- »Dschungelcamp: Ich bin ein Star – Holt mich hier raus!« ging 2004 an den Start, lief 2015 in der neunten Staffel und ist mit der zehnten 2016 fortgesetzt worden. Mit Zuschauerzahlen von zuletzt 7–8 Millionen und einem Marktanteil von bis zu 30 Prozent hat man »Big Brother« in der Publikumsgunst überholt. Ausgewählt wurde die fünfte Staffel aus dem Jahr 2011 (ausgestrahlt vom 14. bis 29. Januar) mit durchschnittlich 7,4 Millionen Zuschauern und einem Marktanteil von 29,4 Prozent, bei den 14- bis 49-Jährigen sogar von 41,2 Prozent; das Finale (am 29. Januar 2011) sahen 8,93 Millionen Menschen.

Kapitel 5
Das Zwischenmenschliche wird interessant:
Die soziale Dramaturgie von »Big Brother«

Beachtung oder Überwachung –
ein Dilemma der neuen Medienwelt

Big Brother is watching you! – mit dem Titel »Big Brother« hatte sich
der Sender gezielt bei George Orwell bedient und entsprechende Assoziationen an den totalitären Überwachungsstaat geweckt. Zusätz-
lich wurde dem Ganzen ein Motto hinzugefügt, das zugleich beru-
higend und beunruhigend klingen sollte: »Du bist nicht allein!«.
Ähnlich doppeldeutige Botschaften vermittelten die stets wechselnden Titelsongs kommender Staffeln: »Zeig' dich, wie du bist!«, »Nur
die Wahrheit zählt!«, »Ich sehe was, was du nicht siehst«, »Jeder hat
sein Geheimnis!«.

Beobachter war diesmal jedoch nicht der staatliche Geheim-
dienst (wie in Orwells »1984« oder beim NSA-Abhörskandal viele
Jahre später) oder ein Internet-Konzern (wie in Eggers' »The Circle«
oder im aktuellen Totalitarismusdiskurs über die digitale Moderne),
sondern das begeisterte Publikum an den Bildschirmen. Allerdings
bekamen die interessierten Zuschauer bei »Big Brother« doch nicht
alles zu sehen, es sei denn, sie waren online per Livestream dabei.
Für die Fernsehversion wurde manches herausgefiltert, weil es zu
langweilig schien oder Wiederholungen enthielt. Was dort gezeigt
und aus welcher Sicht es gesehen wurde, steuerte der Sender durch
die gezielte Auswahl, Aufbereitung und Kombination von Szenen,
durch rasante Schnitte und musikalische Untermalung.

Tägliche Zusammenfassungen am Abend zur Hauptsendezeit gaben
einen Überblick, dazu ein einstündiger Zusammenschnitt am Ende
der Woche jeweils am Sonntag (»Big Brother‹ – Die Woche«) mit
anschließendem Live-Talk (»Big Brother‹ – Der Talk«). Und man

durfte nicht nur beobachten, sondern sich auch selbst beteiligen: über eine »Big-Brother«-Homepage, ein »Big-Brother«-Radio und »Big-Brother«-Fanportale im Internet sowie unmittelbar vor dem Container auf dem Studiogelände selbst: durch das lautstarke Bekunden von Sympathie oder Abneigung, Parteinahme bei Gruppenkonflikten, selbstgemalte Schilder und Transparente, angeheizt durch eine hysterische Außenmoderation.

Die wichtigste Form der Publikumsbeteiligung bei diesem multimedialen Langzeitspektakel bestand jedoch darin, dass die Bewohnerzahl im Zweiwochenrhythmus durch entsprechende Telefonwahlen stetig verkleinert wurde, bis am Ende nur noch der Gewinner oder die Gewinnerin übrig blieb. Das zu versteuernde Preisgeld für den Sieger betrug 250.000 Euro, wurde aber durch den narzisstischen Gewinn gewaltig erhöht, auf den die Bewohner hoffen durften. Schließlich winkte ihnen eine Berühmtheit, die sie als aufgehende (wenn auch rasch wieder verglühende) Medienstars, von einer begeisterten Jugend rasch zu Rollenmodellen erhoben, in vollen Zügen genießen wollten.

Die Hoffnung wurde nicht enttäuscht. Das Publikums- und Medieninteresse an »Big Brother« war bei der jüngeren Generation jedenfalls enorm, in allen sozialen- und Bildungsschichten übrigens. Bereits das öffentliche Casting für den Einzug in die Wohngemeinschaft erwies sich als Marketingerfolg. Für die 13 Plätze zur ersten Staffel im Frühjahr 2000 gab es 15.000 Bewerbungen, für die zweite Staffel, die noch im Herbst desselben Jahres folgte, bewarben sich schon über 70.000 meist junge Leute im Alter von 20 bis 35 Jahren. Weitere Staffeln mit kleineren Variationen des Formats wurden in den Folgejahren produziert.

Die ersten Staffeln dauerten jeweils etwa drei Monate, die fünfte und sechste Staffel liefen beide über ein ganzes Jahr, bevor man die Dauer wieder reduzierte. Seit der neunten Staffel 2008 lebten die stets unter großem Medienrummel zusammengestellten Gruppen aus unbekannten jungen Menschen jeweils etwa sieben Monate unter einem gemeinsamen Dach. Inzwischen hat die holländische Produktionsgesellschaft Endemol ihr erfolgreiches Konzept vom transparenten Alltagsleben einer TV-Wohngemeinschaft weltweit in über siebzig Länder verkauft, wo die Adaptationen immer noch laufen.

Im Jahr 2013 übernahm der Sender SAT 1 das Grundkonzept mit seiner Realityshow »Promi Big Brother«, einer Eindeutschung des englischen Vorbilds »Celebrity Big Brother«. Unter der Moderation von Cindy aus Marzahn und Oliver Pocher und mit Semi- und Ex-Prominenten wie Jenny Elvers-Elbertzhagen oder Martin Semmelrogge, David Hasselhoff oder Pamela Anderson konnten die relativ hohen Zuschauerzahlen des Ursprungsformats allerdings nicht gehalten werden (nur 1,7 Millionen im Schnitt). In der zweiten Staffel von 2014 mit Boulevard-Berühmtheiten aus der halbseidenen Fußball- und Politschickeria wie Claudia Effenberg oder Ronald Schill sanken die Quoten noch einmal. Eine dritte Staffel folgte 2015, für 2016 ist die vierte angekündigt. Im Februar 2015 startete SAT 1 im Vorabendprogramm mit »Newtopia« ein neues Format, das in einem Bauernhof 15 Kandidaten mit Kühen und Hühnern zusammenbrachte, beendete das Projekt aber wegen sinkender Zuschauerzahlen. Unter dem Titel »Utopia« floppte dieses »Big Brother für Siedler« (taz) in den USA, während es in den Niederlanden zum Publikumsrenner wurde. Erfunden hatte es, wie schon das Urformat, John Mol, der kreative Kopf der Firma Endemol.

Unverfälschtes Gruppenleben – eine Wohngemeinschaft unter Beobachtung

Wie gestaltete sich nun das Innenleben des »Big Brother« Hauses? Jugendliche in der verlängerten Adoleszenz, wie wir sie aus den vorabendlichen Seifenopern bereits kannten, spielten in einem Wohncontainer mit Lageratmosphäre und knappen Haushaltsmitteln hundert Tage lang »Zusammenleben in der Gruppe«. Von der Außenwelt weitgehend abgeschnitten, wurden sie in ihrem Gemeinschaftsalltag ständig beobachtet und belauscht. Kameras und Mikrofone reichten bis ins Bade- und Schlafzimmer hinein, sodass der Einzelne sich nirgends unbeobachtet und zu keiner Zeit alleine fühlen durfte (abgesehen von der täglichen Stunde, in der Kameras und Mikrofone abgeschaltet blieben).

Die Bewohner sollten einfach miteinander leben: ohne dass etwas von der Regie vorgegeben war und ohne dass etwas vom Rauschen der Außenwelt ins Innere des Containers eindrang. Weitgehend sich selbst überlassen, unterlag die Gruppe lediglich einigen Spielregeln und Wochenaufgaben. Gelegentlich unterbrach der Sender das Szenario einer geschlossenen Gesellschaft. Gegen die drohende Langeweile lud er illustre Gäste aus Politik und Showbiz zu unangekündigten Kurzbesuchen ein.

So durfte Verona Feldbusch alias Pooth ein paar Tage mitwohnen, was dem damals bereits verglühenden Stern am Himmel des Spaßfernsehens vorübergehend zu frischem Glanz verhalf. Jürgen Möllemann, damals noch Vorsitzender einer aufblühenden FDP in Nordrhein-Westfalen, der das Fallschirmspringen zur Wahlkampfmethode gemacht hatte, kündigte seinen Besuch mit der Parole an, die Kunst der Politik bestehe darin, »sich der Zeitumstände richtig zu bedienen«. Er kam dann aber doch nicht. Stattdessen erschien im Verlauf der zweiten Staffel Guido Westerwelle, sein Nachfolger als Generalsekretär der FDP, zu einer Stippvisite mit der Begründung, man müsse dahin gehen, »wo die Menschen sind«.

Abgesehen von solchen Marketingauftritten sollte das gezeigt werden, von dem sich der Sender den stärksten Reiz und die höchste Attraktion bei den Zuschauern erhoffte: das unverfälschte Leben in der Gemeinschaft. Zum unverfälschten Leben in der Gemeinschaft gehörten jedoch, wie sich bald herausstellte, auch das Gemeine, das Hämische, das Intrigante. Eine unterschwellige Konkurrenz, durch ein raffiniertes Ausscheidungsritual dramaturgisch geschürt, durchzog die scheinbare Gruppenidylle. In zweiwöchentlichem Abstand mussten die Bewohner nämlich zwei aus ihrer Mitte »nominieren«, die dem Publikum am Bildschirm zur Abwahl per Televoting freigegeben wurden. Diese »Nominierung« – eine ritualisierte Form der sozialen Ausgrenzung, welche die ohnehin hohen Zuschauerquoten noch einmal nach oben schießen ließ – fand in einem von der übrigen Wohnung abgeschirmten »Sprechzimmer« statt. Dorthinein wurden alle Bewohner einzeln nacheinander gebeten, um der Kamera und den Zuschauern gegenüber ihren Abwahlvorschlag abzugeben und zu begründen.

Die Begründung für eine Abwahl verlangte eine kommunikative Kompetenz besonderer Art, ging es doch darum, jemanden aus der eigenen Gruppe an den Pranger zu stellen, ohne ihn zu denunzieren. Allzu offenkundige Denunziation hätte nämlich bedeutet, die Gunst des Publikums zu verlieren. Man durfte also einerseits keine Skrupel haben, jemanden zum Abschuss freizugeben, wollte man überleben. Andererseits musste man skrupellos sein, ohne als skrupellos zu erscheinen. Mit anderen Worten: Es kam darauf an, jemanden zu verraten, ohne als Verräter dazustehen. Aus diesem moralischen Dilemma konnte sich nur befreien, wem es gelang, das geforderte Mobbing entweder rhetorisch zu kaschieren oder den ungeliebten Mitbewohner überzeugend als ausgemachten Stinkstiefel, Störenfried oder Nörgler ans Messer zu liefern. Denn schließlich war das Publikum zum normativen Wächter über das Sozialverhalten berufen und wollte gewonnen werden.

Die psychisch belastende Aufgabe bei der »Nominierung« war vergleichbar dem Doublebind bei einem Assessment-Center zur Führungskräfteauswahl, wo die Kandidaten gleichzeitig Durchsetzungsvermögen und Teamfähigkeit beweisen, vor allem aber den Beobachtern hinter dem Einwegspiegel gefallen müssen. Beobachter waren in diesem Falle die Zuschauer, die sich nicht nur vor den Bildschirmen und auf dem Studiogelände versammelten, sondern auch auf Schulhöfen und Straßen, in Jugendclubs und Internet-Foren, in ihren Freundschaftscliquen und Peer-Gruppen ihre Meinungen zum Gruppengeschehen kundtaten.

Die Geburt von Kultfiguren der Spaßgesellschaft – das Medium in Hebammenfunktion

Zudem bediente sich die Sendedramaturgie bei psychologischen »Experten«, die die Lebensgeschichten der einzelnen Bewohner, ihre Verhaltensweisen und Persönlichkeitszüge sowie das Gruppengeschehen Revue passieren ließen. So wurden im banalen Fluss des Alltagsgeschehens Bedeutungen markiert, Soziogramme aufgestellt und Charakterprofile konstruiert: die kühle Intellektuelle, die selbstverliebte Schöne oder der heiße Latin Lover, »Proll-Jürgen«, »Manu, die Hexe« oder »Franken-Barbie«. Zlatko (»Sladdi«) durfte den unbedarften und ungebildeten, aber vor allem unverbogenen Jungmacho spielen, tatkräftig unterstützt und liebevoll umsorgt von Jürgen, seinem Bruder im Geiste. Dieses Image trug ihm eine Starrolle ein, die zwar nicht seine frühe Abwahl (u. a. wegen frauenfeindlicher Sprüche) verhinderte, wohl aber seine anschließende Blitzkarriere in der Spaßgesellschaft förderte.

Weit mehr als das Preisgeld, das ihm durch sein vorzeitiges Ausscheiden entgangen war, verdiente Zlatko mit Medienauftritten außerhalb der Wohngemeinschaft. Nachdem ihm Stefan Raab vom Konkurrenzsender Pro Sieben den ironischen Ehrennamen »Sladdi – The Brain« verliehen und so das Seine zum enormen Publikumserfolg von »Big Brother« beigetragen hatte, war Zlatko zu einer wahren Kultfigur der Unterhaltungsbranche aufgestiegen. Noch während die erste Staffel lief, tourte er durch verschiedene TV-Shows (u. a. natürlich bei Raabs »TV total«, aber auch bei der »Harald-Schmidt-Show«). Er genoss seine Fernsehberühmtheit und vermarktete seine frisch gewonnene Popularität auch als Sänger. Sein Lied »Ich vermiss' dich wie die Hölle« wurde im Sommer 2000 über 400.000 mal verkauft und erreichte Platinstatus. Zusammen mit seinem WG-Buddy Jürgen nahm er nach dessen Ausscheiden eine weitere Single auf, »Großer Bruder«, die ebenfalls ein Nr. 1-Hit und mit Platin ausgezeichnet wurde.

Erhellend ist ein überaus wohlwollender Kommentar von Peter Lau, Redakteur des Online-Magazins »brand eins«, der gegen alle Kulturkritik für »Big Brother« eine Lanze brach und im Wohncontainer ein »Lehrbuchbeispiel in Sachen Zivilisation«, ja die »Verwirklichung einer Utopie« sehen wollte, die einfach »nette Kerle zu Helden machte« (Lau, 2000):

»›Big Brother‹ war ein Meinungsteiler. Wer die Übertragungen aus dem Wohncontainer nicht gesehen hatte, war dagegen, aus all den Gründen, die man schon lange vorher aus der Presse erlernen konnte. Doch viele, die länger als eine Minute dem Leben dieser ganz normalen Menschen vor den Kameras zugesehen hatten, änderten ihre Ansicht. Dies war nicht der erwartete soziale Gladiatorenkampf, den der Hemmungsloseste, Hinterhältigste, Gemeinste, gewinnen würde. Sondern ein Lehrbuchbeispiel in Sachen Zivilisation: Rundum versorgt und mit fast

24 Stunden täglich zur freien Verfügung, entwickelte sich die bunte Gruppe zu einer zunehmend freundlicheren, bedachteren, sanfteren Gemeinschaft, die sozialen Umgang mustergültig vorlebte. Einer der spektakulären, sicher nicht geplanten Offenbarungen der Show: der Blick auf das Verhalten des Menschen beinahe unter Idealbedingungen, entlastet vom Überlebenskampf. Die Verwirklichung einer Utopie.

Fast ebenso spektakulär war die Rehabilitation der Proleten. Zlatko und Jürgen, die Vorzeigeprolls, waren keine tollwütigen Hunde, die durch die Manege kläfften, sondern ganz normale Menschen. Jürgen, der sich anfangs geweigert hatte, ernsthaft zu diskutieren, wurde mit der Zeit sogar richtig nachdenklich, der gute Onkel. Nur Sabrina, ›die Wuchtbrumme‹, konnte oder wollte sich nicht in die Love-And-Peace-Gruppe integrieren – und flog raus. Denn draußen, vor den Fernsehern, war es wie drinnen: Das angeblich sensationslüsterne Volk verbannte unsympathische Intriganten, während es nette Kerle zu Helden machte.«

Mit »Sladdi – The Brain« war im Wohn-Container ein Star geboren worden, der für eine Weile seine bizarre Bahn am deutschen Medienhimmel ziehen durfte und ebenso rasch wieder verglühte (inzwischen arbeitet Zlatko in seinem alten Beruf als Automechaniker, wenn man der »Bild«-Zeitung glauben darf). Zum Publikumserfolg der Realityshow trug aber auch bei, dass als unerwarteter Sieger der ersten Staffel von »Big Brother« ein wenig auffälliger, dafür aber rundum sympathischer Hausbesetzer aus der Berliner Alternativszene triumphierte. Dieser Sieg war keineswegs manipuliert, wie mancher professionelle Beobachter (z. B. im »taz«-Feuilleton) argwöhnte, denn zum Erfolgskonzept gehörte das Überraschungsmoment.

Die Leute schauen beim Reality-TV zu, wie sie – frei nach Sepp Herberger – zu einem Fußballspiel gehen: weil sie vorher nicht wissen, wie es ausgeht. Was dort passiert, darf auf keinen Fall vorher verabredet sein. Sobald Echtheit nur vorgetäuscht wird oder als bloße Maskierung erscheint, entsteht Misstrauen beim Zuschauer. Christian beispielsweise aus der zweiten Staffel von »Big Brother« verstieß gezielt gegen diese Regel des Spiels, als er sich mit demonstrativer Boshaftigkeit als »Nominator« aufspielte und zum Buhmann der Gruppe profilierte. Das missfiel der Produktionsgesellschaft, die ihn, weil sie ihr Versprechen der Unverfälschtheit gefährdet sah, zum »freiwilligen« Ausstieg drängte.

Das hinderte Endemol andererseits nicht daran, den Spielverderber anschließend in die medialen Fußstapfen von Zlatko treten zu lassen. Mit dem Liedtitel »Es ist geil, ein Arschloch zu sein!« schaffte es Christian als »Nominator« im November 2000 auf Platz 1 der deutschen Singlecharts, hielt sich dort neun Wochen lang und erreichte ebenfalls Platinstatus. Zum zehnjährigen Jubiläum von »Big Brother« brachte die Firma Endemol im Jahr 2010 eine Sammel-CD mit Liedern einstiger Schützlinge wie Zlatko, Jürgen oder Christian auf den Musikmarkt. Andere machen ihren kurzen Ruhm auf Gesangstourneen in der Provinz zu Geld oder bei Werbesendern, wo sie als Animateure von Gewinnspielen im Nachtfernsehen um kostenpflichtige Anrufe betteln (»Rufen Sie sofort an!«).

Kapitel 6
Ein echtes Abenteuer unter freiem Himmel:
Der exotische Reiz des »Dschungelcamps«

Mediale Auffrischungskur unter Stress –
Ich war mal ein Star, holt mich hier raus

In der Zuschauergunst war »Big Brother« bald von anderen Formaten des Reality-TV abgelöst worden. Die höchsten Einschaltquoten, die meiste Aufmerksamkeit und die größte Nachhaltigkeit erzielte das »Dschungelcamp«, das von 2004 bis 2015 auf RTL lief, auch 2016 wieder produziert wird und wahrscheinlich darüber hinaus, wenn die Einschaltquoten weiter so hoch bleiben.

Gegenüber »Big Brother« gab es allerdings vier wesentliche Änderungen, und zwar hinsichtlich der örtlichen Umgebung (Location), der zu bewältigenden Herausforderungen (Stress), der sozialen Teilnehmerauswahl (Casting) und der medialen Präsentation (Außenmoderation):

Location: Vom Wohncontainer auf dem betonierten Kölner Studiogelände hatte man die Wohngemeinschaft mitten ins australische Outback verfrachtet, wo sie unter freiem Himmel in Hängematten oder auf Feldbetten hausen durfte, in einer parkähnlichen Urwaldlandschaft, die von einer exotischen Idylle freilich weit entfernt war. Im Vergleich zu »Big Brother« bestand die besondere Attraktion des »Dschungelcamps« darin, die Erfahrung in der Gruppe durch Naturerleben, Abenteuerromantik und körperlich-seelische Herausforderungen besonderer Art anzureichern. So fand das Gemeinschaftsleben unter natürlichen, sozialen und psychischen Ausnahmebedingungen statt.

Stress: Schlafen unter freiem Himmel, sanitäre Einrichtungen auf niedrigstem Standard, widrige Klima- und Wetterverhältnisse mit einem Wechsel von feuchter Hitze, tropischen Regenschauern und knallender Sonne, Stechmücken und anderes Urwaldgetier sowie spärliche Kost – all das sorgte für eine körperliche und seelische Dauerbelastung, mit der die Campbewohner zurechtkommen mussten. Um beispielsweise ihre kärglichen Essensrationen aufzustocken, mussten die Campbewohner im Wechsel bestimmte Mutproben absolvieren und dabei alle möglichen Schranken überwinden: Ekelschranken, Schamschranken und nicht zuletzt Schranken im Umgang miteinander. Der permanente Tabubruch war gefordert.

Casting: Zudem wurde die Wohngemeinschaft statt mit gänzlich unbekannten jungen Menschen mit einer bunten Mischung aus halbwegs fernsehbekannten Protagonisten der hinteren Reihe besetzt. Diese hatte man entweder in den Randszenen der Populärmusik, der neuen Spaßkultur, diverser Castingshows respektive Reality-Soaps aufgestöbert. Manche hatten sich auch selbst beworben, um sich wieder ins Gespräch bzw. auf den Bildschirm zu bringen. Ihnen allen winkte der Sender auf spöttische Weise mit dem Star-Label, über das man sich im Untertitel lustig machte: Ich bin ein Star – Holt mich hier raus!

Außenmoderation: Zur medialen Präsentation des »Dschungelcamps« hatte sich der Sender mit Dirk Bach und Sonja Zietlow ein spaßkulturelles Profipaar ausgeliehen, das das Geschehen im Camp mit einer guten Prise dadaistischen Humors steuerte, moderierte und kommentierte. Die beiden nahmen die ganze Sache jedenfalls weniger ernst als die Teilnehmer. Mit liebevollem, gelegentlich auch beißendem Spott, aber mit sichtlicher Lust und bester Laune veralberten sie ihre je nachdem unerschrockenen oder ängstlichen, heldenhaften oder weinerlichen, mutigen oder feigen, schüchternen, eitlen, intriganten, dummen oder drögen Schützlinge (der 2012 verstorbene Dirk Bach ist inzwischen durch Daniel Hartwich ersetzt worden, der seine Sache an der Seite von Sonja Zietlow nicht schlecht macht; auch Hape Kerkeling war als Nachfolger im Gespräch).

Im Übrigen wurde das offene Gruppendesign, das sich in jeder Hinsicht bewährt hatte, im »Dschungelcamp« reproduziert und das Gemeinschaftsleben weiter unter Dauerbeobachtung gestellt, nur eben unter den exotischen Bedingungen, die den Bewohnern schwer zu schaffen machten, die Zuschauer jedoch in Scharen an die Bildschirme lockten. Auch das bewährte Ritual der kontinuierlichen Abwahl durch Zuschauervotum behielt man bei: Wer dem Online- bzw. Fernsehpublikum nicht gefiel, wurde herausgewählt und musste das Camp verlassen, bis nur noch einer oder eine übrig blieb, der »Dschungelkönig« oder die »Dschungelkönigin«.

Ausweitung der Zielgruppe – mit Alt-Achtundsechzigern das gebildete Publikum ködern

Für die fünfte Staffel (2011), die das Material für unsere folgende Analyse liefern sollte, hatte man sich noch etwas Besonderes ausgedacht. Zur Verstärkung der medialen Breitenwirkung waren nämlich Köder für die Kulturredaktionen ausgelegt worden. Unter den elf Mitgliedern der Dschungelwohngemeinschaft befanden sich auch Rainer Langhans (inzwischen 70 Jahre alt) und Mathieu Carrière (inzwischen 60). Mit diesem Coup sollte die 68er-Generation an die Bildschirme gelockt werden, um aus dem »Dschungelcamp« zu erfahren, was aus ihren einstigen Heroen inzwischen geworden war und wie sie sich im medialen Ringen mit der jugendlichen Konkurrenz behaupten würden.

> Langhans war Mitbegründer der legendären Kommune 1, hatte zu den Ikonen der Studentenrevolte gehört und mit Uschi Obermaier, die vorübergehend auch mit Mick Jagger und Keith Richards befreundet war, damals ein prominentes Hippie-Paar gebildet. Carrière (60 Jahre) kennt man als Schauspieler, der einst den Aufstieg des Autorenkinos in den 1970er und 1900er Jahren begleitet und Hauptrollen in erlesenen Filmen von Werner Schröter (»Malina«), Margarethe von Trotta (»Der Fangschuss«) oder Robert van Ackeren (»Die flambierte Frau«) gespielt hatte.

Als Kultfiguren einer vergangenen Zeit bildeten der Ex-Kommunarde und der längst vergessene Schauspieler zusammen mit ehemaligen Models, ehemaligen Spitzensportlern und ehemaligen Popstars eine Melange von Ex-Prominenten, deren Mitwirken an der Sendung ihnen nicht nur eine stattliche Geldsumme einbrachte, sondern vor allem zu neuer Bildschirmprominenz verhelfen sollte.

Beide mussten zwar vorzeitig gehen. Langhans, weil er sich in seiner zen-buddhistisch inszenierten Selbstversunkenheit aus allem raushielt und am Ende nur noch gepflegte Langeweile verbreitete. Carrière, nachdem er sich in eitler Selbstüberschätzung zum Anführer einer Gruppenintrige gemacht hatte, in deren Verlauf eine Teilnehmerin aus dem Lager herausgemobbt wurde. Was die ergrauten Altstars allerdings nicht daran hinderte, nach ihrer vorzeitigen Abwahl in Interviews an die eigene revolutionäre Vergangenheit zu erinnern, grandiose Visionen zum interaktiven Fernsehen zu verbreiten und wahre Lobeshymnen auf das gruppendynamische Spektakel zu singen, von dem sie sich nicht zuletzt eine Ausstrahlung auf das eigene Ego erhofft hatten:

»Wir haben mit dieser Show eine Kulturrevolution in Gang gesetzt«, behauptete Mathieu Carrière beim Abschlusstreffen der Gruppe, »und ich bin stolz, dass ich dabei sein durfte: Das war ein Meilenstein der Fernsehgeschichte«. Rainer Langhans ergänzte im narzisstischen Überschwang: »Das Dschungelcamp wird Auswirkungen auf Politik und Fernsehwelt haben«.

Mit solchen Botschaften von der kulturrevolutionären Veränderung zumindest der Fernsehwelt, die vor allem ihre eigene Rolle dabei ins rechte Licht rücken sollten, präsentierten sich der exzentrische Schauspieler und der introvertierte Ex-Kommunarde noch eine Weile in verschiedenen Talkshows, bevor sie wieder der Vergessenheit anheimfielen.

Bilanzen im Urwaldkampf – eine narzisstische Gewinn- und Verlustrechnung

Zum Wettbewerb im medialen Identitätsspiel trugen auch die Kampfnamen bei, die den Insassen des »Dschungelcamps« vom Boulevard verpasst wurden, insbesondere den weiblichen Protagonisten. Die Zweitplatzierte Katy Karrenbauer ernannte man zur »Busch-Mutti«. Die kapriziöse Sarah Knappik, ein Model, wurde zur »Nerv-Natter«, die Bro'Sis Sängerin Indira Weis zur »Dschungel-Schlange« gestempelt. Was die beiden Schönheiten nicht von der Fortsetzung ihrer medialen Kleinkarriere abhalten konnte: Spontanreime von Indira, der »Rapperin aus dem Urwald«, waren bereits während der Sendung in Deutschland als Clubversion zu hören; Sarah posierte schon drei Tage nach Ende des Camps auf dem Cover des »Playboy« als »Playmate des Monats«.

Allerdings gehörte zum Marktgeschehen der medialen Aufmerksamkeitsökonomie auch, dass für die Benutzung der ins »Dschungelcamp« verlegten Schaubühnen ein Preis erhoben wurde. Während einige profitierten, gab es andere, die zahlen mussten, indem sie vergeblich um Beachtung baten, sang- und klanglos vom Bildschirm verschwanden oder gar herausgemobbt wurden.

> Am schlimmsten erwischte es in dieser Staffel den Boyband-Sänger Jay Khan, der sein Saubermannimage verspielte, nachdem seine im Camp begonnene Liebesaffäre mit Indira unter Inszenierungsverdacht geraten war: Als sich die beiden zum ersten Mal scheinbar zärtlich küssten, schien ihnen der Seitenblick in die versteckte Kamera offenbar wichtiger als der Kuss (auch wenn sie später, nach Auskunft der Regenbogenpresse zumindest, für kurze Zeit freilich nur, tatsächlich ein Paar wurden). Der scheinbare Fake aber – von Khan selbst beim »Sommer-Dschungelcamp« 2015 eingestanden – war ein schwerer Verstoß gegen den Echtheitsanspruch des Genres, eine Todsünde gegen die Regeln des Reality-TV, für die der »schöne Jay« büßen musste: mit der prompten Abwahl durch Zuschauervotum und – schlimmer noch – mit einem Popularitätsabsturz bei seiner Fan-Gemeinde auf Facebook (von 7300 auf 600). Danach erlitt er einen Nervenzusammenbruch, der möglicherweise ebenfalls inszeniert war, wie der Sender andeutete, ihn jedenfalls die Teilnahme an der publikumswirksamen Wiedersehensrunde nach Abschluss des Camps kostete.

So hatte die selbstreferenzielle Medienwelt wieder einmal narzisstischen Gewinn *und* narzisstischen Verlust verteilt. Mit knapp 70 Prozent der Zuschauerstimmen wurde am Ende Peer Kusmagk, ein Schauspieler und Fernsehmoderator aus Berlin, zum »wahren Dschungelkönig« gekürt. Und zwar nicht nur, weil er die gestellten Aufgaben – sich von einem klebrigen Kakerlakensud überschütten zu lassen, lebende Würmer oder zähe Krokodilhoden zu verspeisen und sich in einem feuchtdunklen Erdsarg fünf Minuten lang von Ratten befummeln und anknabbern zu lassen – mit Geistesgegenwart, Geschick und Humor bewältigte. Das hatten auch andere geschafft. Die Herzen der Zuschauer flogen ihm erst zu, nachdem er sich vom zwischenzeitlich vergifteten Gruppenklima nicht anstecken ließ und sich dem Gruppenmobbing gegen eine Teilnehmerin verweigerte, die er in Schutz nahm und tröstete.

Das brachte dem bescheidenen Peer selbst Anfeindungen ein. Dennoch blieb er scheinbar gelassen, auch wenn er gelegentlich heimliche Tränen vergoss. Offenbar verkörperte er am besten das scheinbar so paradoxe Versprechen der Realityshow, das wahre Selbst vor der Kamera zu offenbaren, das Echte, das Wahre, das Unverfälschte der eigenen Persönlichkeit ins Fernsehen zu bringen – weit besser jedenfalls als Indira und Jay mit ihren körperästhetischen Vorzügen oder die »Intellektuellen« Rainer und Mathieu mit ihrer rebellischen Vorgeschichte. Peer Kusmagk konnte neben der Zahl seiner »Freunde« bei Facebook (27.800) vorübergehend auch die Bekanntheit seines französischen Restaurants in Berlin-Kreuzberg steigern.

III
Hoffen auf Umweltresonanz:
Die unbewusste Kehrseite
des Narzissmus

Im Seelenleben des Einzelnen kommt ganz regelmäßig
der Andere als Vorbild, als Objekt, als Helfer und als
Gegner in Betracht und die Individualpsychologie ist daher
von Anfang an auch gleichzeitig Sozialpsychologie.

Sigmund Freud, »Massenpsychologie
und Ich-Analyse« (1921, S. 73)

Dies [abgegrenzte] Ich-Gefühl des Erwachsenen kann nicht
von Anfang an so gewesen sein. [...] Unser heutiges Ich-
Gefühl ist also nur ein eingeschrumpfter Rest eines weit
umfassenderen, ja eines allumfassenden Gefühls, welches
einer inneren Verbundenheit des Ichs mit seiner Umwelt ent-
sprach. Wenn wir annehmen dürfen, daß dieses Ich-Gefühl
sich im Seelenleben vieler Menschen – in größerem oder
geringerem Ausmaße – erhalten hat, so würde es sich dem
enger und schärfer umgrenzten Ich-Gefühl der Reifezeit wie
eine Art Gegenstück an die Seite stellen [...].

Sigmund Freud, »Das Unbehabgen
in der Kultur« (1930, S. 424 f.)

Die mediale Selbstdarstellung hat unter konservativen Psychoanalytikern einen schlechten Ruf. Den Drang in die Medien betrachten viele als Ausdruck eines oberflächlichen Zeitgeists. In den Wünschen nach Spiegelung und Echo, die von der digitalen Moderne gefördert werden, glauben sie das Symptom einer epidemischen Selbstbezogenheit zu entdecken, die sich in der Mediengesellschaft ausgebreitet hat und wie ein Krebsgeschwür wuchert. Diese »Erkenntnis« nehmen sie wiederum zum Anlass für sozial- und medienkritische Zeitdiagnosen. Hinter diesen Vorbehalten steht ein traditionelles Verständnis des Narzissmus. Freud hatte den Narzissmus noch als libidinöse Besetzung des Ich definiert, als reine Selbstliebe, die der Liebe des Anderen nicht bedarf. Der Narzissmus galt als entwicklungspsychologischer Rest einer angeblich nur auf sich selbst bezogenen Säuglingspsyche. Die moderne Säuglingsforschung hat uns eines Besseren belehrt. Am Beginn des Seelenlebens steht nicht Vereinzelung, sondern reale wie mentale Bezogenheit. Diese Entdeckung – die Entwicklungspsychologie spricht von »primärer Intersubjektivität« – hat Folgen für unser gegenwärtiges Verständnis des Unbewussten und des Narzissmus. Heute wissen wir, dass gerade die unbewussten Strebungen weniger in der dunklen Tiefe als an der Oberfläche der Psyche zu finden sind, wo sie in der äußeren Realität auf Erfüllung drängen. Erst die Umweltresonanz, auf die er hofft, verbindet den Einzelnen psychisch mit der sozialen Lebenswelt, sichert ihm soziale Einbettung und persönliche Identität. Und paradoxer Weise ist es ausgerechnet der menschliche Narzissmus, über den diese Verbindung hergestellt wird. In einem intersubjektiven Verständnis des Seelenlebens lässt sich der Narzissmus als eine zwar unbewusste, jedoch über die Umwelt vermittelte Selbstbeziehung begreifen, die auf Resonanz angewiesen ist. Im narzisstischen Modus will das Selbst von seiner Umwelt gespiegelt werden und ein Echo erhalten. Um diese Zusammenhänge zu erläutern, lade ich in diesem dritten Teil zu einem Ausflug in die moderne Psychoanalyse ein, die im Zug ihrer intersubjektiven Wende das traditionelle Triebmodell durch ein Beziehungsmodell der Seele ersetzt: Als Scharnier zwischen Innen und Außen verbindet uns das Unbewusste geradezu mit der sozialen Umwelt (Kapitel 7, S. 105 ff.), in deren Spiegel auch der Narzissmus entsteht (Kapitel 8, S. 121 ff.).

Kapitel 7
Zwischen Innen und Außen:
Die Scharnierfunktion des Unbewussten

Vom Trieb zur Beziehung – die relationale Wende der modernen Psychoanalyse

Spätestens seit dem Beginn der Aufklärung war das Unbewusste zu einem Gegenstand öffentlicher Erforschung geworden. Seinen Sitz hatte man, lange bevor die Psychoanalyse die Bühne der Kultur- und Wissenschaftsgeschichte betrat, in den unzugänglichen Kellerräumen unseres Selbst vermutet, in den Geheimkammern der Seele, in den gefährlichen Unterströmungen der animalischen Natur des Menschen, wo es sich zu verbergen suchte. Nur so konnte es der eigenen Einsicht, den Blicken der Anderen und damit auch jeglicher Kommunikation entzogen bleiben. Sein Unwesen trieb das Unbewusste in einer Region, die schon das Ungeheuere und Unheimliche beherbergte: im innersten Kern des Individuums, weit unterhalb der Schwelle des Bewusstseins, in der tiefsten Tiefe der menschlichen Psyche. Immer schon war das allgemeine Verständnis des Unbewussten von einer suggestiven Tiefenmetaphorik durchdrungen. Nicht zuletzt deshalb nennt der Volksmund das Unbewusste immer noch das Unterbewusste.

Freud hat diese Metaphorik der Tiefe noch gesteigert, indem er das Unbewusste metapsychologisch zum asozialen, ja zum antisozialen Ort des Triebhaften erklärte. Hier sind die sexuellen und aggressiven Körperbedürfnisse zu Hause. Hier wuchern die ungebändigten Leidenschaften und Begierden, die in Zaum zu halten sind. Hier lauert neben den Lüsten auch das Böse, die menschliche Destruktivität. Weil all diese Strebungen eine Gefahr darstellen und Angstaffekte auslösen, sobald sie ins Radarfeld des bewussten Ich geraten – Triebängste, Gewissensängste, soziale Ängste –, müssen sie abgewehrt und ins Unbewusste verbannt werden, wo das Verdrängte beharrlich auf seine Rückkehr wartet.

Aus der Tiefe des Es, so Freud in seiner Metapsychologie, steigen die zunächst unbewussten Triebwünsche bis zur Grenze des Ich-Bewusstseins auf. Dort warten jedoch bereits die Sittenwächter des Über-Ich. Wünsche, die in ihren Augen moralisch nicht vertretbar oder gesellschaftlich geächtet sind, erhalten keinen Zugang. Sie werden vom Bewusstsein aus- und im Unbewussten eingesperrt, gesichert durch eine Vielzahl von Abwehrmechanismen wie Verdrängung, Verleugnung oder Verschiebung, um nur die wichtigsten und wirksamsten zu nennen. In dieses »innere Ausland« (Freud, 1932, S. 62) wird alles verbannt, was wir vor anderen zu verbergen haben, aber auch das, was uns selbst unheimlich oder ungeheuer ist. Aufgefordert ein Bild vom Unbewussten zu malen, würden wir wohl an Hieronymus Bosch anknüpfen, der in seinen mittelalterlichen Schreckensvisionen eine intrapsychische Unterwelt voller Dämonen erschaffen hat.

Freud hat das dynamische Unbewusste als einen intrapsychischen Rückzugsort entworfen, bevölkert von Triebwünschen, die sich gegen die elterlichen, kulturellen oder sozialen Normen richten. Diese werden vom Ich im Auftrag des Über-Ich zwar abgewehrt, bleiben aber im Seelenhaushalt virulent. Ihrer Befriedigungschancen in der äußeren Wirklichkeit beraubt, wirken sie umso mächtiger in der Innenwelt, wo jede Realitätskontrolle fehlt. Dort sorgen die verdrängten Triebwünsche innerhalb des psychischen Apparats für latente Konflikte zwischen dessen Instanzen Es, Ich, und Über-Ich. Nur sublimiert, das heißt in veredelter und verkleideter Gestalt, dürfen sie befriedigt werden. Ersatzbefriedigung verschaffen sie sich jedoch in Träumen und Tagträumen, in Phantasien und Fehlleistungen und schließlich in den Symptomen einer seelischen Störung.

Erst wenn die intrapsychischen Konflikte unerträglich werden, kommt es zur manifesten Erkrankung. In deren Symptomen äußert sich das Unbewusste freilich auf verdeckte Weise, sodass es nur von einem geschulten Auge zu entdecken ist. Hier beginnt die Deutungsarbeit der Psychoanalyse als einer psychotherapeutischen Methode. In den individuellen Krankheitssymptomen versucht sie, Kompromissbildungen zwischen Triebstrebungen des Es und Abwehrbemühungen des Ich zu erkennen und dem Patienten vor dem Hintergrund seiner Lebensgeschichte zu deuten. Im Pro-

zess der Wiederbelebung und des Durcharbeitens von Erinnerungen bekommt er Gelegenheit, die im Unbewussten abgespaltenen
Anteile seiner Persönlichkeit anzunehmen und zu reintegrieren. Der
Weg zu diesem Ziel besteht darin, mit Hilfe von korrekten, zum
richtigen Zeitpunkt erfolgenden und wohl dosierten, das heißt für
den Patienten auch annehmbaren Deutungen das bis dahin nur im
Krankheitssymptom aufscheinende Unbewusste ins Bewusstsein zu
heben: Wo Es war, soll Ich werden.

Das unermüdliche Schürfen im Tiefengestein des Seelenlebens
beruhte auf einer Grundüberzeugung Freuds, die er jedoch für eine
anthropologische Tatsache hielt und deshalb gar nicht erst in Zweifel
zog, nämlich der Überzeugung vom ursprünglichen Gegensatz zwischen innerer und äußerer Welt. Metapsychologisch postulierte er
einen natürlichen Antagonismus von Ich und Realität, Individuum
und Gesellschaft, Selbst und Anderem, der alle Felder der klassischen Psychoanalyse durchzog: ihre Entwicklungs- und Persönlichkeitstheorie, ihre Sozialpsychologie, ihre Psychopathologie und ihre
Behandlungskonzepte, ihre Anwendungen auf Kultur, Gesellschaft
und Geschichte und nicht zuletzt ihre Grundlagentheorie eines intrapsychisch angelegten, tiefenpsychologisch wirksamen Unbewussten.
In seiner Theoriearchitektur ließ Freud die Dynamik des Unbewussten nahezu ausschließlich im Verhältnis der psychischen Instanzen
zueinander wirken, innerhalb des Räderwerks, das er den seelischen
Apparat nennt: Ausgehend von unbewussten Triebquellen kommt
es zu unbewussten Konflikten zwischen Es, Ich und Über-Ich, die
wiederum durch unbewusste Abwehrmechanismen reguliert werden, mit all ihren unbewussten Wirkungen, Nebenwirkungen und
Spätfolgen für die seelische Verfassung des Einzelnen.

Diese Reduktion des Unbewussten auf eine innerpsychische
Innenwelt verleitete die Psychoanalyse im Verlauf ihrer über hun-
dertjährigen Geschichte dazu, immer tiefer und tiefer zu graben, um
zu den wahren Quellen des Selbst vorzudringen. Mächtige Strömungen der Gegenwartspsychoanalyse verloren sich auf diesem Wege
in jenen Mystizismus der letzten Dinge, der privilegierten Zugang
zur Psyche beanspruchte, wissenschaftliche Forschung ablehnte und
die einstige Wissenschaft vom Unbewussten in eine Vielzahl von
Sekten zu verwandeln drohte, die untereinander auch noch um die

psychische »Wahrheit« stritten (zur Spaltungsgeschichte der nach-
freudianischen Psychoanalyse vgl. Stepansky, 2009).

An dieser fundamentalistischen Fehlentwicklung der Psychoanalyse war ihr Gründungsvater nicht ganz unschuldig. Begründet
wurde die letztlich unaufhebbare Trennung von Innen- und Außenwelt durch Freuds Triebtheorie, die als »gewachsener Fels« (Freud,
1937) das Fundament der klassischen Psychoanalyse bildete: Der
Mensch werde als Monade geboren. Für den Säugling sei die äußere
Realität per se traumatisch, einzig der Trieb nötige ihn zum Kontakt
mit der Welt. Der Trieb sei per se kulturfeindlich, Kultur beruhe auf
Triebunterdrückung. Dieser Fels hatte zwar zu bröckeln begonnen,
nachdem sich die triebtheoretischen Spekulationen im empirischen
Licht entwicklungspsychologischer, neurobiologischer und psychotherapeutischer Forschung zunehmend als unhaltbar erwiesen hatten. Dennoch wurde an der Triebtheorie lange Zeit hartnäckig festgehalten, weil sich deren Anerkennung für die gesamte Profession
schon zu Freuds Zeiten von einer wissenschaftlichen zu einer Iden-
titätsfrage gewandelt hatte.

Um in ihrer Pionierphase die psychoanalytische Bewegung gegen
die Anfeindungen aus Gesellschaft und Wissenschaft zusammenzuhalten, hatte Freud von seinen Jüngern nämlich ein Bekenntnis zu
bestimmten Grundwahrheiten verlangt, das als »Schibboleth […]
die Anhänger der Psychoanalyse von ihren Gegnern unterscheidet«
(Freud, 1905, S. 129). Das Schibboleth – ein Begriff, der in seiner
alttestamentarischen Bedeutung den Zugang zum Kreis der Recht-
gläubigen öffnet – umfasste mit der Verpflichtung auf die biologisch
begründete Triebtheorie auch die Anerkennung eines intrapsychisch
angelegten Unbewussten. Auf lange Sicht bewirkte das identitätsstiftende Glaubensbekenntnis jedoch das Gegenteil dessen, was Freud
beabsichtigt hatte: Zersplitterung in Schulen statt Vereinheitlichung.

Denn abweichende Auffassungen, in einer lebendigen Wissenschaft ebenso anregend wie unvermeidlich, führten regelmäßig zur
Exklusion. Wer an den orthodoxen Wahrheiten zweifelte, galt als
Dissident und wurde ausgeschlossen, wenn er nicht freiwillig ging.
Statt neue Ideen auf den Prüfstand der empirischen Grundlagen-
bzw. Psychotherapieforschung zu stellen, bevor sie verworfen oder
anerkannt wurden, zwang man die Dissidenten zur Abbitte. Oder

eben zur Gründung eigener Schulen, die nach Freuds Tod zu sprie-
ßen begannen. Paradoxerweise hatte der Konfessionszwang in der
Psychoanalyse am Ende ihre Spaltung in konkurrierende Schulen
gefördert. Unter einem wuchernden Ideenhimmel erodierte schließlich ihre wissenschaftliche Basis.

Nicht zuletzt deshalb ist der Schulenpluralismus der Gegenwartspsychoanalyse durch eine eigenartige Mischung aus Theoriearmut
und Konzeptreichtum gekennzeichnet. Einerseits mangelt es den
Schulen an einer schulenübergreifend anerkannten Kerntheorie, die
sich durch die zwanglose Logik guter Forschung von Generation
zu Generation systematisch anreichern ließe, wie das in anderen
Wissenschaften der Fall ist; stattdessen ist das Rad immer wieder
neu erfunden worden. Andererseits haben durchaus interessante
Ideen im Lauf der psychoanalytischen Theoriegeschichte zu einer
Überfülle, Überkomplexität und Überspezifizierung von Konzep-
ten geführt, die selbst für Insider kaum noch zu überblicken sind.

Die im letzten Jahrzehnt des 20. Jahrhunderts eröffnete Suche
nach einer gemeinsamen Grundlage – nach ihrem »common
ground« (Wallerstein, 1990) – hat eine Modernisierungsbewegung
der zeitgenössischen Psychoanalyse in Gang gesetzt, die allmählich
ihre wissenschaftlichen Grundlagen erneuert (Thomä u. Kächele,
2006) und das vollzieht, was man ihre intersubjektive oder relationale Wende nennt (Altmeyer u. Thomä, 2006; vgl. auch Gill, 1994;
Eagle, 1988, 2011; Ogden, 1994; Dunn, 1995; Aron, 1996; Thomä,
1999, 2001; Mitchell, 2003; Altmeyer, 2004, 2005; Fonagy, Gergely,
Jurist u. Target, 2004; Benjamin, J., 2006; Jaenicke, 2006; Bohleber,
2012; Potthoff u. Wollnik, 2014).

Im Zuge dieser Wende ist man dabei, die klassische Beschränkung auf innerseelische Vorgänge aufzugeben und dem zwischenmenschlichen Geschehen mehr Aufmerksamkeit zu widmen. Man
ersetzt das veraltete Triebmodell durch ein Beziehungsmodell der
Seele, das den Anderen nicht länger auf seine bloße Funktion als
Objekt eines triebhaften Subjekts reduziert, sondern als anderes
Subjekt anerkennt, das jenseits der Lustbefriedigung zu Zwecken
emotionaler Bindung, sozialer Beziehung und eigener Selbstvergewisserung gebraucht wird. Indem die Interaktion zwischen Menschen vom Rand ins Zentrum psychoanalytischer Theorie und Pra-

xis rückt, gewinnt die Psychoanalyse auch wieder Anschluss an die
anderen Humanwissenschaften wie die empirische Säuglingsforschung (Stern, 1992, 2005), die moderne Sprach- und Sozialphiloso-
phie (Davidson, 2001; Habermas, 2005; Cavell, 2006), die kognitive
Entwicklungspsychologie (Hobson, 2003), die avancierte Neurobiologie (Singer, 2002) oder auch die evolutionäre Anthropologie
(Tomasello, 2002).

Mit der Blickerweiterung vom Innen auf das Zwischen – vom
Intra- auf das *Inter*subjektive – wird zugleich ein Außen rehabili-
tiert, das in den psychoanalytischen Innenwelttheorien lange abge-
schattet geblieben oder völlig ausgeblendet worden war: »Zwischen
zwei Innen (Intra) muss es ein Außen geben« (Reiche, 1999, S. 586).
Dieser psychoanalytische Paradigmenwechsel, der längst noch nicht
abgeschlossen ist, wird endlich der sozialen Natur des Menschen
gerecht, der Tatsache also, dass Menschen ihre Lebenswelt miteinander teilen, dass sie sich real und mental aufeinander beziehen und
dass jeder Einzelne seine psychische Struktur und individuelle Persönlichkeit im Rahmen dieser Bezogenheit entwickelt.

Mit ihrer intersubjektiven Wende verändert sich der Gegenstand
der Psychoanalyse. Nun hat sie nicht länger ein isoliertes Selbst vor
Augen, sondern ein Selbst-in-Beziehung. In ihrer Grundlagentheorie nimmt sie ein Subjekt in den Blick, das sich auf einem intersubjektiven Feld bewegt. In ihrer therapeutischen Praxis spürt sie
weniger den »Triebschicksalen« des Individuums als seinen »Bezie-
hungsschicksalen« nach. Als Sozial- und Kulturpsychologie richtet
sie den Fokus auf die komplizierten Vernetzungen von Innen- und
Außenwelt.

Das Unbewusste ist kein Rebell –
sondern ein sozialer Konformist

Der Austausch eines wissenschaftlichen Paradigmas bedeutet, Thomas Kuhn (1976) zufolge, einen doppelten Bruch mit der Tradition. Gebrochen wird nicht nur mit den theoretischen Grundan-
nahmen einer Wissenschaft, sondern auch mit den eingespielten
Wahrnehmungs- und Denkweisen der Wissenschaftler selbst, die
ihren Gegenstand plötzlich aus einem anderen Blickwinkel sehen.

Eine etablierte Sichtweise, auch wenn sie wissenschaftlich überholt scheint, wird erst dann aufgegeben, wenn sich genügend Evidenz für eine alternative Sichtweise angehäuft hat.

> Das klassische Beispiel dafür war der Wechsel vom ptolemäischen zum kopernikanischen Weltbild. Er dauerte deshalb so lange, weil das heliozentrische Wissen ein Evidenzdefizit aufwies. Schließlich musste Kopernikus gegen die geozentrische Alltagserfahrung antreten, dass die Sonne im Osten auf- und im Westen untergeht. Die Menschheit war noch nicht in der Lage, das irdische Geschehen aus einer exzentrischen Perspektive zu betrachten. Zu kränkend war der Gedanke, dass die Erde nicht der Mittelpunkt war, um den sich alles drehte. Er konnte sich erst durchsetzen, als sich genügend Evidenz angesammelt hatte. Diese Evidenz half nicht zuletzt dabei, die kollektive Kränkung zu überwinden, die die kopernikanische Wende bedeutete.

Gegenwärtig ist die Psychoanalyse dabei, Evidenzen für die Intersubjektivität des Seelenlebens zusammenzutragen. Schulenübergreifend beginnt sich die Erkenntnis durchzusetzen, dass der Mensch auch im tiefsten Inneren kein triebgesteuerter Einzelgänger ist, sondern ein konstitutiv in seine zwischenmenschliche Umwelt eingebettetes und auf die soziale Wirklichkeit bezogenes Wesen. Der Mensch ist keine Monade. Das Individuum entsteht nicht wie der Apfel aus dem Kern. Der Einzelne entwickelt sich weder aus der Entfaltung von Erbanlagen, noch als Ergebnis eines genetischen Programms, aber auch nicht entlang seiner Triebschicksale in der frühen Kindheit. Vielmehr wird der Mensch in Beziehungen hineingeboren, gewinnt als Säugling im Austausch mit seiner Umwelt eine erste Ahnung davon, wer er ist, überarbeitet seine Kindheitserfahrungen mit anderen Menschen in Pubertät und Adoleszenz und erwirbt noch als Erwachsener durch seine Beziehungen hindurch ein eigenes Verhältnis zu sich selbst und zur Welt. Deshalb bleiben wir bis ins hohe Alter auf Kontakt zu anderen Menschen angewiesen, wenn wir psychisch gesund bleiben wollen.

Im Zuge dieser immer noch »unvollendeten kopernikanischen Revolution in der Psychoanalyse« (Laplanche, 1996) wird auch das

Unbewusste neu definiert (vgl. Altmeyer, 2005b). Seelische Erkrankungen entstehen nicht aus unbewussten Konflikten innerseelischen
Ursprungs, sondern dann, wenn zwischenmenschliche Beziehungen entgleisen. Auch die psychoanalytische Behandlung wird heute
als ein intersubjektiver Prozess verstanden, bei dem zwei Personen
sich aufeinander beziehen, miteinander austauschen und gemeinsam nach Lösungen suchen. Diese gemeinsame Suche verläuft zwar
in asymmetrischer Rollenverteilung, aber im Rahmen einer zwang-
losen Kommunikation, an der beide gleichberechtigt beteiligt sind.
Die Qualität der psychotherapeutischen Beziehung, die unbewusst
entsteht, ist dabei der wesentliche Wirkfaktor.

Die klassische Theorie des Unbewussten war von Vorstellungen
des Verbergens, Versteckens, Verkleidens geprägt. Seine dynamische Kraft bezog das Unbewusste aus der Dunkelheit, der Düster-
nis, dem Nebel in den unzugänglichen Tiefenschichten des Selbst.
Sein eigentliches Ziel war die Selbsttäuschung. In der psychoanalytischen Moderne erhält das Unbewusste eine ganz andere Funktion.
Die unbewussten Strebungen warten auf Entdeckung. Sie möchten von der Umwelt registriert, erkannt und aufgenommen werden.
Statt sich im Inneren der Seele vor dem Blick des Anderen zu schützen, entäußern sie sich und verlangen geradezu nach Antworten aus
der Umwelt. Dem Unbewussten wird eine performative Tendenz
bescheinigt. Es möchte sich zeigen und in der Realität zur Geltung
bringen. Es verkörpert jenes psychische Potenzial des Einzelnen, das
er nur in seiner tatsächlichen Umwelt entfalten kann: auf dem Feld
sozialen Handelns, im Rahmen sprachlicher Verständigung, vermit-
tels zwischenmenschlicher Beziehungen.

Damit bekommt das Unbewusste einen ganz neuen Platz im Seelenleben. Aus der Tiefe unserer biologischen Natur geholt, wird es an
der Oberfläche unserer sozialen Natur neu angesiedelt. Dort sorgt
es dafür, dass sich Menschen zueinander verhalten und aufeinander
beziehen. So erhält es auch in der Theorie jene ursprüngliche Bezie-
hungsdynamik, die den empirischen Säugling schon antreibt, Kontakt mit seiner Umwelt herzustellen, um seine Kommunikations-
und Resonanzbedürfnisse zu befriedigen. An der Nahtstelle von
Individuum und Gesellschaft wird das Unbewusste zum Scharnier
zwischen psychischer Innen- und sozialer Außenwelt, weit entfernt

von jener Realitätsblindheit, die ihm die klassische Psychoanalyse zugeschrieben hat. Insgeheim drängt es den Einzelnen dazu, sich mit anderen Menschen zu beschäftigen, sich auf sie einzulassen – meist wohlwollend, gelegentlich auch in böser Absicht.

Ausgerechnet das Unbewusste, das bisher stets als asozial oder gar antisozial galt, ermöglicht erst die Integration des Individuums in die Familie, die Gruppe, die Gemeinschaft oder die Gesellschaft. Statt soziale Verbindungen zu unterminieren und zu torpedieren, sichert das Unbewusste dem Individuum geradezu die mentale Verbindung zu seiner sozialen Umgebung. Diese Vermittlungsfunktion ist normalerweise dem Bewusstsein entzogen. Sie ist unbewusst, weil sie so selbstverständlich ist. Gerade deshalb wird sie nicht bemerkt. Ins Bewusstsein tritt sie erst, wenn sie nicht mehr funktioniert, sondern gestört ist, wie in der narzisstischen Größenphantasie, in der psychotischen Wahnbildung, im enthemmten Gewaltakt, in der Psychopathologie also. Solche psychischen »Fehlleistungen«, die die traditionelle Psychoanalyse als innere Triebdurchbrüche interpretiert, werden heute als Entgleisungen des Selbst in seiner Beziehung zur Welt verstanden.

In dieser relationalen Umdeutung wird das Unbewusste seiner nonkonformistischen Aura beraubt. Es verliert jenen sozialrebellischen Charakter, den ihm die Triebtheorie angedichtet hat. Vom Widerstandskämpfer wird es zu einem Agenten der Anpassung. Eher für Anpassung sorgend als für Rebellion, entpuppt es sich als der »große Konformist« (Martin Dornes; persönliche Mitteilung).

In der sozialkonformistischen Neigung des Unbewussten steckt die Erwartung auf Antworten aus der Lebenswelt. Auch wenn das Selbst nicht alles preisgibt und gelegentlich Fassaden aufbaut, um einen privaten Kern vor dem sozialen Zugriff zu schützen, will es entdeckt werden. Das Fürsichsein genügt ihm nicht. Selbstbewusstsein braucht Bestätigung. Identität wächst nicht im Stillen. Menschen haben ein Bedürfnis sich auszudrücken, weil sie sich nur auf diese Weise als lebendige Wesen erfahren. Sie wollen sich zu erkennen geben, weil sie sich nur so anderen Subjekten gegenüber zur Geltung bringen und erfahren können, wer sie sind. Menschen zeigen einander, was sie können und »draufhaben«. Sie tun das, weil sie in ihren Fähigkeiten und als Person von anderen Menschen anerkannt werden wollen. Anerkennung lässt sich aber nur in der sozialen Lebenswelt finden. Selbst im narzisstischen Rückzug werden noch unbewusste Botschaften verweigerter Umweltanerkennung vermittelt.

Im Narzissmus, könnte man sagen, ermuntert das Unbewusste den Einzelnen dazu, aus sich herauszugehen, sich selbst darzustellen und im Theater des Soziallebens ein Publikum zu finden, das ihm durch seine Reaktionen erst Identität verleiht. Der Narzissmus ist schließlich, wie schon Lacan (1936/1973) zu Recht festgestellt hat, der »Bildner des Ich« (im nächsten Kapitel komme ich darauf zurück). Allerdings braucht er Partner im Identitätsspiel. Schließlich agieren Menschen auf den äußeren Schaubühnen der Lebenswelt niemals alleine, sondern miteinander, sie interagieren dort unbewusst, ebenso wie sie auf den inneren Bühnen ihres Seelenlebens unbewusst interagieren. Von Mitspielern umgeben führen sie Mehrpersonenstücke auf, bei denen das Unbewusste stets die Regie führt.

In seiner narzisstischen Verkleidung agiert das zeitgenössische Unbewusste als eine Art sozialer Streuner, der im Auftrag des Selbst nach identitätsstiftenden Spiegel- und Echobeziehungen Ausschau hält. Solche Beziehungen, die wir gewöhnlich narzisstisch nennen, hat die Mediengesellschaft in Hülle und Fülle zu bieten. Bevor wir uns aber mit dem modernen Narzissmus in seiner medialen Gestalt befassen, müssen noch die Konsequenzen einer Sozialtheorie des Unbewussten bedacht werden. Wenn sich die Psyche von Anfang des Lebens an in Umweltbezügen entwickelt, muss man die psychoanalytische »Amöbensage« (Balint, 1937/1969) aufgeben: die Ursprungslegende vom primären Narzissmus und der sekundären Objektbeziehung (vgl. Altmeyer, 2000, 2004a).

Die vernetzte Seele – der entwicklungspsychologische Abschied von der Monadentheorie

Für die Wende der Psychoanalyse vom klassischen Triebparadigma zum neuen Paradigma der Intersubjektivität gab es gute Gründe. Der entscheidende Grund war entwicklungspsychologischer Natur: Die empirische Säuglingsforschung lieferte beeindruckende Befunde zur frühen Mutter-Kind-Interaktion, die Freuds Auffassung vom primären Narzissmus widerlegen und stattdessen eine Theorie der »primären Intersubjektivität« (Trevarthen, 1979) begründen.

Unter dem Bild eines »kompetenten Säuglings« (Dornes, 1993) müssen traditionelle Annahmen der psychoanalytischen Entwicklungspsychologie korrigiert werden. Zum Beispiel kann der Säugling bereits kurz nach der Geburt die Mutter von anderen Bezugspersonen unterscheiden. Er ist erstaunlich wahrnehmungsfähig, aktiv seiner Umwelt zugewandt und an anderen Menschen höchst interessiert. Freiwillig nimmt er Kontakt mit Personen in seinem Blickfeld auf, versucht sie zu imitieren und zu Reaktionen zu animieren. Er findet großes Vergnügen daran, mit ihnen auf allen Sinnesebenen zu kommunizieren. Solche mit Hilfe eines reichhaltigen Methodenrepertoires erhobenen und inzwischen gut gesicherten Interaktionsbefunde zwingen zur Korrektur psychoanalytischer Spekulationen über eine ursprünglich primärnarzisstische Säuglingswelt. Der primäre Narzissmus ist eine Fiktion, die von der frühkindlichen Umwelt abstrahiert: »Es gibt den Säugling nicht« (Winnicott, 1965/1974, S. 50) – ohne eine Mutter, die ihn hält.

Anders jedoch, als von der Triebtheorie postuliert, sehnt sich der empirische Säugling nicht regressiv zurück in ein intrauterines Paradies der Ungeschiedenheit und Spannungslosigkeit, sondern sucht sofort nach der Geburt zwischenmenschlichen Kontakt und Austausch mit seiner Umwelt. Anders als von der psychoanalytischen Anthropologie vorgesehen, erlebt er die Realität keineswegs als feindlich, sondern als freundlich, weswegen er auf sie zugeht und sich nicht von ihr abwendet (vgl. Frommer u. Tress, 1998). Anders als von Freud im Konzept eines ursprünglichen Autismus gedacht, zieht sich der Säugling nicht von der Außenwelt zurück, sondern will diese, neugierig und wissensdurstig wie er ist, entdecken, erkunden und sich aneignen.

Beobachtungen aus der frühen Mutter-Kind-Interaktion widerlegen die Unterstellung vom autistisch-weltabgewandten, seiner inneren Triebnatur ausgelieferten Säugling, der am liebsten seine Ruhe hätte, um sich einer unbewussten Phantasiewelt zu überlassen. Und der sich letztlich nur deshalb in die Außenwelt begibt, weil seine triebhaften Wünsche auf Dauer halluzinatorisch nicht zu befriedigen sind. Die empirische Säuglingsforschung liefert überzeugende

Gegenbefunde (Übersichten über den Forschungsstand und Quellenverweise in den Monografien von Dornes, 1993, 1997, 1999, 2000, 2002, 2006, 2012; vgl. auch Altmeyer, 2005a).

Insgesamt habe die Psychoanalyse die kognitiven und kommunikativen, die aktiven und interaktiven Kompetenzen des Säuglings unterschätzt, dafür sein Phantasieleben und sein Regressionsbedürfnis überschätzt, so lautet das kritische Resümee der Säuglingsforschung. Sie belehrt uns darüber, welche Bedeutung die soziale Umwelt und die Beziehung zum Anderen für die seelische Entwicklung haben. Jenseits der Triebbefriedigung dienen sie »der Befriedigung von Sicherheitsbedürfnissen oder dem Erreichen von Bindungszielen«, sie verweisen auf ein »psychisches Grundbedürfnis« nach Zusammengehörigkeit (Stern, 1992, S. 195).

Befriedigt wird dieses intersubjektive Grundbedürfnis des Säuglings durch das Gehalten- und Versorgtwerden, in der Affektspiegelung und emotionalen Einstimmung sowie entlang der sprachlichen Verständigung mit seinen Bezugspersonen, die in der Regel mit dem zweiten Lebensjahr einsetzt. Die Befriedigungserfahrung wiederum verstärkt das Erleben von Subjektivität. So entsteht zwischen Subjektivität und Intersubjektivität ein Verhältnis wechselseitiger Abhängigkeit, wobei aber der Intersubjektivität ein entwicklungsgeschichtlicher Vorrang gebührt.

»Eine – wie auch immer beschaffene – Verbindung subjektiver psychischer Erfahrungen ist paradoxerweise vor dem Einsetzen der Intersubjektivität nicht denkbar. [...] Nach unserer Auffassung gehen Separation und Individuation ebenso wie die neuen Erlebnisweisen des Einsseins oder Zusammenseins aus dem Erleben der Intersubjektivität hervor« (Stern, 1992, S. 183).

Stern (2005) hat einmal die Frage gestellt, warum der Säugling verhältnismäßig spät sprechen lernt. Seine Antwort lautet: Weil er erst andere Dinge zu tun hat! Zuvor muss er nämlich lernen, praktisch mit einer sozialen Umwelt zurechtzukommen, in der für ihn alles neu und ungewohnt, aber höchst interessant ist. Der Sprache noch nicht mächtig, probiert er einfach verschiedene Handlungen aus, um aufmerksam zu registrieren, wie seine Umwelt darauf reagiert:

Er stellt hypothetische Fragen an sich selbst: Was muss ich tun oder lassen, um die Aufmerksamkeit der Mutter zu bekommen? Wie gebe ich ihr zu verstehen, dass ich auch mal allein sein will oder müde bin? Woran erkenne ich, wenn sie ihrerseits Ruhe braucht und nicht gestört sein will? Womit kann ich sie vielleicht doch zum Schmusen, zum Spielen oder zum Rumalbern gewinnen? Mit welchen Aktionen, Gesten oder Mimiken lässt sie sich zu bestimmten Handlungen bewegen? Wie kann ich ihr signalisieren, dass ich gestillt, gewärmt, getrocknet, beruhigt, getröstet oder unterhalten werden will?

In all diesen Spielarten kommunikativen Handelns können wir Bemühungen des Säuglings erkennen, seine Beziehungsoptionen zu testen und weiterzuentwickeln. Das Unbewusste, das hier am Werk ist, können wir am Säugling nicht direkt beobachten, aber aus den Beobachtungen seiner Interaktionen indirekt erschließen. Aus dem, was er tut oder lässt, geht hervor: Offenbar sucht er nicht nur nach Lustbefriedigung und Spannungsreduktion, nach Nahrung, Sättigung und Ruhe, sondern nach interessanten Beziehungen zu einer sozialen Umwelt, die ihm all das, aber noch viel mehr verschafft.

Das Unbewusste wirkt von Geburt wie ein psychosozialer Entwicklungsmotor, dessen Funktion uns der Säugling in seinem Alltagshandeln demonstriert: in Interaktionen mit der Mutter oder mit anderen Bezugspersonen, nach denen er sichtbar verlangt – bis er genug hat vom Interagieren; in der gekonnten Nachahmung von Gestik und Mimik, die er in erstaunlicher Perfektion beherrscht – bis ihm das zu langweilig wird und er sich abwendet; in Situationen des Gehalten- und Gestilltwerdens, die er spürbar genießt – bis er satt ist und selig einschläft; im intensiven Körperkontakt, den er offenkundig sucht – bis ihm das Liebkosen zuviel wird; im sozialen, affektiven und motorischen Austausch, zu dem er selbst animiert oder sich animieren lässt – bis er des Kommunizierens überdrüssig wird.

Ergebnis solcher Sozialexperimente des Kleinkinds ist das, was die Säuglingsforscher das »implizite Beziehungswissen« nennen (*implicit relational knowing*; vgl. Lyons-Ruth et al., 1998; Lyons-Ruth, 1999). Es wird von frühester Kindheit an vorsprachlich erworben und im prozeduralen Gedächtnis abgelegt. Dort wird es als Erinnerung an eine lebensgeschichtliche Frühzeit aufbewahrt, in der der Rapport mit der Umwelt noch nicht gedacht werden konnte, das heißt unbewusst geblieben ist. Dieses auf pragmatischem Wege in der Säuglingspsyche bereits angesammelte Beziehungswissen wird durch neue Interaktionserfahrungen ständig angereichert, weiterentwickelt und verfeinert.

Auch in späteren Entwicklungsphasen bildet das implizite Beziehungswissen im Seelenhaushalt des Individuums eine Art Fundus, aus dem es jederzeit schöpfen kann, um in den Routinen des Alltagslebens sein Sozialverhalten zu regulieren, ohne lange nachdenken zu müssen, weil die Dinge des Lebens ihren gewohnten Lauf nehmen. Aber auch zur Bewältigung von Partnerschaftsproblemen oder zur Lösung von sozialen oder beruflichen Konfliktsituationen steht dieser relationale Wissensfundus zur Verfügung. Manchmal reicht er nicht aus oder führt sogar in die Irre; deshalb muss er laufend ergänzt oder korrigiert werden.

Zur Erklärung verweisen die Säuglingsforscher auf den elementaren Zusammenhang zwischen der unvermeidlichen Trennungserfahrung des Säuglings und seiner offenkundigen Suche nach Kontakt, Bindung und Beziehung: »Nahezu vom ersten Moment des Lebens an beginnt die allmähliche Trennung von Selbst und Anderem. Deshalb liegt die Hauptentwicklungsaufgabe des Kindes in der Gegenrichtung: mit anderen Menschen in Verbindung zu kommen – das bedeutet wachsende Bezogenheit« (Stern, 1992, S. iv).

Mit Stern könnte man annehmen, dass mit der Geburt eine unbewusste Strebung des Säuglings mitgeboren wird, auf die körperliche Trennung von der Mutter kompensatorisch mit »wachsender Bezogenheit« zu antworten. Unter dieser Annahme wäre das Unbewusste keineswegs in der gesellschaftsfeindlichen Triebnatur des Einzelnen verankert, sondern vielmehr gerade in der sozialen Natur der Gattung. Das Unbewusste dokumentierte gewissermaßen die psychische Unvollständigkeit der Trennungserfahrung eines Säuglings, der wir alle einmal waren und der »mit anderen Menschen in Verbindung zu kommen« sucht, um die archaische, im Geburtsakt auf schmerzliche Weise getrennte Einheit von Selbst und Welt auf einer höheren Entwicklungsstufe wiederherzustellen.

Wenn auch unser Bewusstsein an diese früheste Erinnerung nicht heranreicht, wird sie doch im sensomotorischen Gedächtnis gespeichert, das irgendwie noch von der frühen Umweltverbundenheit »weiß«. In einer schönen Formulierung hat Bollas (1997) diese unbewusste Erinnerung an eine haltende Umwelt aus der sprachlosen Vorzeit des werdenden Selbst einmal als »unthought known« bezeichnet: als das »ungedachte Bekannte«, das nicht nur »den Schatten des Objekts« trägt, sondern immer wieder den »Rapport zum Objekt« sucht.

So betrachtet, könnte man die Freud'sche Triebtheorie in eine Beziehungssprache übersetzen. Dann ließe sich das triebhafte Unbewusste als zwischenmenschliche Bezogenheit im Wartestand begreifen, die auf Realisierung drängt. Aus einer intersubjektiven Perspektive würde man im menschlichen Triebleben keine menschlichen Eigenschaften entdecken, sondern Beziehungsmuster, die auch *in unterschiedlichen Mischungen* auftreten können, aber sich zunächst darin unterscheiden, *in welcher Weise* sich das Selbst auf andere Menschen bezieht.

Wir haben dann drei derartige Beziehungsmuster: Erstens *libidinös-konstruktive Muster* der emotionalen Zuwendung zum Anderen in Gestalt von Liebes-, Freundschafts- oder Solidaritätsbeziehungen. Zweitens *aggressiv-destruktive Muster* der emotionalen Abwendung vom Anderen in Gestalt von Hass-, Eifersuchts- oder Neidbeziehungen. Drittens *narzisstische Muster* einer Selbstbeziehung, die im unbewussten Spiegel der sozialen Umwelt entsteht, und zwar in zwei höchst gegensätzlichen Varianten: einerseits in Gestalt von Kreativitäts-, Toleranz-, Großzügigkeits- oder Freigiebigkeitsbeziehungen bis hin zum Beziehungsmuster der Selbstlosigkeit, andererseits in Gestalt von Eitelkeits-, Arroganz- oder Dominanzbeziehungen bis zu Phantasien der Allmacht und Vernichtungswut, in denen der Andere ausgelöscht wird.

Im Zusammenhang mit der Mediengesellschaft interessiert vor allem das narzisstische Beziehungsmuster. Das zeitgenössische Selbst nutzt nämlich die Medien als Spiegel- und Resonanzräume zur eigenen Identitätsbildung. Um diesen mentalen Mechanismus zu verstehen, wird im nächsten Kapitel der Narzissmusbegriff – wie in diesem Kapitel schon der Begriff des Unbewussten – intersubjektiv reformuliert und der Versuch unternommen, ihn zugleich von seiner chronischen Widersprüchlichkeit zu befreien.

Kapitel 8
Im Spiegel des Anderen:
Ein Beziehungsmodell des Narzissmus

Ich werde gesehen, also bin ich –
eine moderne Identitätsformel

Narzissmus bedeutet alles Mögliche im semantischen Umfeld von Selbstbezogenheit und Eigenliebe. Die schillernde Vieldeutigkeit und Widersprüchlichkeit dieses Begriffs scheint geradezu sein Markenzeichen zu sein. Exemplarisch dafür der vergebliche Versuch, den der ungarisch-französische Psychoanalytiker Béla Grunberger (1982) in »Vom Narzissmus zum Objekt« gemacht hat, den Narzissmus triebtheoretisch zu verankern. Er stamme einerseits »aus der Tiefe des Trieblebens«, aus der er ausbricht, andererseits trete er »zur Triebkomponente in eine spezifische dialektische Beziehung«, was seine Bedeutungsvielfalt erklären soll:

»Diese dialektische Konstruktion erlaubt uns, denselben narzisstischen Faktor in recht unterschiedlichen, ja sogar gegensätzlichen klinischen Bildern zu identifizieren, beispielsweise bei der Nymphomanin, die sich allen Männern aufgrund eines nicht zu sättigenden narzisstischen Liebesbedürfnisses hingeben muss, oder beim frigiden Vamp, der alle Männer aus dem gleichen Grund verführen muss, sich ihnen aber gleichzeitig aufgrund des Narzissmus versagt, oder auch bei der Frau, die sich herausputzt, und bei einer, die sich im Gegenteil vernachlässigt, weil sie sich vollkommen glaubt, was schließlich bis zum Wahn gehen kann. Ein Narzisst ist derjenige, der sich gut liebt, aber auch jemand, der sich schlecht oder überhaupt nicht liebt. Der Narzisst zieht sich von der Welt zurück oder bringt sie durch seine Heldentaten zum Erstaunen. Der Homosexuelle ist narzisstisch, ebenso der Heterosexuelle, der seine Männlichkeit zur Schau trägt, usw.« (S. 15).

Schon dieses Panorama narzisstischer Phänomene, das der Autor innerhalb der französischen Gesellschaft und in der Sprache der 1970er Jahre gezeichnet hat, lässt erahnen, wie viel der Narzissmus mit der sozialen Welt zu tun hat und wie wenig er sich psychologisch auf Selbstliebe reduzieren lässt. Ob in der Hochstimmung oder in der tiefsten Verzweiflung, ob im Siegesrausch oder im Schmerz der Niederlage, ob im Erfolg oder im Misserfolg, ob im Stolz oder im Selbstzweifel, ob im gehobenen oder im herabgesetzten Selbstwertgefühl, ob in der Lebensfreude oder im Lebensüberdruss – der Narzissmus taucht im Seelenleben überall auf, noch dazu in den widersprüchlichsten Verkleidungen.

Der Narzissmus scheint alle möglichen Gegensätze der Normalpsychologie in sich zu vereinbaren. Er steckt in der vitalen Hinwendung zur Welt ebenso wie in der bekennenden Weltabwendung. Er ist bei der gekonnten Selbstdarstellung am Werk, aber auch im verzweifelten seelischen Rückzug. Er dehnt sich und streckt sich im Beifall der Zuschauer und duckt sich zugleich unter dessen Pfiffen und Buhrufen. Er äußert sich als natürliche Zeigelust bei Kindern, als demonstratives Trotz- und Protzgehabe bei Jugendlichen und als befremdlicher Exhibitionismus bei Erwachsenen. Er ist in der ästhetischen und religiösen Erfahrung zu entdecken, aber auch in der Rausch- und Drogenerfahrung. Er begleitet das Entgrenzungserleben sowohl im sexuellen Orgasmus als auch in der meditativen Selbstversunkenheit. Er kann zur schönsten Harmonie unter Menschen beitragen, aber auch zu den schlimmsten Gewalttaten führen, wenn er verletzt wird. Er beflügelt die Phantasie des Künstlers und sorgt für den Eigensinn seiner Kunst, die allerdings stets auf ein potenzielles Publikum spekuliert.

Aber auch die klinische Psychologie findet in ihren Differenzialdiagnosen narzisstische Grund- oder Beifärbungen aller Art, die psychopathognomisch freilich unter verschiedenem Namen auftauchen: als Selbstwertproblematik in den Leitsymptomen der narzisstischen Persönlichkeitsstörung; als sexualisierte Selbstdarstellung in den dramatischen Schauspielkünsten der hysterischen Neurose; als grandiose Selbsterhöhung in den manischen und als absolute Selbsterniedrigung in den depressiven Phasen der bipolaren Störung; als Selbsterweiterung im psychotischen Größen- und Beziehungswahn und als Selbstverkapselung im psychotischen Rückzug; als wahnhafte Selbstentgrenzung in der paranoiden Schizophrenie und als versuchte Selbstauslöschung im schizophrenen Residualzustand; als aktive oder passive Gewaltphantasie in den sadomasochistischen Spielarten der Perversion; als Verfügung über den Anderen, Unterwerfung unter den Anderen oder Verschmelzung mit dem Anderen in narzisstisch entgleisten Paarbeziehungen; als verzerrte Wahrnehmung von Selbst und Anderem im pathologischen Gruppennarzissmus fremdenfeindlicher, rassistischer oder antisemitischer Strömungen.

Bei all diesen Spielarten des Narzissmus ist neben dem bedeutsamen Selbst ein ebenso bedeutsamer Anderer im Spiel, der mal als wirkliches Gegenüber und mal als imaginiertes Objekt, mal als Freund und mal als Feind, mal als einzelner Mensch und mal als Gruppe, mal bewusst und mal unbewusst auftritt.

Nehmen wir ein triviales Beispiel, wieder einmal aus der digitalen Welt des Reality-TV, deren Kapriolen schon im ersten Teil dieses Buchs untersucht worden sind. Einer der Stars dort ist Kim Kardashian West. Zusammen mit ihrer exzentrischen Großfamilie tritt sie in einer endlosen Reality-Soap im US-amerikanischen Fernsehen und mit eigenen Seiten im Internet auf (»Keeping Up with the Kardashians«). Auf Twitter hat sie über 31 Millionen Follower. Bei Instagram sind es 32 Millionen. Nun hat sie ein Buch geschrieben, ein Bilderbuch. Es heißt »Selfish« und besteht nur aus ihren Selbstbildern mit angeblich selbst geschriebenen Erläuterungstexten. Vollkommen narzisstisch, möchte man meinen, aber dieses Bilderbuch will gekauft, gelesen und angeschaut werden, ebenso wie die Reality-Soap gesehen werden will.

Das meint auch die Journalistin Johanna Adorján in ihrer Buchbesprechung »Der liebe Narzissmus«, die von der Überschrift bis zum Schlusssatz eine Mischung aus wohlwollender Ironie und beißendem Mitleid ist (Adorján, 2015):

Kim Kardashian habe »die große Liebe ihres Lebens gefunden, nämlich sich selbst, und mehr noch – es ist davon auszugehen, dass diese Liebe erwidert wird«. In der Tat: Angesichts der zahlreichen Follower und Freunde in den sozialen Netzwerken scheint die Rezensentin auf der richtigen Spur, denn außer Kim Kardashian, die sich angeblich nur

selbst liebt, sind noch andere Menschen beteiligt, um deren Liebe
es der narzisstischen Bilderbuch-Autorin geht. Nur die Reihenfolge
stimmt in Adorjáns Text nicht. Der innere Zusammenhang zwischen
der Selbstliebe und der Liebe der Anderen ist vertauscht: »Das Buch
erzählt von der Liebe einer relativ jungen Frau zu sich selbst. Es ist sozusagen eine serielle Selbstvergewisserung, und zwar in jubilierendem
Ton: Ich existiere, ich mag mich, und das teile ich mit euch«. Aber Kim
Kardashian liebt gar nicht zunächst sich selbst, um ihre überbordende
Selbstliebe dann mit dem Publikum zu teilen. Sie liebt vielmehr das
Gefühl, von denen geliebt zu werden, die ihr am Bildschirm und in den
sozialen Medien folgen. Am Ende findet Adorján in die verlorene Spur
des Anderen zurück, wenn sie vermutet, dass es bei Kim Kardashian
mit der Selbstliebe nicht weit her sein kann: »Sehr gut möglich natürlich, dass […] sich hinter der ganzen ausgeleuchteten Fassade eine
zutiefst einsame Person verbirgt«.

Offenbar hat auch der mediale Narzissmus eine soziale Dimension,
die schon in der Hoffnung auf ein virtuelles Publikum mühelos
zu erkennen ist (vgl. Altmeyer, 2003). Ein schlichteres Selbst, das
weniger auftrumpft, wenn es sich in die Medienwelt begibt, mag
die Publikumsgunst diskreter genießen, als Kim Kardashian das
tut. Manchmal verbirgt sich diese Hoffnung. Gelegentlich wird sie
bestritten oder geleugnet. Dann tut das öffentlich auftretende Selbst
so, als ob ihm die Publikumswirkung und das Medienecho seines
Auftritts egal seien. Aber das trifft weder in der realen noch in der
psychischen Wirklichkeit zu.

 An einem anderen Beispiel, der Medialisierung des professionellen Fußballs, kann jeder interessierte Fernsehzuschauer den mit
sich selbst ringenden Narzissmus der interviewten Rasenstars am
Bildschirm erleben:

> Wenn der mediengeschulte Profifußballer wegen mangelhafter Leis-
> tung in der Presse kritisiert wird, behauptet er vor der Kamera gerne,
> er lese grundsätzlich keine Zeitungsberichte. Zu seinen Gefühlen
> beim gellenden Pfeifkonzert der Zuschauer im Stadion befragt, hat
> er die Pfiffe gar nicht gehört. Und wenn der Reporter am Spielfeld-
> rand ihn nach einer Glanzvorstellung bittet, seine eigene Leistung

zu kommentieren, antwortet er bescheiden, das müssten andere beurteilen. Dabei hat er nach dem Interview nichts Wichtigeres zu tun, als seine Facebookseite zu aktualisieren, um seinen Fans auf dem gerade geschossenen Selfie seine neue Frisur, sein neues Tattoo, sein neues Outfit, sein neues Auto oder seine neue Freundin vorzuführen, die das Handy-Video seines herrlichen Tors oder genialen Assists längst schon gepostet hat.

Was der mediale Narzissmus auf den Schaubühnen der Lebenswelt enthüllt (oder zu verhüllen sucht), ist auch dem gewöhnlichen Narzissmus zu eigen: Im narzisstischen Modus hofft das Selbst auf Beachtung, rechnet mit Aufmerksamkeit, spekuliert auf Reaktionen aus der sozialen Lebenswelt. Der Narzissmus ist mit einem Auge stets auf die Umwelt bezogen. Die scheinbare Selbstbezogenheit hat einen notwendigen Bezug zu einem Anderen, in dessen Spiegel der eigene Narzissmus erst entstehen und sich entfalten kann (vgl. Altmeyer 2000a, b).

Der englische Kinderanalytiker Donald Winnicott leitete bereits die Urformen der Identitätsbildung aus der intersubjektiven Spiegelerfahrung des Kindes ab. In seinem bahnbrechenden Aufsatz »Die Spiegelfunktion von Mutter und Familie in der kindlichen Entwicklung« (Winnicott, 1971/1995) machte er als erster darauf aufmerksam, dass »das Gesicht der Mutter der Vorläufer des Spiegels« ist.

Im mütterlichen Gesicht erhält das Kind eine Rückmeldung über sich selbst: »Was erblickt das Kind, das der Mutter ins Gesicht schaut? Ich vermute, im allgemeinen das, was es in sich selbst erblickt. Mit anderen Worten: Die Mutter schaut das Kind an, und wie sie schaut, hängt davon ab, was sie selbst erblickt« (S. 128 f.). Der Säugling liest buchstäblich im Gesicht der Mutter. Aber er tut das nicht nur, um etwas über sie, sondern auch etwas über sich selbst in Erfahrung zu bringen. Denn ob sie ihn freundlich oder unfreundlich, liebevoll oder abweisend, verärgert oder indifferent oder gar nicht anschaut – all das gibt ihm eine erste Auskunft darüber, wer er selbst ist. »Ich bekomme (wie ein im Spiegel gesehenes Gesicht) den Beweis zurück, den ich brauche, dass ich als Wesen erkannt worden bin«, heißt es an anderer Stelle (Winnicott, 1965/1974, S. 79).

Winnicott entwickelte sein intersubjektives Identitätskonzept, lange
bevor die Säuglingsforschung die empirischen Befunde dazu lieferte. Die narzisstische Spiegelung ist gar keine reine Selbstspiegelung, weil sie den Umweg über einen Anderen nimmt, der diesen
Spiegel hält. In seinem berühmten Aufsatz über das frühkindliche
Spiegelstadium hatte Jacques Lacan (1936/1973) im Narzissmus den
»Bildner des Ich« gesehen, das aus der allerersten Begegnung von
realem und imaginären Ich im tatsächlichen Spiegel geboren wird:
als reine Selbstbegegnung. Im ausdrücklichen Gegensatz dazu ent-
warf Winnicott die identitätsbildende Spiegelbeziehung des Kleinkinds als eine intersubjektive, im Spiegel der Mutter entstehende
Beziehung zu sich selbst.

Die narzisstische Spiegelmetapher deutet Winnicott zu einer
Metapher der Intersubjektivität um. Sie steht dafür, dass Identität
weder erbgenetisch aus den biologischen Anlagen noch psychogenetisch aus einem Triebkern herauswächst. Menschliche Identität wurzelt vielmehr in bedeutsamen Interaktionen mit anderen Menschen,
in denen das Selbst sich auf reflexivem Wege erkennen kann. »Ich
denke, also bin ich!«, so lautete einst Descartes' bewusstseinsphiloso-
phische Identitätsformel, die nun durch eine entwicklungspsychologische Identitätsformel ersetzt wird: »Ich werde gesehen, also bin ich!«

Zwischen Selbst und Welt vermitteln –
die schöpferische Funktion des Narzissmus

In »Vom Spiel zur Kreativität« hat Winnicott (1971/1995) den Raum
zwischen Innen und Außen einen »potentiellen Raum« genannt
(dazu auch Ogden, 1997). In diesem Raum sind Selbst und Objekt
psychisch noch unvollständig getrennt und die Übergänge zwischen
Phantasie und Wirklichkeit fließend. Hier haben jene Übergangs-
phänomene ihren Ort, die von frühester Kindheit an für kreative
Verbindungen des Einzelnen mit seiner sozialen Umgebung sorgen: das Schmusekissen als typisches Übergangsobjekt, aber auch
das Spiel, die Phantasie, der Tagtraum und nicht zuletzt das schöpferische Potenzial des Menschen. Dieser Zwischenraum, schreibt
Winnicott, gehöre einer Sphäre des Seelenlebens an, »in der das Individuum ausruhen darf von der lebenslänglichen menschlichen Auf-

gabe, innere und äußere Realität voneinander getrennt und doch in wechselseitiger Verbindung zu halten« (S. 11).

Winnicotts »potentieller Raum« ist ein Raum der Intersubjektivität, in dem sich auch der Narzissmus ansiedeln lässt, wenn man seine virtuelle Bezogenheit auf den Anderen berücksichtigt (vgl. Bråten, 1992). Den Narzissmus psychoanalytisch in die Nähe des Solipsismus zu rücken – zur »Einerbeziehung« zu machen – hält Winnicott für einen theoretischen Irrtum:

»Wenn man in Dreier- und Zweierbeziehungen denkt, wie natürlich, dass man noch einen Schritt weiter zurückgeht, und von einer Einerbeziehung spricht! Zunächst scheint es, als sei der Narzissmus die Einerbeziehung, entweder eine Frühform des sekundären Narzissmus oder der primäre Narzissmus selbst. Ich meine, dass dieser Sprung von der Zweier- zur Einerbeziehung in Wirklichkeit nicht möglich ist, ohne sehr viel von dem zu verletzen, was wir durch unsere analytische Arbeit und durch direkte Beobachtung von Müttern und Säuglingen wissen« (Winnicott, 1965/1974, S. 37).

Schon der Zustand, den Freud als primären Narzissmus bezeichnet, ist nicht bloß selbstbezogen, denn er verbindet den hilflosen Säugling mit einer »haltenden Umwelt«, zu der eine verlässliche, »hinreichend gute« Mutter gehört (Winnicott, 1965/1974). Auch der kindliche Narzissmus richtet sich in seinem Darstellungsdrang unverkennbar an die Bezugspersonen, die zuschauen und zuhören und begeistert sein sollen. Der Narzissmus von Jugendlichen in der Pubertät ist in seiner ganzen Exzentrik darauf angelegt, sich in der sozialen Welt auszuprobieren und Rückmeldungen zu provozieren. Auch beim Erwachsenen bleibt der Narzissmus ein mentales Bindeglied zur Umwelt, indem er dazu beiträgt, Erfahrungen von Erfolg und Misserfolg zu integrieren, Bestätigungen wie Kränkungen zu verarbeiten, Nähe und Distanz zu anderen Menschen zu regulieren.

Im Narzissmus versuchen wir, die eigene Subjektivität mit der Intersubjektivität von Sprache und Lebenswelt auf jeweils besondere, einzigartige und unverwechselbare Weise in Einklang zu bringen. Aus diesem Grund fühlt sich der Narzissmus auch in den Sphären der Kultur wie zu Hause. Er ist an der literarischen und musikali-

schen Produktion beteiligt. Er ist in der bildenden und darstellen-
den Kunst anzutreffen. Man findet ihn in den Tanzstudios, an den
Opernhäusern und in den Werkstätten der Theater- und Filmwelt.
Als schöpferische Kraft erzeugt er ungewöhnliche Bezüge zwischen
Selbst und Welt.

Diese Aufgabe erledigt der Narzissmus auf drei unterschiedlichen Ebenen des Unbewussten: Erstens im Prozess der *Herstellung
von Kunst* innerhalb der Person des Künstlers oder der Künstlerin,
indem er oder sie unbewusst frühere Umwelterfahrungen erschließt,
die gelegentlich bis in die eigene Kindheit reichen, um die lebens-
geschichtlichen Quellen von Kreativität anzuzapfen. Zweitens im
Moment der Aufführung bzw. *Darstellung von Kunst* auf der Bühne,
im Konzertsaal, im Kino, im Museum oder in der Galerie, wo zwischen Kunstwerk und Publikum eine unbewusste Verbindung, eine
Aura des Kunsterlebens geschaffen wird. Und drittens in einer *künstlerischen Vorphantasie vom fertigen Kunstwerk,* die ein virtuelles
Publikum bereits in den kreativen Prozesses hineinnimmt, indem
der Künstler unbewusste Erwartungen an eine kulturelle Umwelt
richtet, die seine Kunst einmal würdigen wird. Denn es ist eben
nicht nur das zukünftige Werk, »das den Meister lobt«, sondern ein
imaginierter Leser, Zuhörer oder Zuschauer.

Während sich auf der ersten Ebene die klassisch-psychoanalytische
Frage nach dem intrapsychischen Unbewussten der Künstlerpersön-
lichkeit stellt und auf der zweiten die üblicherweise von der Kunst-
kritik formulierte Frage nach der unbewussten Wirkung des Kunstwerks im Akt seiner Rezeption auftaucht, lässt sich auf der dritten
Ebene etwas Neues entdecken. Hier wird nämlich die Frage nach der
intersubjektiven Innenseite der Kunsterzeugung aufgeworfen, nach
einem imaginierten Anderen im künstlerischen Selbst, der in Gestalt
eines vorphantasierten Publikums den kreativen Prozess begleitet.

Diese Phantasie des Künstlers über den zukünftigen Adressaten seiner Kunst sei unbewusst schon im künstlerischen Schaffens-
prozess gegenwärtig, meint der Literaturwissenschaftler Peter von
Matt (1979). Er nennt sie die »Opus-Phantasie« – eine Vorwegnahme des fertigen Werks, das sein Publikum braucht. Schließlich
will ein Roman gelesen, ein Konzert gehört, ein Bild betrachtet werden. Das bedeutet nicht unbedingt, dass in dieser Imagination mit

einem Auge schon auf den Markt geschielt wird. Manchmal schon.
Aber in jedem Fall benötigt ein Kunstwerk, auch wenn es im Stillen
hervorgebracht werden mag, am Ende öffentliche Beachtung, Aufmerksamkeit und Anerkennung, um zu wirken. Es ist diese soziale
Resonanzwirkung, die auf den Künstler zurückfällt.

Vor allem die darstellende Kunst kommt ohne diesen narzisstischen
Bildner und seine zwischenmenschliche Spiegelfunktion nicht aus.
Der gefeierte Bühnen- oder Filmstar genießt nichts mehr als den
Beifall seines Publikums. Das Selbstbewusstsein des Malerfürsten,
der in einem genialischen Schaffensakt noch sich selbst zu genügen
scheint, ist nicht unabhängig von seiner Geltung im Kunstbetrieb
und vom Marktwert seiner Bilder. Aber auch den sensiblen Schriftsteller, der sich dem kulturellen Betriebsrummel – sagen wir: durch
die Flucht aufs Land oder in die Innerlichkeit – entzieht, hindert
seine demonstrative Weltabgewandtheit keineswegs daran, sich insgeheim im literarischen Ruhm zu sonnen oder mit Gott und der
Welt zu hadern, wenn der Erfolg einmal ausbleibt. Auch die wahre
Kunst ist nicht einsam, sondern existenziell angewiesen auf einen
imaginären Anderen, der hoffentlich irgendwann einmal real auftreten wird, um hinzuschauen, zuzuhören oder in anderer Weise
Interesse zu zeigen.

   Genau darauf spekuliert auch der Narzissmus in seinen bunten und höchst widersprüchlichen Erscheinungsformen. Er enthält
eine Fülle suggestiver Botschaften des Selbst an die Welt, die sich
unschwer entziffern lassen: Schau mich an! Höre mir zu! Beachte
mich! Widme mir deine Aufmerksamkeit! Zolle mir deine Anerkennung! Zeige mir deine Bewunderung! Liebe mich! Halte mich fest!
Bleibe bei mir! Mit dir zusammen fühle ich mich großartig! Ich
könnte die ganze Welt umarmen! Oder aber: Ich ziehe mich von dir
zurück, falls du nicht …! Du bist mir gleichgültig, weil du nicht …!
Ich greife dich an, wenn du nicht …! Mit Leuten, die mich ignorieren, will ich nichts zu tun haben! Bei aller Verschiedenheit enthalten diese Botschaften im Grunde eine einzige Forderung, die sich
stets an einen virtuellen Adressaten richtet: Du sollst mich wahrnehmen! Und das Unbewusste ergänzt: … damit ich in deinen Augen
jemand bin oder werde.

Adressaten solcher meist stummen Botschaften sind auch Psycho-
therapeuten im Übertragungsgeschehen einer Psychotherapie, wie
wir bei der Analyse unserer Gefühle der Gegenübertragung unschwer
erkennen. Es gehört zu unserer Profession, den Sinn solcher Botschaften in Patientenäußerungen zu verstehen, zu übersetzen und
nicht zuletzt den Patienten zu verstehen zu geben, dass wir diesen
Sinn auch verstanden haben. Weil der Narzissmus bei sämtlichen
Erkrankungen der Seele auf irgendeine Weise verletzt ist, meldet
er sich auch in der therapeutischen Beziehung zu Wort, wenn auch
häufig sprachlos. Wieder lautet die narzisstische Kernbotschaft: Du
sollst mich wahrnehmen! Und das Unbewusste des Patienten ergänzt
ebenfalls: … damit ich in deinen Augen jemand bin oder werde.

> Patienten, die sich in Psychoanalyse begeben, verlangen vor allem,
> dass die analytische Beziehung die intersubjektive Spiegelfunktion,
> die ihr innewohnt, tatsächlich erfüllt. Eigentlich wollen sie im Spiegel
> der Deutungen etwas von sich erkennen, von dem sie bisher noch
> nichts wissen. Sie versuchen, sich mit den Augen des Analytikers zu
> betrachten, um etwas Neues am eigenen Selbst zu entdecken. Aber
> gerade diese Neugier macht sie hoch empfindlich. Denn analytische
> Deutungen bedeuten immer eine Kränkung des in der Störung ver-
> festigten Selbst- und Weltbilds. Damit Deutungen den Narzissmus
> nicht zu sehr verletzen, müssen sie deshalb nicht nur treffend sein,
> sondern auch richtig dosiert sein und zur passenden Zeit erfolgen.
> Nur wenn der Patient sich darin gesehen und gespiegelt fühlt, kön-
> nen Deutungen verkraftet, angenommen und verarbeitet werden –
> mitsamt den damit unvermeidlich verbundenen Kränkungen.

Ob in der selbstreflexiven Atmosphäre einer psychotherapeutischen
Beziehung oder im Getümmel der sozialen Lebenswelt – die narzisstischen Botschaften des Selbst bringen vor allem eines zum Vorschein: dass im Narzissmus die Selbstbeziehung im Spiegel der sozialen Umwelt entsteht. In diesem intersubjektiven Spiegel versucht das
Subjekt, sich seiner selbst zu vergewissern, Selbstwert zu gewinnen
oder sich zu schützen, je nachdem, was für ein Bild ihm daraus entgegenkommt. Ein so verstandener Narzissmus ist ein leiser Motor
der Identitätsbildung und ein unauffälliger Begleiter des Selbst, das

von seiner Umwelt nicht mehr und nicht weniger verlangt als ein
gewisses Maß an Resonanz.

Wenn man die Dinge auf diese Weise betrachtet, ist das, was
Narziss – in der griechischen Mythologie bekanntlich der Sohn des
Flussgottes – auf der glatten Wasseroberfläche sieht, gar kein inneres Bild von sich, sondern sein Bild von außen betrachtet, aus einer
exzentrischen Perspektive. In den Konturen des Spiegelbilds sieht er
sich, wie andere ihn sehen würden. Er erhält von sich das gleiche Bild,
das auch die Welt von ihm erhält. Der Wasserspiegel, in dem Narziss
sich zu erkennen sucht, ist eine Metapher für die Beziehungswelt,
nach der er sich sehnt. Eigentlich erzählt der antike Mythos in all
seiner Tragik von der Reflexivität der narzisstischen Selbsterfahrung,
von der ewigen Suche nach Widerhall, vom verzweifelten Bedürfnis
nach Resonanz. Es ist deshalb kein Zufall, dass Narziss ausgerechnet
von der Nymphe Echo wahrgenommen wird und Antwort erhält,
wie Ovid in seinen »Metamorphosen« (drittes Buch, 355) erzählt:
»Ihn nahm wahr, wie er trieb in die Netze die schüchternen Hirsche,/
Einst die klangreiche Nymphe, die weder versagen die Antwort,/
Noch kann sprechen zuerst, die alles erwidernde Echo (Ovid, zit.
nach Guth, 2015, S. 57).

Den Anderen betrachten, wie er mich betrachtet – die narzisstische Urszene

Der Narzissmus befriedigt gewissermaßen den elementaren Wunsch
des Selbst nach zwischenmenschlicher Spiegelung, nach einem sozialen Widerhall auf seine Äußerungen. Hinter den narzisstischen Maskierungen verbirgt sich ein Grundbedürfnis nach Umweltverbindung. Das Unbewusste – das war die im vorausgegangenen Kapitel
entwickelte Überlegung – bedient sich des Narzissmus in der Hoffnung, mit seiner Hilfe die im Geburtsakt verloren gegangene Einheit von innerer und äußerer Welt auf höherer Ebene mental wiederherzustellen. Warum aber sollte diese unbewusste Hoffnung auf
Umweltverbindung sich nach rückwärts wenden (im Sinne einer
psychischen Regression zum primären Narzissmus oder gar zu einer
Rückkehr in den Mutterleib, wie psychoanalytisch einst spekuliert
worden ist) und nicht nach vorne (im Sinne einer psychischen Pro-

gression in Richtung sozialer Beziehungsaufnahme)? Schließlich verlangt das Unbewusste als Realist nichts Unmögliches.

Ohne damit eine moralische Wertung zu treffen, schlage ich eine progressive Deutung des Narzissmus vor. Im narzisstischen Modus wirft das Selbst einen fragenden Blick auf die soziale Lebenswelt: Werde ich gesehen? Finde ich Beachtung? Nimmt mich die Welt auf und an? Akzeptiert sie mich so, wie ich bin? Kann sie etwas anfangen, mit dem, was ich tue, darstelle oder zu bieten habe? Die Antworten auf solche Fragen regulieren wiederum das eigene Selbstgefühl, das, was wir die narzisstische Balance nennen. Dabei vollzieht das Selbst unbewusst eine doppelte Blickbewegung, die sich zunächst auf den Anderen richtet, um von dort wieder zum Selbst zurückzukehren.

Diese selbstreflexive Blickbewegung nenne ich die »narzisstische Urszene« – narzisstisch, weil sich das Selbst in seiner Umwelt spiegelt, Urszene, weil sie am Anfang des Seelenlebens steht und ihren Ursprung in einer wiederholten Szene hat, bei welcher der Säugling die Mutter anschaut und in ihrem Blick etwas von sich selbst erkennt (Altmeyer, 2009b). Gerade weil die narzisstische Urszene im Unbewussten stattfindet, reproduziert sie ein immer wiederkehrendes Interaktionsmuster, das der stetigen Selbstvergewisserung dient: Den Anderen betrachten, wie er mich betrachtet. Dabei ist die visuelle Ebene, das Gesehenwerden, zwar elementar, aber die Sinnesmodalität kann wechseln: Vom Anderen erfahren, ob er mich hört (oder mir zuhört). Im Anderen erkennen, ob er mich erkennt (oder anerkennt). Beim Anderen erspüren, ob er etwas für mich empfindet (mich liebt oder hasst, bewundert oder beneidet, Nähe oder Abstand sucht).

Unbewusst begleitet die narzisstische Urszene unser gesamtes Sozialleben. Sie findet sich als mentale Unterströmung in den Turbulenzen unserer privaten Freundschafts-, Liebes- und Familienbeziehungen, in der professionellen Sphäre unserer beruflichen Existenz mit ihren Ups und Downs, die das eigene Selbst nicht unberührt lassen, und nicht zuletzt in jenen Resonanzbeziehungen, wie sie die moderne Lebens- und Medienwelt hervorbringt. Selbst in der Traum- und Phantasiewelt, wo wir anscheinend mit uns alleine sind, läuft die Frage danach mit, wie wir von anderen gesehen werden: ob sie uns überhaupt wahrnehmen, ob sie uns beschämen, ob sie uns verfolgen oder ob sie uns feiern – von dieser Art sind die Szenen, die sich hier abspielen.

Sobald diese Frage ins Bewusstsein dringt, verlieren wir unsere gewohnte Selbstsicherheit im sozialen Umgang. Wir werden unsicher, fühlen uns befangen, *self-conscious* (was im Englischen nicht selbstbewusst, sondern befangen bedeutet). Diese Art von Befangenheit oder *self-consciousness* verweist darauf, dass die narzisstische Szene nicht länger unter der Bewusstseinsschwelle mitläuft, sondern als solche erlebt wird. Das ist die Stunde der Verlegenheit, der Schüchternheit, der Beschämung, der Moment, in dem wir erblassen oder erröten, uns unwohl, fehl am Platz oder irgendwie ungenügend vorkommen. In diese Reihe gehören auch die narzisstische Kränkung und die narzisstische Wut. Beide Gefühlslagen signalisieren, dass sich unser Selbst in diesem Augenblick der kritischen Musterung durch einen Anderen ausgesetzt, an den Pranger gestellt oder auch missachtet oder übersehen fühlt, wobei der Wut immer eine Kränkung vorausgeht, die auch unbewusst sein kann. Aber die Kränkung kann auch andere Folgen nach sich ziehen, Rückzug zum Beispiel.

Die narzisstische Urszene ist auch die »Urszene der Psychotherapie«, die die Beziehung zwischen Patient und Therapeut begleitet (vgl. Altmeyer, 2012, 2013). Denn Patienten wollen in erster Linie gesehen und gehört werden. Sie schauen auf uns, um zu erfahren, wie wir auf sie schauen. In unseren Kommentaren und Deutungen suchen sie nach zwischenmenschlicher Resonanz. Ein Patient in Psychoanalyse braucht diesen durch Wohlwollen, Interesse und Anerkennung reflexiv »gebrochenen Spiegel«, in dem er sich mitsamt seiner in der Störung abgespaltenen Selbstanteile als ein Anderer erkennen kann. Im »glatten Spiegel« psychotherapeutischer Neutralität, affektiver Abstinenz oder gar persönlicher Indifferenz kann diese Art von systematischer Selbstreflexion nicht stattfinden. Sie braucht die Gegenwart eines Anderen, der zuhört, einen anschaut und mitempfindet.

Deshalb wird in der modernen Psychoanalyse das veraltete Rollenbild des passiven, distanzierten und undurchschaubaren Analytikers ersetzt durch das neue Bild eines aktiven, emotional beteiligten und als Person erkennbaren Analytikers. Jene berüchtigte »weiße Wand«, die er einst bilden und auf die der Analysand nur seine Projektionen werfen sollte, hat Freud zwar theoretisch gefordert, aber

in seiner eigenen klinischen Arbeit praktisch dementiert. Die klassische Abstinenzregel, deren strikte Einhaltung er von seiner Zunft
verlangte, hat er selbst, der mit seinen Patienten Spaziergänge machte,
sich nach ihrer Familie erkundigte und mitunter sogar persönlich
befreundet war, nicht allzu ernst genommen.

Auch Freud brauchte soziale Resonanz aus seiner persönlichen,
wissenschaftlichen und gesellschaftlichen Umwelt. Nicht umsonst
stellte er sich in eine Reihe mit Kopernikus und Darwin, ein unver-
hohlener Verweis auf die Überzeugung von der eigenen Größe und
Bedeutung. Die schönsten Verweise findet man freilich in seinen
nicht zur Veröffentlichung vorgesehenen Briefen an Wilhelm Fließ,
einer intensiven Korrespondenz mit dem Vertrauten der frühen
Jahre, die nicht zuletzt Freuds »Selbstanalyse« diente (Masson, 1999).
Hier bekannte der Gründungsvater der Psychoanalyse ganz offen
sein Interesse an einem Publikum, seinen Hang zur großen Tat und
seine Phantasie vom ewigen Ruhm:

»Ganz ohne Publikum kann ich nicht schreiben, kann mir aber ganz gut
gefallen lassen, dass ich es nur für Dich schreibe«, gesteht Freud dem
Freund am 18. Mai 1898.
    Vergil zitierend, kündigt er am 17. Juli 1899 an: »Wenn ich die Himm-
lischen nicht beugen kann, werde ich die Unterwelt bewegen«.
    »Das Leben auf Bellevue gestaltet sich sonst für alle sehr ange-
nehm«, schreibt er am 12. Juni 1900, dem offiziellen Erscheinungsjahr
der Traumdeutung, aus seinem Urlaubshotel Bellevue im Wiener Wald
und fährt fort: »Glaubst Du eigentlich, dass an dem Hause dereinst
auf einer Marmortafel zu lesen sein wird?: ›Hier enthüllte sich am
24. Juli 1895 dem Dr Sigm. Freud das Geheimnis des Traumes‹«.

All diese Bemerkungen Freuds, insbesondere die Frage nach dem
zukünftigen Denkmal, das ihm die Nachwelt errichten wird – eine
Vorphantasie kommender Berühmtheit im Sinne der »Opus-Phantasie« – verweisen am persönlichen Beispiel bereits auf jene zwischenmenschliche Dimension narzisstischen Erlebens, die sich im
medialen Narzissmus moderner Netzwerkgesellschaften unübersehbar enthüllt.

IV
Angreifen vor Publikum:
Gewalt als demonstrative
Machtinszenierung

»Weil der Bösewicht allmächtig ist!«

Der Filmregisseur George Lucas auf die Frage,
warum bei Kindern an Halloween von allen Star-Wars-
Figuren ausgerechnet Darth Vader die beliebteste ist.

Es gehört zu unserer Kultur der Gewaltarmut, dass wir
das Menschliche, die Attraktivität der Gewalt verleugnen und
es für rätselhaft halten, wenn Menschen Gewalt attraktiv finden
und sogar als Lebensform sich sehr schnell aneignen können. […]
Das Versprechen ist nicht: Das ist wie Star Wars.
Sondern es ist: Das hier ist nicht wie Star Wars, das ist echt.

Jan Philipp Reemtsma im Gespräch:
»Das Dementi der Realität ist die dümmste Art
der Zeitverschwendung« (2015b, S. 21–28)

In der modernen Kommunikationsgesellschaft finden sich zahlreiche Schaubühnen, auf denen sich das Verlangen nach Sichtbarkeit und Echo frei entfalten darf. Für das zeitgenössische Selbst sind die sozialen Netzwerke, die persönlichen Homepages, die Chatrooms im Internet, die interaktiven Formate des Fernsehens mit seinen Talk-, Game-, Casting-, Doku- und Realityshows soziale Resonanzräume. Auch wer in Fitnessstudios seinen Körper trainiert, beim Extremsport seine Grenzen testet, seinen Körper unter Schmerzen tätowieren, piercen oder schönheitschirurgisch modifizieren lässt, tut das nicht nur für sich. Am Ende verlangt er oder sie, dass die Anstrengungen von einer – hoffentlich – interessierten Welt gefälligst beachtet und möglichst bewundert werden. Darin besteht die identitätsstiftende Wirkung von Selbstdarstellung und Selbstoptimierung: auf die ein oder andere Weise auffallen, sich von der übrigen Welt abheben, sich von anderen unterscheiden, das heißt einzigartig und etwas Besonderes sein. Aber die narzisstischen Identitätsspiele können auf furchtbare Weise entgleisen. Denn die Aussicht auf Resonanz lockt in den Grauzonen einer im Eiltempo zusammenwachsenden, chaotisch gewordenen Welt zugleich die Gefährdeten, die Verzweifelten, die Gescheiterten, die Verlierer sowie die politisch, spirituell oder religiös motivierten Hasardeure auf die boomenden Märkte einer Ökonomie der Aufmerksamkeit. Auch an deren pathologischen Rändern wird Selbstdarstellung gegen Beachtung getauscht. Auch im morbiden Milieu der »Gotteskrieger« gilt die Devise: Ich werde gesehen, also bin ich! Dort finden wir jene Exzesse mörderischer Gewalt, die im vollen Licht der Öffentlichkeit ausgeübt wird und von der wir vermuten, dass sie dieses Scheinwerferlicht braucht. Denn der performative Gewaltüberschuss, der uns so barbarisch anmutet, weist darauf hin, dass genau darin das heimliche Motiv der Täter liegt: dass andere beim grausamen Tötungswerk zusehen sollen. Um die spektakuläre Inszenierung von Hass und Gewalt zum Zwecke der Identitätsbildung geht es im folgenden Teil. Nun ist die gewaltförmige Selbstinszenierung, wie sie in den Bilderwelten einer digitalisierten und medialisierten Moderne grassiert, ein durchaus sperriger Untersuchungsgegenstand. Lieber würde man die Augen davon abwenden. Aber das hilft nicht: Wir müssen den Versuch unternehmen, auch diese zeittypischen Phänomene im trüben Zwischenbereich von Psycho- und Soziopathologie zu verstehen. Warum lachen die Täter?, fragt Klaus Theweleit (2015). Weil sie ihre Allmacht genießen. Weil sie sich großartig fühlen. Weil sie sich selbst mit den Augen ihrer Opfer sehen. Weil sie Zuschauer oder Zeugen brauchen, denen sie Angst und Schrecken einjagen können. Auch Hass stiftet nämlich Identität: Die in aller Öffentlichkeit zelebrierte Gewalt, die hier untersucht wird, dient der Inszenierung von Allmacht und Nachruhm. Zunächst werden am Beispiel des sogenannten Schulamoklaufs die Motive der Täter entlang einer Phänomenologie des performativen Gewaltgeschehens selbst analysiert, statt nach inneren oder äußeren Ursachen zu fahnden (Kapitel 9, S. 139 ff.). Dann wird anhand einschlägiger Phänomene aus der Lebenswelt begründet, dass die Vernichtungswut weder von innen noch von außen, sondern zwischen Menschen entsteht, und dass sie Zuschauer oder Zeugen braucht (Kapitel 10, S. 153 ff.). Schließlich wird das spektakuläre Auftreten eines weltanschaulich oder religiös inspirierten, modernen Terrorismus untersucht: das gnadenlose Töten im Namen jener höheren Moral, die die »Krieger des Guten« für sich beanspruchen (Kapitel 11, S. 166 ff.).

Kapitel 9
Morden im Rampenlicht:
Ein grandioses Selbst läuft Amok

Das Phantasma von Unbesiegbarkeit und Unsterblichkeit – der Columbine-Effekt

Am 20. April 1999 kamen Eric Harris und Dylan Klebold zu ihrer Schule, der Columbine Highschool in Littleton/Colorado, mit einem ganzen Waffenarsenal, darunter eine großkalibrige Pumpgun, eine abgesägte doppelläufige Schrotflinte, zwei halbautomatische Pistolen, zwei selbstgebastelte, jeweils 9 Kilogramm schwere Bomben und weitere Explosivmittel. Sie zogen durch die Schulcafeteria und die Bibliothek, durch die Gänge und Klassenzimmer. Dort richteten sie ein furchtbares Blutbad an, das fast eine Stunde dauern sollte. Ein Lehrer und zwölf Schüler verloren ihr Leben, zahlreiche Opfer wurden zum Teil schwer verletzt, bevor die beiden Schützen am Ende die Waffen gegen sich selbst richteten und sich erschossen.

Der 18-jährige Harris und der 17-jährige Klebold hatten ihren Angriff monatelang vorbereitet. Im ursprünglichen Plan, wie sich aus der späteren Auswertung ihrer Notizen und Tagebucheintragungen ergab, war vorgesehen, die Opferzahl des Bombenanschlags auf ein Regierungsgebäude in Oklahoma City aus dem Jahr 1995 zu übertreffen, bei dem 168 Menschen gestorben waren. Aber die beiden schweren Propangasbomben, die sie in der Cafeteria deponiert hatten, um mit dem Morden zu beginnen, Panik zu erzeugen und auf fliehende Schüler zu schießen, hatten nicht gezündet. So improvisierten sie mit kleineren Sprengsätzen und den mitgebrachten Schusswaffen. Beide Täter stammten aus Familien der oberen Mittelschicht und waren gute Schüler. Ausgenommen von aufgestauten Hass- und Rachegefühlen blieb die Suche nach Motiven ergebnislos.

Das Geschehen an der Columbine Highschool war nur die erste in einer ganzen Reihe von Aufsehen erregenden Taten, die folgen

sollten. Mit ähnlichem Muster. In einer »The Columbine Effect«
überschriebenen Titelgeschichte sammelte das »Time-Magazine«
vom 19. März 2001 eine Reihe vergleichbarer Vorfälle nach Littleton.
Insgesamt waren es fast 200 Ereignisse, welche die Täter jeweils in
die Schlagzeilen gebracht hatte. Das Magazin listete die »Trefferliste
des Hasses« auf *(scorecard of hatred)*.

> Den aktuellen Anlass der Titelgeschichte lieferte eine Schießerei
> an der Santana-Highschool von Santee/California. Dort erschoss
> am 5. März 2001 Charles Andrew Williams mit einem Revolver zwei
> seiner Mitschüler. In Vorankündigungen seiner Tat, die ihn weit über
> die Grenzen seiner Kleinstadt hinaus berühmt machen sollte, hatte
> der als eher schüchtern und unauffällig geschilderte Schüler auf
> Columbine verwiesen. Der Sheriff, der den fünfzehnjährigen Täter
> schließlich festnahm, verwies auf die Bedeutung des Rampenlichts,
> in das der Junge durch den spektakulären Polizeieinsatz und die
> anwesenden Medienvertreter geraten war: »Er war […] ich will
> nicht sagen, dass er es genoss, aber er war nicht unglücklich über
> die Berühmtheit, die er gerade bekam«.
>
> In den beiden Tagen, die auf die tödliche Schießerei in Santee folg-
> ten, wurden alleine in Kalifornien sechzehn weitere Schüler verhaftet,
> weil sie Waffengewalt androhten oder Schusswaffen mit in die Schule
> brachten. Nach einer Gedenkfeier für die Opfer von Santee schoss
> in der katholischen Highschool von Williamsport/Pennsylvania die
> Achtklässlerin Elisabeth Catherine Bush auf eine Klassenkameradin
> und war damit das erste Mädchen, das sich an den in Mode gekom-
> menen Schießereien an amerikanischen Schulen beteiligte.

Das sogenannte »Highschool-Shooting« wird von Kriminologen
inzwischen dem »rampage-killing« zugeordnet. Das englische Verb
rampage hat etymologisch etwas mit der Rampe zu tun. Es bedeutet
wüten, randalieren, herumtoben. »Rampage-killing« ist ein anderes
Wort für Amok laufen – Morden im Rampenlicht. Die entscheidende
Rolle bei diesem Verbrechenstypus, dem die klassischen Mordmo-
tive fehlen, spielt ein demonstrativer Hass, der seine Bühne sucht.
Ansonsten wirken die Taten merkwürdig unmotiviert, die persönlichen Beweggründe liegen häufig im Dunkeln und lassen sich auch

im Nachhinein selten aufklären. Auffällig sind neben der scheinbaren Motivlosigkeit vorwiegend situative Merkmale, die das Geschehen charakterisieren:

1. Die Taten finden am helllichten Tag statt. Oft achten die Täter darauf, dass Zuschauer und Zeugen anwesend sind, oder sogar, dass Kameras laufen: entweder die eigenen oder aber Polizei- und Fernsehkameras.

2. Die Orte sind so gewählt, dass das offenbar erwünschte Aufsehen auch gewährleistet ist. Sie ereignen sich auf öffentlichen Plätzen, auf dem Universitätscampus oder dem Schulgelände, überall dort, wo ein Publikum erwartet werden kann.

3. Im Gegensatz zu anderen Verbrechen legen es die Täter offensichtlich darauf an, entdeckt und gesehen zu werden. Sie verheimlichen nichts, verstecken sich nicht, versuchen auch nicht, nach vollbrachter Tat zu entkommen.

4. Häufig begehen die Täter noch am Schauplatz des mal wahllosen, mal gezielten Tötens, Suizid – entweder mit der eigenen Waffe oder durch provoziertes Polizeifeuer.

5. In der überwiegenden Zahl der Fälle handelt es sich um weiße, männliche, adoleszente und vorher nicht sonderlich auffällig gewordene Einzeltäter aus Familien der Mittelklasse.

6. Zum Tatmuster gehören Vorankündigungen der potenziellen Täter – Freunden und Bekannten gegenüber, in Internet-Chaträumen oder auf der eigenen Homepage, in den sozialen Netzwerken –, die jedoch meistens als Prahlerei abgetan und nicht ernst genommen werden.

Bereits am performativen Verlauf erkennen wir in diesem Tatmuster einen pathologischen Narzissmus, der sich filmisch ganz in Hollywoodmanier inszeniert. Den Inszenierungscharakter solcher narzisstischen Aufführungen, die stets unter strategischer Beteiligung der Medien stattfinden, hat uns Oliver Stone in »Natural Born Killers« vorgeführt.

Basierend auf einer Story von Quentin Tarantino, lässt er in seinem zeitdiagnostischen Schlüsselfilm von 1994 Woody Harrelson und Juliette Lewis als bösartiges Killerpaar auftreten, das bei seiner mörderischen

Tour durch das Land Medienberühmtheit erlangt. Immer wird an den Tatorten ein Überlebender hinterlassen, der als Zeuge von den Großtaten berichten kann. Am Ende wird der Fernsehmoderator, der durch die Berichterstattung selbst berühmt geworden ist, zum Komplizen. Mitsamt seiner Kamera darf er das Paar als Komplize begleiten und als *eye-witness* dessen Heldentaten live kommentieren. Was die beiden aber nicht daran hindert, ihn zu erschießen, da sie seiner Zeugenschaft nicht mehr bedürfen: Ihnen genügt seine Fernsehkamera.

Auch Eric Harris und Dylan Klebold wurden mit ihrer grauenvollen Bluttat medienberühmt. Videoaufnahmen, welche sie noch in Aktion zeigten, gingen um die ganze Welt. Der Filmemacher und politische Aktivist Michael Moore nahm die tatsächlichen Ereignisse zum Anlass für seinen Dokumentarfilm »Bowling for Columbine«, in dem er die gesellschaftlichen Gewaltverhältnisse in den USA und insbesondere die Waffenlobby anklagte. Der Film erhielt 2002 einen Oscar und wurde bei den Filmfestspielen in Cannes mit einem Spezialpreis ausgezeichnet. Gus van Sant (Regisseur u. a. von »Good Will Hunting«) fiktionalisierte das Geschehen in seinem Spielfilm »Elephant« und gewann damit 2003, ebenfalls in Cannes, die Goldene Palme. Ein weiterer Spielfilm kam 2009 in die Kinos: »Amok – Columbine School Massacre« von Andrew Robinson. Zahlreiche Dokumentationen und Bücher wurden verfasst, darunter auch Beschreibungen der Ereignisse aus der Sicht von Opfern, die überlebt hatten.

Der Täter ist keine Marionette, an der andere ziehen – das Schulmassaker von Erfurt

Eine Art »Remake« der grauenvollen Ereignisse von Littleton war der Massenmord an einem Erfurter Gymnasium drei Jahre später. Der Täter hatte sich, wie wir inzwischen wissen, nicht nur von der virtuellen Welt martialischer Computerspiele animieren lassen, sondern auch am realen Columbine-Highschool-Massaker orientiert, dessen Opferzahl er übertreffen wollte. Angesichts der präzisen Planung und Durchführung des gesamten Unternehmens war auch diese Tat, die erste ihrer Art in Deutschland, alles andere als ein besinnungsloser Amoklauf.

Der 19-jährige Robert Steinhäuser war schon einmal durchs Abitur gefallen. Einen zweiten Versuch durfte er nicht machen, weil man ihn kurz vor Schuljahresende der Schule verwiesen hatte. Wochenlang verheimlichte er seinen Eltern den Schulverweis. Am 26. April 2002, dem Tag der Abiturprüfung, kehrte er in sein altes Gymnasium zurück. Mit einer schwarzen Maske über dem Gesicht und verkleidet als Ninja-Kämpfer durchkämmte er systematisch die Gänge des Schulgebäudes, wie ein Kombattant im Bürgerkrieg. Bei seiner Verrichtung Furcht, Schrecken und lähmendes Entsetzen verbreitend, ermordete er zwölf Lehrer, zwei Schüler, eine Sekretärin und einen Polizeibeamten, bevor er sich selbst erschoss.

Immer noch gilt uns in Deutschland das Schulmassaker von Erfurt als eine geheimnisvolle Schrift an der Wand, die wir zu entziffern haben. Jeder ritt damals sein Steckenpferd. Die Gesellschaftskritiker klagten die Gesellschaft an, die Zeitkritiker den Zeitgeist, die Schulkritiker die Schule, die Medienkritiker die Medien. Die Konservativen machten den Zerfall der Familie verantwortlich, die Rechten den Zerfall der Nation, die Liberalen den Niedergang des öffentlichen Bildungssystems, die Linken den Neoliberalismus.

Post mortem entdeckte der Profiler den auf Gelegenheit wartenden psychopathischen Schläfer, der Gegner von Computerspielen den durchgeknallten Counter-Striker, der Tiefenpsychologe die latente Psychose. Der Pop-Theoretiker diagnostizierte Narrationen der Aggression, die symbolisch auf gesellschaftliche Gewaltverhältnisse verwiesen. Der Anthropologe wollte im Massenmord ein unstillbares Bedürfnis nach Transzendenz erkennen, das im archaischen Blutopfer schließlich Befriedigung fand. Und auch die allfälligen Vorschläge zur Prävention hatten das Übliche im Gepäck. Wahlweise wurde neben Verboten, die an die Windmühlenkämpfe der Prohibitionszeit erinnern, Grundsätzliches gefordert: mehr Mut zur Erziehung, mehr gesellschaftliche Achtsamkeit, mehr Sorge um den Anderen, eine Kultur der Anerkennung und einiges mehr.

Was wissen wir inzwischen nicht alles über die eigentlichen Ursachen der Tat. In der Klage über widrige Umstände wird alles Mögliche verantwortlich gemacht:

- aus *psychodynamischer Sicht* die persönliche Lebensgeschichte des Täters: die trost- und sprachlosen Familienverhältnisse, eine chronische Überforderung durch ehrgeizige Eltern, eine aussichtslose Konkurrenz mit dem überlegenen Bruder.
- aus *psychiatrischer Sicht* eine psychotische Episode oder gar eine beginnende Schizophrenie mit den Symptomen eines verdächtig unauffälligen Rückzugs, einer geheimen Größenphantasie, eines wahnhaften Wirklichkeitsverlusts.
- aus *pädagogischer Sicht* ein gnadenloses, auf Konkurrenz angelegtes Schulsystem, das die Fehlangepassten, die Leistungsverweigerer, die Versager aussortiert, ohne sich um deren weitere Lebensperspektive zu kümmern.
- aus *sozialkritischer Sicht* eine kalte Leistungs- und Wettbewerbsgesellschaft, die auf der Verliererseite Verzweiflung und Depression, aber gelegentlich auch ein gefährliches Gemisch von Neid-, Eifersuchts- und Rachegefühlen erzeugt.
- aus *kulturkritischer Sicht* die mit der Waffenlobby eng liierten Jagd- und Schützenvereine, die als Tarnorganisationen männlicher Gewalt von jenem destruktiven Seelenstoff zehren, den Klaus Theweleit in »Männerphantasien« (1977/78) analysiert und den er in »Das Lachen der Täter« (2015) noch einmal nachuntersucht hat.
- aus *medienkritischer Sicht* schließlich – und führend im Diskurs über die »wahren« Ursachen des Geschehens – eine im Internet wuchernde Hassindustrie, die mit grausamen Videoproduktionen und martialischen Spielen die User suggestiv in eine virtuelle Welt der Gewalt hineinzieht, sodass mancher Ego-Shooter dem Bildschirm entsteigt und die Grenze zwischen Phantasie und Realität durchbricht.

Gemeinsam ist all diesen Ergebnissen der öffentlichen Ursachenforschung eine Logik der kausalen Ableitung: Hinter der Sache liegt etwas, was sie letzten Endes bewirkt – die *Ursache* eben. In Analogie zum medizinischen Krankheitsmodell wird die Tathandlung selbst nur als Symptom verstanden, das auf einen Krankheitsherd verweist. Und nun dringt man auf den weitverzweigten Spuren des Verdachts von der Oberfläche in die Tiefen, wo die *wahre* Ursache für den Gewaltakt liegen muss.

Auch die klassische Psychoanalyse neigt zu Kausalketten, wenn sie destruktives Verhalten aus unbewussten Motiven abzuleiten beansprucht. Nur sind es aus ihrer Sicht lebensgeschichtlich erworbene intrapsychische Dispositionen, die eine solche Tat motivieren: früh entgleiste Triebschicksale (Triebtheorie); schwere Ich- oder Über-Ich-Defekte (Ich-Psychologie); pathologische Beziehungserfahrungen (Objektbeziehungstheorie); ein böses »inneres Objekt« (Kleinianische Schule). All diese Erklärungsvarianten des psychoanalytischen Pluralismus unterstellen psychogenetisch wirksame »innere« Ursachen, die im Unbewussten das Erleben eines Menschen determinieren und sein Handeln bestimmen, sobald er in seiner Wut außer sich gerät.

Aber was tun wir mit dem tatsächlichen Täter, den wir zum Opfer von Umständen machen, und mit seiner wirklichen Tat, hinter der wir etwas Anderes vermuten, etwas Tieferes, was sie letztlich determiniert? Die Suche nach der wahren Ursache ist immer eine Suche nach dem wahren Täter und nach der eigentlichen Schuld. Wer sich auf diese Suche begibt, hat sich dafür entschieden, das Gewaltphänomen selbst zu ignorieren, dem tatsächlichen Akteur seine Verantwortung zu entwinden und sie Fremdem zuzuschreiben. Ein Artefakt wird konstruiert: Der Täter selbst ist nur Produkt all der äußeren wie inneren Umstände, die ihn schließlich zu dem entmenschlichten Monster gemacht haben, als das er bei der Tat selbst in Erscheinung tritt.

Was tun wir, wenn wir die Hersteller martialischer Computerspiele dafür verantwortlich machen, dass ein Jugendlicher in seiner ehemaligen Schule ein Blutbad anrichtet? Oder die soziale Kälte einer gnadenlosen Leistungs- und Konkurrenzgesellschaft, die sich um die Anerkennungsbedürfnisse der Verlierer nicht kümmert? Oder ein selektives Bildungssystem, das Lebenschancen ungerecht verteilt? Oder bestimmte Chaträume im Internet, die zu schließen wären? Oder die Erziehungsunfähigkeit überforderter Eltern? Oder die Waffenlobby? Oder eine schwere Kindheit? Was wir damit tun, ist Folgendes: Unter der Hand verwandeln wir den Täter in eine Marionette, an der andere ziehen, nur er selbst nicht.

Die Logik der Erklärung verwandelt den Täter vom Subjekt in ein Objekt. Indem wir widrige Umstände oder ungünstige Einflüsse geltend machen, erklären wir ihn letztlich für unzurechnungsfähig.

Wir gewähren ihm jenen Bonus der Unverantwortlichkeit, den er sich selbst längst zugeschrieben hat, nämlich Opfer von Verhältnissen zu sein, die an allem schuld sind und als die wahren Täter auf die Anklagebank gehören. Die bittere Ironie des gängigen Kausalmodells liegt darin, dass der wirkliche Täter, den wir für das Opfer halten, sich gerade entschieden hat, den Spieß umzudrehen. Denn aus dem ihm gewährten Objektstatus wechselt er in einen Subjektstatus, indem er sich zur Wehr setzt. Aus der Maske des Erniedrigten und Gedemütigten schlüpft er in die des Rächers, der an seinen vermeintlichen Peinigern gnadenlose Vergeltung übt.

»Lassen Sie uns banal miteinander werden«, sagte Jan Philipp Reemtsma (2015a) in seiner provokanten Abschiedsrede am Hamburger Institut für Sozialforschung, der er den Titel »Gewalt als attraktive Lebensform betrachtet« gab: »Wenn einer irgendetwas tut, nehmen wir an, dass er das tut, weil er das tun will«.

Allmacht, Vorphantasie, Nachruhm – die performative Selbsterschaffung im Gewaltakt

Der Erfurter Massenmord war alles andere als ein besinnungsloser Amoklauf. Er war keine Eruption von Gewalt, keine von triebhaften Kräften gesteuerte Affekttat im Zustand verminderter Zurechnungsfähigkeit. Im Gegenteil, der Täter kontrollierte das Geschehen mit absoluter Dominanz. Geradezu allmächtig agierte er als Drehbuchautor, Regisseur und Dramaturg einer Aufführung, bei der er zudem noch den Hauptdarsteller gab und den anderen ihre Nebenrollen zuwies. Als ob das Geschehen eine dramatische Textur hätte, die wir herauszulesen haben, um das zeitgenössische Stück über Gewalt zu begreifen, das hier geschrieben und aufgeführt worden ist.

Dazu müssen wir uns in den Autor des Textes und seine szenische Phantasie hineinversetzen. Wir müssen ihn ernst und beim Wort nehmen, genauer: bei seiner Tat. Wir müssen aufhören, ihn als Produkt von Umständen zu begreifen. Ich schlage vor, den Tatort als Schauplatz einer grandiosen Selbstinszenierung zu verstehen, die nicht nur, nicht einmal primär aus in der Vorgeschichte liegenden Ursachen, sondern aus ihren Wirkungen zu begreifen ist: aus dem imaginierten Zweck, den sie für den Täter erfüllt; aus seinen

Vorphantasien über die Reaktionen der Opfer und Zuschauer; aus dem posthumen Nachruhm, auf den er spekuliert.

Denn im Augenblick der Tat ist der Täter kein fremdbestimmtes Objekt mehr, sondern ein selbstverantwortlich handelndes Subjekt, das die Umstände eigenhändig herstellt. Er wird zum Subjekt, das sich im Spiegel seiner Umwelt betrachtet und in einer präzise geplanten Aktion das Bild korrigiert, das ihm aus diesem Spiegel entgegenkommt. In diesem Moment ist er nicht mehr der überforderte Versager, nicht länger der verkannte, übersehene, missachtete und schließlich unter demütigenden Umständen der Schule verwiesene Außenseiter, sondern eine mächtige Figur, die Schrecken und Tod verbreitet – und sich in die kollektive Erinnerung einschreibt.

Im korrigierten Bild dreht der Täter den Spieß um. Nun beherrscht er selbst die Szene, die bis dahin ihn beherrscht hat. In seiner sorgfältig einstudierten Inszenierung vollzieht sich ein Rollentausch. Aus einem, der immer nur einstecken musste, wird einer, der austeilt. Aus dem ohnmächtigen Loser wird ein machtvoller Siegertyp. Der Schwache wird zum Starken. Im performativen Gewaltakt findet ein radikaler Identitätswechsel statt, eine Art soziale Neugeburt, beglaubigt durch den Nachruhm, der dem bisher Namenlosen einen Platz in den Annalen der Zeitgeschichte sichern wird.

Posthum bekam der Massenmörder von Erfurt für seine makabre Allmachtsfeier die Berühmtheit, nach der er sich gesehnt hatte, wie wir aus seinen Tagebüchern wissen: mehr Tote als in Littleton, weltweites Aufsehen, globale Berichterstattung, in Deutschland zudem Gesetzesnovellen, Kanzlerrunden, Großdebatten in den Feuilletons. So betrachtet war die Bluttat von Erfurt eine grandiose Selbstinszenierung, auch wenn sie oder gerade weil sie im rauschenden Finale mit dem eigenen Tod endete. Wir waren Zeugen der sozialen Installation eines pathologischen Narzissmus: Ich, Robert Steinhäuser, kehre an den Ort meiner unerträglichen Schande zurück und verwandele ihn in einen Heldenplatz – und die ganze Welt schaut zu!

Das erklärte Vorbild von Robert Steinhäuser (wie von Charles Andrew Williams) war der Massenmord an der Columbine Highschool, so wie das erklärte Vorbild von Eric Harris und Dylan Klebold der Massenmord von Oklahoma City war, den Timothy McVeigh noch kurz vor seiner Hinrichtung mit einem Siegerlächeln kommentierte: Immer noch stünde es nach seinem Tod 168:1 für ihn. Ein letzter Triumph. Denn auf der Suche nach Ruhm ging es den Tätern auch um Rekorde, um Opferzahlen: Steinhäuser gelang es in Erfurt, die Opferzahl seiner Vorgänger in Littleton zu übertreffen.

Die von den Tätern spektakulär in Szene gesetzten Dramen sind jedoch Koproduktionen, an denen neben dem interessierten Publikum vor allem die Medien beteiligt sind. Denn mediale Aufmerksamkeit erst verschafft den mörderischen Autoren jene gewaltigen Schaubühnen und Resonanzräume, die sie für die öffentliche Inszenierung von Gewalt benötigten. Schließlich künden die Aufführungen eines beschädigten Selbst nur dann von der eigenen Größe, wenn die Botschaft auch in die Welt getragen wird: Ich hasse und vernichte – also bin ich!

Anpassungsverweigerung, Freiheitspathos, Mordlust – eine Blaupause sozialrebellischer Gewalt

In Deutschland gab es seit Erfurt mehrere »Amokläufe« an Schulen, die weiteren Aufschluss über die selbstbezogenen Motive der vermeintlich motivlosen Gewalttäter geben. Zwei davon greife ich heraus, bei denen die Täter das exzentrische Tatmuster von Columbine bzw. Erfurt nachahmten und die Orte des Schreckens bekanntmachten: Emsdetten und Winnenden.

Am 20. November 2006 betrat Sebastian Bosse schwer bewaffnet und maskiert das Gelände seiner ehemaligen Realschule in Emsdetten, schoss wahllos um sich und zündete Rauchbomben. Vier Schüler und der Hausmeister erlitten Schussverletzungen, weitere 32 kamen wegen einer Rauchvergiftung oder einem Schock in ärztliche Behandlung. Der Täter erschoss sich am Ende selbst. Nach Art palästinensischer Selbstmordattentäter hatte er sich einen Bombengürtel umgeschnallt. In Briefen hatte er seine spektakuläre Racheaktion mit der jahrelangen Erniedrigung durch Lehrer und Mitschüler begründet und als Beitrag zur »Revolution der Ausgestoßenen« ausgegeben, denen er sich zugehörig fühlte. Seine Internet-Postings waren eine einzige Anklage an die gesellschaftlichen Verhältnisse. Eric Harris war sein »GOTT«, wie er in seinem Tagebuch in Großbuchstaben eintrug: »Ich bin keine Kopie […]! Ich bin die Weiterentwicklung von REB [»Kampfname« von Eric Harris; M. A.]!« (Bosse, 2006a).

In einem ebenso selbstgerechten wie erschütternden Abschiedsbrief enthüllt Sebastian Bosse sein Selbst- und Weltbild, das in der
strikten Anpassungsverweigerung und im absoluten Freiheitspathos
dem von Timothy McVeigh sehr ähnlich ist:

»Ich habe in den 18 Jahren meines Lebens erfahren müssen, das man nur
glücklich werden kann, wenn man sich der Masse fügt, der Gesellschaft
anpasst. Aber das konnte und wollte ich nicht. Ich bin frei! Niemand darf
in mein Leben eingreifen, und tut er es doch, hat er die Konsequenzen
zu tragen! Kein Politiker hat das Recht Gesetze zu erlassen, die mir
Dinge verbieten, kein Bulle hat das Recht mir meine Waffe wegzuneh-
men, schon gar nicht während er seine am Gürtel trägt« (Bosse, 2006b).

Ausführlich rechtfertigt er seine Tat als suizidalen Rachefeldzug, der
ihn aus der Verliererposition heraus und in ewige Erinnerung bringen soll [Rechtschreibung, Zeichensetzung und Hervorhebungen
im Original; M. A.]:

»Vielleicht hätte mein Leben komplett anders verlaufen können. Aber
die Gesellschaft hat nunmal keinen Platz für Individualisten. Ich meine
richtige Individualisten, Leute die selbst denken, und nicht solche ›Ich
trage ein Nietenarmband und bin alternativ‹ Idioten!
    Ihr habt diese Schlacht begonnen, nicht ich. Meine Handlungen
sind ein Resultat eurer Welt, eine Welt die mich nicht sein lassen will
wie ich bin. Ihr habt euch über mich lustig gemacht, dasselbe habe
ich nun mit euch getan, ich hatte nur einen ganz anderen Humor! […]
    Dann bin ich wach geworden. Mir wurde bewusst dass ich mein
Leben lang der Dumme für andere war, und man sich über mich lustig
machte. Und ich habe mir Rache geschworen!
    Diese Rache wird so brutal und rücksichtslos ausgeführt werden,
dass euch das Blut in den Adern gefriert. *Bevor ich gehe, werde ich euch
einen Denkzettel verpassen, damit mich nie wieder ein Mensch vergisst!*
    Ich will dass ihr erkennt, dass niemand das Recht hat unter einem
faschistischen Deckmantel aus Gesetz und Religion in fremdes Leben
einzugreifen!
    Ich will, dass sich mein Gesicht in eure Köpfe einbrennt!« (Bosse,
2006b)

Am 11. März 2009 kopierte der 17-jährige Tim Kretschmer in Winnenden und Umgebung das bekannte Tatmuster. Die Gewaltorgie, die er inszenierte, dauerte insgesamt drei Stunden. Sie begann gegen 9.30 Uhr in der Albertville-Realschule, an der der ehrgeizige Sohn eines wohlhabenden Firmeninhabers seinen Abschluss gemacht hatte. Dort zog er die Beretta-Pistole, die er aus dem Waffenschrank seines Vaters genommen und mit der er Wochen vorher auf dem Schießstand geübt hatte. Kaltblütig exekutierte er zunächst acht Schülerinnen, einen Schüler und drei Lehrerinnen. Als die Polizei erschien, floh er auf das benachbarte Gelände der psychiatrischen Klinik, wo er einen Gärtner erschoss. Anschließend zwang er mit vorgehaltener Pistole einen Autofahrer auf eine wilde Tour über die Autobahn, bis der Fahrer den Wagen an die Seite lenken und fliehen konnte. In einem nahe gelegenen Autohaus erschoss er einen Verkäufer und einen Kunden. Von der Polizei auf der Straße gestellt und angeschossen, tötete er sich gegen 12.30 Uhr mit einem Kopfschuss. Insgesamt starben einschließlich des Täters 16 Menschen, 11 weitere wurden zum Teil schwer verletzt.

Über die Motive wurde spekuliert: vom Vater geerbte Vernarrtheit in Waffen, exzessiver Konsum von Killerspielen, Horrorvideos und sadomasochistischen Filmen im Internet, pathologischer Frauenhass, möglicherweise Autismus, möglicherweise sexuelle Perversion, möglicherweise eine schwere Persönlichkeitsstörung, möglicherweise eine manisch-depressive Erkrankung. Auch das psychologische Gutachten, vorgetragen im anschließenden Prozess gegen den Vater – er musste sich wegen seines ungesicherten Waffenschranks verantworten und wurde zu einer Bewährungsstrafe verurteilt – erbrachte wenig Aufschluss: Tim Kretschmer, der in der Schule gemobbt worden sei, habe wahrscheinlich seine vermeintliche »Opferrolle in eine Täterrolle verkehrt«.

Vom Opfer zum Täter werden – jeder Einzelne der Schulamokläufer hat das in eigener Regie und auf seine Weise in Szene gesetzt: Eric Harris und Dylan Klebold, Charles Andrew Williams, Robert Steinhäuser, Sebastian Bosse, Tim Kretschmer. Alle sind sie jung gestorben. Alle haben sie ihren Tod zu einer öffentlichen Demonstration der eigenen Bedeutsamkeit benutzt. Alle haben sie zum Zwecke der Selbstinszenierung das Leben anderer Menschen vernichtet.

Aber gerade im Akt der Vernichtung ist eine unbewusste Botschaft enthalten. Damit verkünden die Täter nämlich aller Welt, dass sie eine grandiose Beziehung zu sich selbst und gegenüber ihren Mitmenschen gewonnen haben. Indem sie auf offener Bühne morden, setzen sie ein Fanal: Schaut her, wie großartig, mächtig und überlegen wir sind!

Ein stolzes Bekenntnis zur Eigenverantwortung gab auch Timothy McVeigh ab. Kurz bevor er im Gefängnis von Terre Haute im US-Staat Indiana mit der Giftspritze »vom Leben zum Tode befördert« wurde (so lautet die US-amerikanische Hinrichtungsformel), zitierte der Massenmörder von Oklahoma, der sich selbst zur libertären Rechten zählte, aus dem Gedicht »Invictus« des viktorianischen Poeten William Ernest Henley, das mit folgenden Zeilen endet: »I am the master of my fate: I am the captain of my soul«. [»Ich bin der Herr meines Schicksals: Ich bin der Kapitän meiner Seele«; eigene Übersetzung] (Henley, 1888, S. 56 f.).

Ein ähnliches Selbstbekenntnis ist von Eric Harris überliefert. In einem Bekennervideo, kurz vor dem gemeinsam mit Dylan Klebold geplanten und begangenen Massenmord an der Columbine-Highschool aufgenommen und für die Öffentlichkeit bestimmt, erklärte er selbstbewusst: »Niemand hätte etwas tun können, um das zu verhindern. Keiner trägt Schuld außer Klebold und mir. Was wir tun, ist ein Zwei-Mann-Krieg gegen alle anderen« (Wikipedia, o. J.: Amoklauf an der Columbine High School).

Eine öffentliche Kriegserklärung liegt auch von Dylann Roof vor, der in einer Methodistenkirche in Charleston/South Carolina am 17. Juni 2015 während einer Bibelstunde neun afroamerikanische Gemeindemitglieder erschoss. Er wolle, so soll sich der Schulabbrecher und Anhänger einer rassistischen Theorie weißer Überlegenheit gebrüstet haben, einen Bürgerkrieg gegen die seiner Ansicht nach minderwertigen Schwarzen eröffnen. Eine Augenzeugin berichtete, er habe zu ihr gesagt: »Ich lasse dich leben, damit du der Welt erzählst, was hier passiert ist.«

Ein angebliches »Manifest«, in dem Dylann Roof sein Weltbild enthüllt (»Wir haben keine Skinheads, keinen wirklichen KKK [Ku-Klux-Klan], niemanden, der etwas tut, außer im Internet zu reden. Aber jemand muss den Mut haben, es in die echte Welt zu tragen, und ich denke, dass ich es sein muss.«) erwies sich als Fake. Ein publicitysüchtiger Jugendlicher hatte es fabriziert und der »New York Times« zugespielt, angeblich um die Leichtgläubigkeit der Medien zu entlarven. Jedoch gibt es echte, über Web- und Facebookseiten im Internet vertriebene Fotos von Dylann Roof, auf denen er die US-amerikanische Flagge verbrennt, die rassistische Konföderiertenflagge hält, mit einer Bomberjacke posiert, auf der dieses Symbol weißer Suprematie aufgenäht ist. Zu den Folgen dieses mörderischen Angriffs auf die Gemeinde einer historischen Kirche, die seit dem amerikanischen Bürgerkrieg schon mehrfach attackiert und einmal angezündet worden war, gehörte, dass der Staat South Carolina – wie mit ihm andere Staaten aus dem Süden der USA – die Konföderiertenflagge zum Symbol von Menschenfeindlichkeit und Rassenhass erklärte und sie von seinen öffentlichen Gebäuden verbannte, wo sie bis dahin als Erinnerung an die Geschichte weißer Vorherrschaft und Sklaverei gehangen hatte (O'Connor, 2015).

Wenn man Selbstermächtigungen wie die von Timothy McVeigh oder von Eric Harris und Dylan Klebold oder von Dylann Roof oder von ihren Nachahmern ernst nimmt, woher stammt am Ende die maligne Aggression, die dem Gewaltakt erst seine mörderische Energie verleiht: Aus der Innen- oder der Außenwelt? Aus der menschlichen Triebstruktur? Aus den Gewaltstrukturen von Gesellschaften oder gesellschaftlichen Subkulturen? Oder aus einem Zwischenbereich, in dem sich das Seelische und das Soziale miteinander verbinden? Weshalb braucht die Aggression neben dem Opfer, dem sie gilt, offenbar auch einen Zeugen, um sich zu entladen, ein Publikum, an das sie ihre Botschaften adressiert?

Kapitel 10
Weder von innen noch von außen: Vernichtungswut entsteht zwischen den Menschen

Eine fatale Beziehungsstörung – soziale Metamorphosen des Todestriebs

In seinen »Aussichten auf den Bürgerkrieg« (1993) sprach Hans Magnus Enzensberger von einer »molekularen Gewalt«, die sich in der ebenso motiv- wie ziellos erscheinenden Destruktivität des gewöhnlichen Alltags, aber auch in Politik und Religion Ausdruck verschaffe. Weltweit wollte er einen kulturellen Verfallsprozess erkannt haben. In einem tiefendiagnostischen Parforceritt verglich er die Triebstruktur des psychopathischen »Highschool-Shooters« mit der des mordenden Skinheads, des todessüchtigen Junkies, des palästinensischen Selbstmordattentäters und sah in der wütenden Agonie des radikalen Islamismus gar eine kollektive Tendenz zur Selbstvernichtung am Werk: den Todestrieb im universellen Maßstab.

Seine befremdliche Hypothese vom Todestrieb hatte Sigmund Freud in »Jenseits des Lustprinzips« (1920) entwickelt, einer kultur- und gesellschaftstheoretischen Schrift, die noch unter dem Eindruck des Ersten Weltkriegs entstanden war. Den Todestrieb ordnete er – wie vorher bereits die erotischen und Selbsterhaltungstriebe – der menschlichen Natur zu. Einem biologisch determinierten »Nirwanaprinzip« gehorchend, sollte dieser angeblich dafür sorgen, dass der Organismus in den ursprünglichen Zustand des Anorganischen zurückkehrt. Aus dieser natürlichen, in der Biologie von Körperzellen selbst angelegten Tendenz zur Selbstvernichtung leitete Freud letztlich das menschliche Gewaltpotenzial ab: Das Wesen des Todestriebs ist die *Autoaggression,* die als *Fremdaggression* im Gewaltakt lediglich nach außen gerichtet, vom Selbst auf den Anderen projiziert wird.

Doch Freuds triebtheoretische Begründung der menschlichen Destruktivität, die gewiss auch durch die persönliche Erfahrung des Ersten Weltkriegs motiviert und von seinem wachsenden Kulturpessimismus begleitet war, stieß selbst innerhalb der Psychoanalyse weitgehend auf Ablehnung. Die Vorstellung einer endogenen, dem biologischen Substrat des Menschen eingeschriebenen Gewaltdisposition erschien den meisten Psychoanalytikern unheimlich. Zu eng schmiegte sie sich an jene abergläubischen und naturreligiösen Mythologien an, denen eine der Aufklärung verpflichtete Psychoanalyse gerade den Boden entziehen wollte. Im Zuge einer Entmythologisierung der Triebtheorie wurde die Aggression schließlich als evolutionär herausgebildete Verhaltensbereitschaft verstanden, die ihren Zweck im Dienste von Selbsterhaltung und Umweltanpassung erfüllte.

Aber hatte Freud (in seinem Brief an Wilhelm Fließ vom 12. Dezember 1897) nicht selbst von »endopsychischen Mythen«, von einer »Psychomythologie« gesprochen (Masson, 1999)? Hatte er später die Triebtheorie nicht seinerseits zu einem Mythos erklärt, als er in den »Neuen Vorlesungen« festhielt: »Die Trieblehre ist sozusagen unsere Mythologie« (Freud, 1932, S. 101)? Oder verdankt sich insbesondere die Hypothese vom Todestrieb jener Janusköpfigkeit von Aufklärung, die jederzeit in Mythos umschlagen kann, wie uns Horkheimer und Adorno (1947/1969) in ihrer »Dialektik der Aufklärung« gezeigt haben?

Die klassische Gegenthese einer exogenen Entstehung von Aggression aus Frustration – im Sinne eines Reiz-Reaktionsschemas – konnte psychoanalytisch jedoch auch nicht befriedigen. Sie war zu oberflächlich, zumal die grausamen Exzesse menschlicher Vernichtungswut in der Tierwelt unbekannt sind. Mit einem schlichten Reiz-Reaktionsschema ließ sich dieser Gewaltüberschuss jedenfalls nicht erklären. Die notorische Gewaltbereitschaft des Homo sapiens als Antwort auf äußere Versagungen zu begreifen schien ebenso wenig plausibel wie sie ins Innere des Trieblebens zu verlegen.

Damit war die Psychoanalyse in ein Erklärungsdilemma geraten: Wenn die Gewalt weder endogener noch exogener Natur ist, woher kommt sie dann? Im Zuge ihrer intersubjektiven Wende widmet sich die zeitgenössische Psychoanalyse gerade der Überwindung dieser obsoleten Fragestellung. Jenseits der Alternative von *innen* oder *außen* nimmt man die Beziehung *zwischen* den Beteiligten in den Blick. Die gattungsspezifische Destruktivität entstammt der Interaktion von Täter und Opfer – von unbewussten Übertragungen freilich mitgeprägt.

Auf Vernichtung zielende Gewalt entsteht demnach in einem Raum, in dem Individuen, Gruppen oder ganze Kulturen sich *aufeinander* beziehen, etwas *miteinander* austragen, *aneinander* gebunden sind – und gerade deshalb umso empfindlicher für Kränkungen. Menschliche Aggression wurzelt demnach in der Intersubjektivität von Lebenswelt, Kultur und Sprache. Genauer formuliert: Aggressive Phantasien, Gefühle, Gedanken ebenso wie aggressive Handlungen stammen aus den Entgleisungen zwischenmenschlicher Beziehungen.

Eine Intersubjektivitätstheorie der Gewalt ist geeignet, einige unserer Vorurteile und Gewissheiten zu unterminieren. Unter einer relationalen Perspektive werden Gewaltphänomene nicht länger auf die Fremdheit und Andersartigkeit zurückgeführt, die als Bedrohung des Eigenen erlebt wird. Vielmehr sind es Bedingungen sozialer Bezogenheit und intimer Verwicklung, unter denen die zwischenmenschliche Kommunikation entgleist, bis sie in jene fatale Sprachverwirrung mündet, die der manifesten Gewalt in aller Regel vorausgeht. Maligne Gewalt ist am Ende das Ergebnis einer gescheiterten Kommunikation, die durch unerträgliche Nähe gekennzeichnet ist.

Heute wissen wir, dass nicht zu viel, sondern zu wenig Distanz die Hauptquelle menschlicher Aggressivität bildet. Je näher man sich kommt, desto stärker wächst ein Fundus enttäuschter Glückserwartungen, uneingelöster Beziehungsansprüche und verletzter Selbstwertgefühle, bis die tiefste Kränkung des Selbst in die äußerste Wut auf den Anderen (oder in Autoaggression) umschlägt. Das fragwürdige Gattungsprivileg, so kann man zusammenfassen, hat seinen Ursprung weder in der biologischen Natur des Menschen noch in den Widrigkeiten seiner sozialen Umwelt, sondern in überstrapazierten Interaktionsstrukturen. Die Quelle der Aggression liegt weder innen noch außen, sondern im Verhältnis zwischen den Menschen. Für diese intersubjektive Deutung der Natur menschlicher Aggression sprechen einige Befunde.

Empirisch ist gut belegt,

- dass an Wochenenden und hohen Feiertagen wie Weihnachten oder Ostern mit der Heftigkeit von Familienauseinandersetzungen auch die Zahl psychiatrischer Aufnahmen und Selbstmorde ansteigt, weil die familiäre Enge unerträglich wird – man rückt sich zu sehr auf die Pelle.
- dass Kindesmisshandlung und Vergewaltigung in der eigenen Familie auf der Rangliste der Gewalttaten ganz oben stehen und bei den meisten Mord- und Totschlagdelikten Täter wie Opfer aus dem gleichen Beziehungsumfeld stammen – man kennt sich zu gut.
- dass die grausamsten ethnischen Verfolgungen sich zwischen benachbarten, eng miteinander verwandten Bevölkerungsgruppen ereignen wie in den jugoslawischen Bürgerkriegen, wie in Ostafrika zwischen den Hutu und Tutsi oder wie im Nahen Osten zwischen Sunniten und Schiiten – Freud (1930, S. 474) hat das einmal den »Narzissmus der kleinen Differenzen« genannt.

Von der destruktiven Aggression nehmen wir heute an,

- dass sie sich im individuellen Einzelfall aus einer problematischen Mutter-Kind-Beziehung, einer verzerrten Familienkommunikation, einer eskalierenden Partnerschaftskrise, einer enttäuschten Freundschaft, einer zugespitzten Konkurrenzsituation oder einer unerträglichen Kränkung durch einen anderen Menschen entwickelt.
- dass sie sich im kollektiven Fall einer affektiv aufgeladenen Gruppenspannung verdankt, die sich entlädt, einer Spaltung der Gesellschaft in Klassen oder Ethnien, die gegeneinander Gewalt anwenden, einem religiös, kulturell oder weltanschaulich begründeten Konflikt, der unlösbar und nicht mehr verhandelbar scheint.

Wer schlägt, redet nicht, heißt es im Volksmund. Aber Gewalt »spricht« unbewusst eben doch. Sie signalisiert eine bedrohliche Entgrenzung von Selbst und Anderem, die durch Distanzierung beendet werden muss. Um Distanz zu schaffen, muss der Andere »entfernt« werden: entweder durch Vernichtung oder durch Verschmelzung (denn auch die Verschmelzung ist im psychoanalytischen Sinne eine Form der Vernichtung, weil damit die Differenz, nämlich das Objekt als ein Gegenüber, als ein Anderer vernichtet wird). Das Selbst signalisiert im Gewaltakt, dass es sich anders nicht zu helfen weiß, dass es sich in dieser Situation überfordert fühlt, dass ihm die Mittel symbolisch vermittelter Interaktion nicht mehr zur Verfügung stehen.

Im lähmenden Zustand der Wut auf den Anderen, der Sprachlosigkeit und der Verhandlungsunfähigkeit erhält Gewalt die Funktion, Bewegung zu erzeugen. Sie ermöglicht Abgrenzung vom Anderen. Mit ihrer Hilfe gelingt es dem Gewalttäter – und zwar auf performativem Wege: durch Handeln –, die bedrohte Identität zu verteidigen, den Zerfall von Identität zu verhindern oder ein verloren gegangenes Gefühl von Identität wiederherzustellen. So betrachtet, enthält selbst der kommunikative Zusammenbruch noch Botschaften, in die wir uns einfühlen und die wir verstehen können. Es geht dabei um das Verhältnis von Macht und Ohnmacht, um intersubjektive Formen der Selbstfindung und Selbstbehauptung, um wechselseitige Anerkennung oder um deren Verweigerung.

Ein großartiges Gefühl – von der Ursachenforschung zur Phänomenologie der Gewalt

Schon Friedrich Engels und Karl Marx hatten uns gelehrt, dass die befreiende Gewalt, »die Geburtshelferin jeder alten Gesellschaft ist, die mit einer neuen schwanger geht«, wie Engels im »Anti-Dühring« schrieb (1878/1973, S. 171), wobei die Gewalt nur ein »Werkzeug« der sozialen Emanzipation sei, die aus den Trümmern der alten Gesellschaft den neuen Menschen erwachsen lasse. In dieser geschichtsphilosophischen Verheißung des revolutionären Marxismus bestand auch das sozialanthropologische Erbe, das Frantz Fanon (1961/1966) in »Die Verdammten dieser Erde« den Unterdrückten, Entrechteten und Ausgebeuteten hinterlassen und das Walter Benjamin in seinem Werk schon vor ihm aufgegriffen hatte.

Zur gleichen Zeit, als Freud mit der Todestriebhypothese schwanger ging, arbeitete Walter Benjamin an seinem Essay »Zur Kritik der Gewalt« (1921/1980). In einer skrupulösen Argumentation kommt er zu dem Schluss, dass sowohl die Naturrechtsphilosophie als auch die positive Rechtstheorie Gewalt auf den Bereich der bloßen *Mittel* beschränke. Nur in dieser Beschränkung lasse sich nämlich beurteilen, ob sie gerechten oder ungerechten *Zwecken* dient – Gewalt dürfe nicht zum Selbstzweck werden. Allerdings gäbe es Situationen, so Benjamin, bei denen Gewalt eine die eigene Existenz demonstrierende Funktion habe, eben »nicht Mittel, sondern Manifestation« sei. Als Beispiel wählt er die elementaren Zornesausbrüche von Menschen (und den Zorn der Götter): »Nicht Mittel ihrer Zwecke, kaum Manifestation ihres Willens, am ersten Manifestation ihres Daseins« (Benjamin, 1921/1980, S. 197).

An Benjamins These von der Gewalt als Manifestation des eigenen Daseins konnte man sich erinnert fühlen, als im Herbst 2005 in den französischen Vorstädten Autos, Fabriken und Geschäftshäuser brannten. Die dort lebenden Einwandererkinder der dritten Generation ließen sich dabei zuschauen, wie sie in einer kollektiven Gewaltfeier ihren Hass auf sich selbst, ihren Hass auf die anderen und ihren Hass auf die Welt buchstäblich »manifestierten«. Die Eltern – meist Muslime nordafrikanischer Abstammung aus dem Maghreb, aber auch Einwanderer aus dem frankophonen Schwarzafrika – griffen nicht ein, als die Kids zum Beweis ihres Daseins das eigene Viertel zerstörten und auf diese Weise ihre Existenzberechtigung demonstrierten.

Gewiss gab es Ursachen für den gewaltsamen Protest. Gewiss kann man die gesellschaftliche Diskriminierung, das schlechte Bildungsniveau, die hohe Jugendarbeitslosigkeit, die trostlose Lebenslage und die fehlende Zukunftsperspektive als soziale Ursachen für die Verzweiflung und den Hass geltend machen. Aber erklären diese objektiven »Ursachen« den offenkundigen Überschuss an Gewalt? Braucht es neben objektiven »Ursachen« nicht subjektive »Gründe«, um derart gewalttätig zu handeln? Dient der einfühlsame Ursachendiskurs nicht eher der psychischen Entlastung der Beobachter und der moralischen Rechtfertigung der Akteure? Hat er nicht vor allem den Zweck, sich von der schieren Phänomenologie des Gewaltereignisses emotional zu distanzieren?

Auf solche Funktionen des sozialen Ursachendiskurses und des schlichten Kausalitätsdenkens, auf dem er beruht, verweist der französische Philosoph André Glucksmann in seinem Buch »Hass. Die Rückkehr einer elementaren Gewalt« (2005). Mit Erklärungen dieser Art liefere man den Tätern bloß Rationalisierungen und erteile ihnen Absolution:

»Für alles findet man eine Erklärung, für alles bringt man Verständnis auf, alles wird entschuldigt. Der Pädophile ist Opfer einer unglücklichen Kindheit, der Mörder alter Damen macht akute Finanznot geltend, die Vergewaltiger in den Vorstädten sind Produkt der hohen Arbeitslosigkeit und die verwahrlosten Jugendlichen in den Kellern der Wohnsilos, die 15-jährige Mädchen stundenlang vergewaltigen, offenbaren den Mangel an sozialen Einrichtungen. Bin Laden hat seinen Auftritt als edler Held oder Rächer aller Gedemütigten und Entrechteten dieser Erde. [...] Die mehrheitlich und mit den besten Absichten vertretene These lautet: Hass als solches, als eine Konstante des Denkens und Handelns, gibt es nicht [...] [Er] ist notwendigerweise das Ergebnis äußerer Faktoren: Unglück, ungünstige Umstände, Elend, Frustrationen, Demütigungen und Verletzungen« (S. 8).

Es mangele nie an entsprechenden Ursachen, fährt er fort, mit denen man den eigenen Hass rechtfertigen könne. Ursachenforschung ändere aber nichts daran, dass es einen Zerstörungswillen an sich gäbe: »der Hass existiert« (S. 9). Stark sei, wer Schaden anrichte, so laute die Hassbotschaft. Je mehr einer zerstöre, desto wichtiger fühle er sich: »Ich hasse, also bin ich« (S. 10). An manchen Stellen liest sich Glucksmanns Pamphlet selbst wie ein einziger Zornesausbruch.

Wie eine Bestätigung von Glucksmanns Kritik an den hilflosen, an der Sache selbst vorbeigehenden Erklärungsversuchen der Wissenschaft klingt der kritische Befund des Soziologen Trutz von Trotha (1997) zur soziologischen Gewaltforschung. Indem diese statt der Gewalt selbst bloß ihre angeblichen Ursachen untersuche, sie nur als Folge von etwas behandele, verfehle sie ihren eigentlichen Untersuchungsgegenstand:

»Dementsprechend erfahren wir in der ätiologischen Theorie der Gewalt viel [...] über Risikolagen, soziale und ökonomische Unterprivilegierung, Arbeitslosigkeit, Erziehungsdefizite, Schulversagen, Statusfrustration, psychische und soziale Pathologien, kurz, von allem, was nicht ›in Ordnung‹ scheint. [...] Eine genuine Soziologie der Gewalt muss stattdessen mit der Gewalt beginnen, vor allem mit einer Phänomenologie der Gewalt« (S. 19 f.).

Von Trotha fordert dazu auf, zunächst die Phänomenologie der Gewalt zu untersuchen – vor aller »Ursachen-Soziologie«, die auflistet, was in der Gesellschaft alles »nicht in Ordnung« ist, um anschließend gewalttätiges Verhalten als Folge von sozialen Problemen darzustellen. Die gleiche Kritik könnte man gegenüber einer »Ursachen-Psychologie« oder einer »Ursachen-Biologie« der Gewalt äußern, die statt im Sozialen eben im Psychischen bzw. Somatischen nach Gewaltursachen forscht, ohne sich um die Gewaltperformanz zu kümmern.

Dass man Gewalt in ihrer Verlaufsgestalt zunächst zu beschreiben hat, bevor man sich an ihre Erklärung macht, verlangt auch Jan Philipp Reemtsma in seinem bereits erwähnten Abschiedsvortrag (Reemtsma, 2015a). Die übliche Sozialforschung versuche, Gewaltphänomene zu erklären, indem sie nach hintergründigen Motiven des Täters fahndet, seine Persönlichkeit nach Auffälligkeiten absucht und seine Lebensgeschichte auf Abweichungen durchleuchtet. Offenbar sei es selbstverständlich, Fragen dieser Art zu stellen: »Ich möchte hingegen fragen, warum wir so fragen. Warum meinen wir, die Soziologie, die Psychologie und in gewissem Sinn die Historiografie könnten uns etwas ›erklären‹, soll heißen: uns sagen, was dahintersteckt?«

Eine »genuine« Gewaltforschung müsse, statt nach Gewaltursachen zu suchen, sich mit der Gewalt selbst befassen: mit der Form ihrer Ausübung, mit ihrem performativen Verlauf, mit den ihr innewohnenden Botschaften, mit der Beziehung zwischen Täter und Opfer im Augenblick einer Gewalttat und mit ihren öffentlichen Wirkungen und Folgen. Reemtsma plädiert für eine Gewaltforschung, welche die scharfe Trennung von Beschreiben und Erklären aufhebt. Man solle gewaltförmige Interaktionen genau beschreiben. Denn die Erklärung liege in der Beschreibung selbst. Gewalt brauche keine Begründung, sie finde ihre Begründung in sich selbst: Gewalt sei schlicht eine »attraktive Lebensform« – schon deshalb, weil der Gewalttäter sich großartig fühle.

Warum aber fühlt er sich großartig (und nicht etwa schuldig, reumütig oder niedergeschlagen)? Thomas Schmid (2015) hat Reemtsmas Rede über die Grandiosität des Gewaltakts aufgenommen, weitergedacht und eine eigene Antwort auf die Frage nach der seelischen Attraktivität von Gewalt gegeben. Die Großartigkeit, die der Täter erlebt, interpretiert er als Ausdruck jenes Grenzenlosen, das die bürgerliche Gesellschaft nicht mehr zu bieten hat, als Absage an den ständigen Kompromiss des Alltagslebens:

»Anziehend ist sie [die Gewalt], weil sie ein verführerisches Angebot enthält: das der Grenzenlosigkeit, der Entgrenzung. Gemeint ist nicht jene Freiheit, die über den Wolken grenzenlos sein soll. Das wäre zu harmlos. Den großen Thrill bietet dieses Grenzenlose nur dann, wenn es ad hominem zielt, wenn es nicht zur Gewalt gegen Sachen, sondern gegen Menschen führt, wenn es – rücksichtslos und zerstörerisch – auf Kosten des Anderen geht. Die *licence to kill* als ›die Selbstermächtigung zum Großen Du-darfst!‹. Das ist es, was offenkundig Karl Boger, der in Auschwitz folterte und tötete, Andreas Baader und der in den Dschihad gezogene Rapper aus Köln gemeinsam haben.

Attraktiv ist die ›Versuchung durch Grenzenlosigkeit‹, weil sie mit einem Schlag und großer Geste von der täglichen Last der Selbstkontrolle, der Rücksichtnahme, des Sich-Zurücknehmens befreit. Gewalt als attraktive Lebensform besitzt eine Grandiosität, die dem bürgerlichen Leben grundsätzlich abgeht. Hier ist alles vermittelt, eingekastelt, jeder Mensch ist vereinzelt, abhängig, weithin ohnmächtig; nie kann er das Gefühl haben, Teil eines großen Ganzen oder gar das große Ganze selbst zu sein. Sein Leben ist ein ständiger Kompromiss, und es fällt ihm nicht leicht, diese Kompromisse als segensreich zu erleben.

Immer wäre das Eigentliche: mehr und viel größer. Das Allergrößte aber ist die Selbstermächtigung, den Körper eines anderen zerstören zu dürfen« (Schmid, 2015).

Das Grenzenlose, das große Ganze, das Allergrößte – ohne Zweifel ist die Grandiosität im Erleben des Gewalttäters narzisstischer Natur. Aber seine Selbstermächtigung ist nicht bloß Symptom einer Selbstpathologie, sondern Ausdruck eines pathologisch entgleisten Narzissmus, bei dem der Andere als Opfer eine entscheidende Rolle spielt. Nur wenn sich das Opfer als vollkommen machtlos erfährt, kann sich der Täter als allmächtig erfahren. Beides zusammen erst macht die Phänomenologie zwischenmenschlicher Gewalt aus. So wird in der narzisstischen Gewaltinszenierung der Andere zum Spiegel für ein beschädigtes Selbst, das sich mit einem Schlag vollkommen fühlen kann.

Im Gewaltakt wird eine komplementäre Beziehung zwischen Täter und Opfer hergestellt. Indem er den Anderen zum Verlierer macht –, das heißt ihn viktimisiert und traumatisiert, ihn in eine Situation der schrecklichen Ohnmacht, der hilflosen Wut, des absoluten Ausgeliefertseins versetzt, ihm körperliche und seelische Verletzungen zufügt und unerträgliche Schmerzen bereitet –, wird der Täter zum triumphierenden Sieger. Das ist sein Identitätsgewinn. Diesen Gewinn kann er allerdings nur einstreichen, wenn es einen Dritten in Gestalt eines aufmerksamen Zeugen, eines interessierten Zuschauers gibt.

Täter, Opfer, Publikum – zur Dreiecksstruktur zeitgenössischer Gewalt

In seinem Hauptwerk »Über den Prozess der Zivilisation« (1939/1976) begreift Norbert Elias die Entwicklungsgeschichte der Menschheit als einen Prozess fortschreitender und zunehmend wirksamer Ächtung der Gewalt, die in den Beziehungen zwischen den Menschen zur *ultima ratio* geworden sei. Angesichts historischer Gegenbefunde glaubt der Kulturwissenschaftler Hans Peter Duerr (1993) bei soziologischen Zivilisationstheorien dieser Art eine Neigung zu »Gegenwartsverklärungen« zu erkennen. Dieselbe Meinung vertritt Jan Philipp Reemtsma in seinem Buch »Vertrauen und Gewalt« (2008). Er hält das Theorem einer evolutionär wirksam gewordenen Gewaltächtung für eine Illusion, die ihren Preis habe, wie jede Illusion. Bezahlt werden müsse das illusionäre Ideal einer gewaltarmen Gesellschaft mit einer gesteigerten Sensibilisierung für tatsächliche Gewalt.

Gewaltächtung als kulturspezifische Zivilisationsleistung der westlichen Moderne, so Reemtsma, werde mit einer erhöhten Traumadisposition erkauft, einer mentalen Dünnhäutigkeit, die bis zur Schutzlosigkeit gehe. Zwar behaupteten sich in der Moderne nach wie vor abgegrenzte Zonen der *erlaubten Gewalt* (wie im staatlichen Gewaltmonopol oder in der klassischen Notwehrsituation) und der *gebotenen Gewalt* (wie bei der physischen Gewalt im Boxring). Die Zone der *verbotenen Gewalt* werde in unserer Zivilisation jedoch in einer Weise ausgedehnt, die der tatsächlichen Gewalttätigkeit umso größere Aufmerksamkeit und Wirkung verschaffe: Wir reagieren deshalb so empfindlich auf Gewalt, da »wir als Kinder der Moderne die Gewalt nicht mehr in unsere Alltagserfahrung integriert haben. Wo sie auftritt, bricht sie herein« (Reemtsma, 2008, S. 136).

Da Gewalt stets körperbezogen ist, unterscheidet Reemtsma, je nach Art dieses Körperbezugs, phänomenologisch drei Gewaltformen:

1. eine *lozierende bzw. dislozierende Gewalt,* die sich Raum verschafft, indem sie den anderen entfernt oder verdrängt – etwa die Gewaltanwendung im Krieg.
2. eine *raptive oder captive Gewalt,* die den anderen überwältigt, um ihn zu besitzen – zum Beispiel im Akt der sexuellen Vergewaltigung.
3. eine *autotelische Gewalt,* die ihren Zweck in sich selbst findet – der pure Hass, die reine Tötungslust, das Vergnügen an der Vernichtung des Anderen.

Während die lozierende Gewalt den anderen Körper als Hindernis betrachtet, das zu beseitigen ist, bemächtigt sich die raptive Gewalt des anderen Körpers, um ihn zu benutzen. Im autotelischen Gewaltakt jedoch wird der Andere vollkommen auf seine Körperlichkeit reduziert und der Körper »auf seine Eigenschaft, zerstört werden zu können« (Reemtsma, 2008, S. 124). Diese dritte Gewaltform für »sinnlos« zu halten, für eine »Gewalt ohne Motiv« – Begriffe, wie sie in der Kriminologie verwendet werden –, ist eine Verkennung. Verkannt werden die kommunikativen Botschaften, die in Gewalttaten stets enthalten sind.

Solche Botschaften lassen sich aber erst verstehen, wenn wir, Reemtsma folgend, Gewalt überhaupt als Kommunikationsform, als Handeln in einem sozialen Kontext begreifen. Denn Gewalt verfolgt nicht bloß Zwecke mit besonderen Mitteln. Gelegentlich liegt ihr eigentlicher Zweck in der Kommunikation. Selbst dann, wenn sie der Psychopathologie eines Einzelnen oder der systemischen Pathologie von Lebenswelten entstammt, kommuniziert sie etwas. Aber was wird im Gewaltakt kommuniziert? Und wie und wem gegenüber?

Gewalt findet nicht nur zwischen Täter und Opfer statt, sondern stets auch in Bezug auf einen Dritten, an den die eigentliche Botschaft gerichtet ist. Reemtsma bescheinigt der gewaltförmigen Kommunikation einen triadischen Charakter. Das gilt schon für den Fall der instrumentellen Gewalt. Die Salve aus dem Maschinengewehr des Soldaten oder die aus dem Flugzeug abgeworfene Bombe zielen nicht nur auf die Getroffenen, sondern auch auf diejenigen, die als nächste getroffen werden könnten: Die eingesetzte Waffengewalt übermittelt immer auch eine Drohung an einen Dritten. Aber auch im nicht-instrumentellen Fall autotelischer Gewalt lässt sich eine Dreiecksstruktur der Gewaltkommunikation erkennen. Sie benötigt etwas, das über die Täter-Opfer-Beziehung hinausweist, ein Publikum (und sei es ein phantasiertes Publikum), einen Zeugen (und sei es einen imaginären Zeugen), einen Anderen (und sei es ein virtueller Anderer; vgl. Bråten, 1992).

Weil auch diese Art von Gewalt in ihrer scheinbaren Sinnlosigkeit etwas kommunizieren will, drängt sie nach Öffentlichkeit. Sie benötigt Spiegel- und Echoräume, um ihre kommunikativen Botschaften zu verbreiten. Der Gewalttäter verlangt schließlich, wahrgenommen zu werden, Beachtung zu finden. Erst durch öffentliche Aufmerksamkeit lässt sich auch der mörderische Gewaltakt für Ziele der Selbstvergewisserung verwenden. Nur dann erfüllt er seine narzisstische Funktion: im Dienste einer situativen Reparatur oder Neuherstellung von Identität.

Der Prozess der Identitätsbildung hat generell eine triadische Struktur, insofern er das Selbst mit dem Anderen und der sozialen Welt verbindet, der beide angehören. Auch die identitätsstiftende Gewaltinszenierung weist diese Dreiecksstruktur auf, indem sie den Täter einerseits mit seinem Opfer und andererseits mit der öffentlichen Sphäre verbindet. So entsteht auf performativem Weg eine doppelte – wenn auch makabre – Anerkennungsbeziehung; denn selbst negative Anerkennung verschafft Identität:

1. *Anerkennung in der direkten Täter-Opfer-Begegnung:* Obwohl der Akt der Gewaltanwendung beim Opfer aversive Gefühle wie Angst, Schrecken, Entsetzen oder Verachtung und Rache auslöst, erzeugen genau diese Gefühle beim Täter ein Gefühl der Anerkennung. Nicht obwohl, sondern weil, wie wir inzwischen wissen. Denn durch die Reaktionen des Opfers darf er sich seinerseits stark, überlegen und mächtig fühlen. Gerade die Unter-

legenheit des Opfers vermittelt dem Täter eine eigene Identität: Wenigstens im Augenblick der Gewalttat bin ich jemand!

2. *Anerkennung durch die Zeugenschaft eines Publikums*: Obwohl der Akt der Gewaltanwendung auch bei unbeteiligten Dritten in aller Regel Aversionen auslöst, verschaffen genau diese öffentlichen Reaktionen dem Täter so etwas wie Anerkennung. Nicht obwohl, sondern weil, wie wir inzwischen wissen. Denn auch die negative Anerkennung, die der Gewalttäter durch die Aufmerksamkeit in den Medien erhält, bedeutet Anerkennung. Schließlich wird er nicht länger übersehen: Als Gewalttäter, über den berichtet wird, bekomme ich Bedeutung!

Jene extrem gewaltförmige, mitunter mörderische Interaktion ohne erkennbaren Sinn und Zweck – Benjamin nennt sie »Manifestation des Daseins«, Enzensberger »molekulare Gewalt«, Glucksmann »elementarer Hass«, Reemtsma »autotelische Gewalt«, die Kriminologie »Gewalt ohne Motiv« – stiftet Identität, weil sie Resonanz erzeugt und dem Gewalttäter Bedeutung verleiht. In der Angst des Opfers, die er genießt, im medialen Echo, das er bekommt, steckt ein sozialer Existenznachweis. Er braucht diesen Nachweis, um seinen grandiosen Identitätsgewinn einzustreichen: Als Herr über Leben und Tod bin ich allmächtig – und die ganze Welt soll meine Allmacht anerkennen.

Kapitel 11
Die Krieger des Guten:
Über das Töten im Namen höherer Moral

Gruppengewalt – wie unauffällige Menschen zu Massenmördern werden

Kollektive Allmachtsphantasien begleiteten die beiden totalitären Bewegungen, die im 20. Jahrhundert – dem »Zeitalter der Extreme« (Hobsbawm, 1995) – Weltgeschichte schrieben. Auf unterschiedliche Weise vertraten Kommunismus und Faschismus den grandiosen Anspruch, die Gesellschaften, in denen sie sich breit machten, von Grund auf neu zu gestalten. Zu diesem hehren Zweck hatten ihre Führer keinerlei Skrupel, Methoden des modernen Terrorismus und systematischen Massenmords anzuwenden. Schließlich sollte der »rote Terror« auf der einen, der »braune Terror« auf der anderen Seite nur der Geburtshelfer der klassenlosen Gesellschaft beziehungsweise der arischen Volksgemeinschaft sein. Und auf beiden Seiten fanden sich stets Menschen, die willens waren, die Mordbefehle zu exekutieren.

Auch wenn es im konkreten Einzelfall Individuen waren, die sich an entsprechenden Gewalttaten beteiligten und unsagbare Grausamkeiten verübten, taten sie es doch als Mitglieder einer bestimmten Gruppe, als Anhänger einer bestimmten Ideologie, als Verfechter einer bestimmten Moral. Sie mordeten, obwohl sie in ihren eigenen Familien und Verwandtschaftskreisen keineswegs gewalttätig auftraten und als durchaus friedliche, liebenswerte und fürsorgliche Menschen galten. Wie kam es dazu? Wieso wurde die Tötungshemmung partiell ausgesetzt?

Damit beim Sprung von der Individual- zur Sozialpsychologie der Gewalt nicht die Kategorien durcheinander geraten, müssen vorab zwei Fragen beantwortet werden, die bisher offen geblieben sind: Erstens die Frage, auf welche Weise das manifeste Kommunikations- und das latente Resonanzbedürfnis, das den Gewalttäter

treibt, an seinen kognitiven Einstellungen, moralischen Überzeu-
gungen und Weltanschauungen andockt; denn er greift beileibe nicht
wahllos an, sondern sucht seine Opfer gezielt aus. Und zweitens die
Frage, wie sich die Motivlage des Einzelnen mit der Motivlage von
Gleichgesinnten verbindet, sodass eine Gruppe entstehen kann, die
zur mörderischen Gewaltausübung bereit und in der Lage ist; denn
auch die Gruppengewalt sucht sich stets ein bestimmtes Angriffsziel,
wie im Genozid evident.

Beide Fragen untersucht der Sozialpsychologe Harald Welzer in
seinem Buch »Täter – wie aus ganz normalen Menschen Massenmörder werden« (2005). Darin widmet er sich insbesondere dem
konstitutiven Zusammenhang von individuellem Motiv, gesell-
schaftlichem Diskurs und gemeinschaftlichem Handeln in der Vorgeschichte von Genoziden. Er tut das am Beispiel des deutschen Nationalsozialismus sowie an genozidalen Ereignissen in Vietnam, im
Bürgerkrieg in Ruanda und im zerfallenden Jugoslawien.

Das Erklärungsmodell, das Welzer anbietet, verbindet drei inein-
ander verschachtelte Motivkreise:

1. Der erste Kreis entsteht im Verlauf eines gesellschaftlich geführ-
   ten Hass- und Verachtungsdiskurses, der bewirkt, dass eine
   bestimmte Gruppe von Menschen öffentlich als minderwertig
   identifiziert, radikal aus der menschlichen Gemeinschaft ausgegrenzt und zum Angriff freigegeben wird.
2. Auf dieser Grundlage entsteht im zweiten Kreis eine kollektive
   Deutungsmatrix, die zu einem veränderten sozialen Regelver-
   ständnis und Regelverhalten führt. Sie liefert dem Einzelnen
   Maßstäbe einer höheren Moral, die den Mord nicht nur bil-
   ligt, sondern geradezu verlangt, sodass sich das zivilisierende
   »Tötungsverbot in ein Tötungsgebot« verwandelt.
3. Erst im dritten Kreis geht es um die Einschätzung der Risiken
   einer Tat für den Täter, um ihre möglichen materiellen und narzisstischen Gewinne, um unbewusste Gratifikationen usw., das
   heißt: um Psychologie im engeren Sinne.

Die Spirale, die zur kollektiven Mordbereitschaft und schließlich
zum mörderischen Handeln führt, beginnt also nicht mit der Psy-

che des Einzelnen (oder mit seiner Psychopathologie), sie endet damit. Entscheidend ist diesem Modell zufolge, in welchem Koordinatensystem die handelnden Personen sich selbst und die Welt um sich herum wahrnehmen und welche sozialen und normativen Kontexte ihre Wahrnehmung prägen – unter Einschluss des Unbewussten allerdings, denn viele unserer moralischen Einstellungen sind dort verankert und dem Bewusstsein nur schwer zugänglich. Offenbar genügt unter Umständen schon eine kognitive Koordinatenverschiebung, um das moralische *mindset* zu verändern und eine mentale Rekontextualisierung des Selbst- und Weltbilds zu erzeugen.

Im Falle der Nazis war diese kognitive Koordinatenverschiebung rassentheoretischer Art. Die arische Rassentheorie genügte, um eine bestimmte Gruppe von Menschen – Juden, Zigeuner, Slawen, Homosexuelle, körperlich Schwache, psychisch Kranke – zunächst für minderwertig zu erklären und ihnen dann jeden menschlichen Status abzuerkennen. Erst ein rapider Wandel im öffentlichen und privaten Bewusstsein erlaubte es, die Juden zuerst zu diskriminieren, dann moralisch auszugrenzen und schließlich physisch zu eliminieren: Das Vernichtungsdenken ging dem Vernichtungshandeln voraus.

Schrittweise erfolgte nach der Machtübernahme durch die Nazis eine kollektive moralische Enthemmung. Parallel zu dieser Enthemmung kam es zum Aufbau einer neuen, einer Herrenmenschenmoral. Diese neue Moral wirkte sozialintegrativ. Denn sie war die Moral der Volksgemeinschaft. Es war geradezu eine vaterländische Pflicht, sich eventueller Skrupel zu entledigen. Denn die Juden wurden nicht aus unmoralischen, sondern aus moralischen Gründen umgebracht, aus Gründen einer höheren Moral: weil sie sich gegen Deutschland verschworen hatten; weil sie »Geldjuden« waren und das internationale Finanzkapital repräsentierten; weil sie Schädlinge waren, die den Volkskörper zu vergiften drohten; weil sie die Unreinen waren, die das Heterogene, das Ambivalente, den kosmopolitischen Geist der Zersetzung verkörperten usw.

Auf diese Weise ließe sich erklären, was nach Erklärung verlangt:
- wie sich nach 1933 innerhalb kürzester Zeit völlig normale Menschen in eine wahnhafte Ideologie haben hineinziehen lassen.

- wie eine gesellschaftliche Mehrheit mit guter Bildung ihr Werte-system so hat ändern können, dass sie sich an einem paranoiden Massenwahn aktiv oder passiv beteiligt hat.
- wie sich bis dahin seelisch gesunde Männer und Frauen in Menschen verwandeln konnten, die sich im Schatten des Polen- und Russlandfeldzugs, im besetzten Frankreich, Holland oder Griechenland, in den Bergdörfern des verbündeten Italien, in den Vernichtungslagern hinter der Front, im Rahmen von Massenerschießungen an der Front oder in martialischen Straf- und Racheaktionen gegen Partisanen am Massenmord beteiligten.

Mit Hilfe von Welzers Ansatz lässt sich das Entstehen jenes »eliminatorischen Antisemitismus« begreifen, den Daniel Goldhagen in seinem Buch »Hitlers willige Vollstrecker. Ganz gewöhnliche Deutsche und der Holocaust« (1996) diagnostiziert, aber volkspsychologisch mythologisiert hat, statt ihn aufzuklären: Der Massenmord an den Juden beginnt mit der radikalen Unterscheidung von Zugehörigkeit und Nichtzugehörigkeit, die schließlich dazu führt, dass Menschen anderen Menschen Dinge antun, zu denen sie unter anderen Umständen niemals in der Lage wären.

War es in Nazi-Deutschland die Rassentheorie, die den Massenmord rechtfertigte, so dienten in Ruanda oder in Jugoslawien ethnische Distinktionen zur Rechtfertigung von »Säuberungsaktionen«, denen auf einmal Nachbarfamilien zum Opfer fielen, mit denen die Täter jahrzehntelang friedlich zusammengelebt hatten. Zuerst wurde zwischen der eigenen und der fremden Ethnie unterschieden, dann wurde die Unterscheidung mit Entwertung versehen und mit Bedeutung aufgeladen, damit wurde Angst und Hass geschürt – und dann erst ging das Morden los.

Hier gelingen Welzer Einsichten in die Dynamik moderner Genozide, die einen schaudern lassen. Denkt man sein Modell weiter und wendet es auf die Gegenwart an, sieht es nicht gut aus. Denn die zusammenwachsende Welt wird zunehmend von Identitätskämpfen bestimmt, also letzten Endes von der Frage nach Zugehörigkeit bzw. Ausgrenzung. Auch die Vertreter eines fundamentalistischen, selbstgerechten, Gewaltbotschaften verkündenden und mörderisch auftretenden Islam stellen die Frage nach Zugehörig-

keit bzw. Ausgrenzung. Und sie beantworten sie radikal: Der Gott-
lose, der unseren Glauben nicht teilt oder vom Glauben abgefallen
ist, hat den Tod verdient.

Kunstwerke des Bösen – zur medialen Inszenierung des religiösen Terrors

Lange bevor das Highschool-Shooting im medialen Rampenlicht
zum letzten Schrei unter sozialrebellischen Teenagern in den nörd-
lichen Komfortzonen der Welt werden sollte, hatte der radikale Islamismus seine Blutspur durch den Süden gezogen. Sie reichte von
Pakistan und Indien über Malaysia, die Philippinen und den Nahen
Osten bis nach Kenia, Somalia und den Jemen und durch den afri-
kanischen Kontinent hindurch nach Nigeria, Algerien und Marokko,
bis sie 1993 amerikanisches Terrain erreichte. In seinem seherischen
Spiegel-Essay »Anschwellender Bocksgesang« (1993) – im Februar
1993 veröffentlicht, in einem hohen Ton verfasst und ebenso hoch
umstritten, unheilschwanger – sah Botho Strauß spirituelle Konflikte
jenseits der Ökonomie heraufdämmern und erinnerte an die Nähe
des Heiligen zur Gewalt.

Noch im gleichen Monat wurde auf das Word Trade Center in
New York von der radikalislamischen Al Qaida-Organisation zum
ersten Mal ein schwerer Bombenanschlag verübt, der sechs Menschen das Leben kostete und mehrere Hundert verletzte. Es war nur
der Vorschein eines ungleich blutigeren »Clash of Civilizations«,
eines »Kriegs der Kulturen«, den der amerikanische Politikwissenschaftler Samuel Huntington (1993/2002) im gleichen Jahr pro-
phezeit hatte: Nicht mehr wirtschaftliche Konflikte, ideologische
Differenzen oder nationale Streitigkeiten würden in Zukunft die
Menschen gegeneinander aufbringen, sondern kulturelle Unverein-
barkeiten; im Zentrum der Kultur aber stehe die Religion. Huntington, der viel Kritik auf sich zog, sollte Recht behalten.

Zum Auftakt des 21. Jahrhunderts betrat der Radikalislamismus
mit unverkennbaren Allmachtsgesten die Weltbühne. Mit spektakulären Gewaltinszenierungen machte er auf sich aufmerksam. Als am
11. September 2001 die »Gotteskrieger« in New York und Washington eine horrende Demonstration ihrer religiös begründeten Zerstö-

rungswut lieferten, schien sich Huntingtons Prophezeiung zu bestätigen. Viele meinten jedoch, in den Abgrund der menschlichen Seele zu blicken, wo das heilige Verbrechen letztlich ausgebrütet worden war. In der Folge avancierte das Böse in der westlichen Öffentlichkeit zu einer Metapher, die nicht nur der Dämonisierung des Feindes diente, sondern auch der Ankündigung seiner Vernichtung.

Jedenfalls war mit dem Bösen, als dessen eigentlicher Ort die Hölle gilt, auch das Gute wieder in der Welt. Ein manichäisches Kategorienpaar wurde reanimiert, das aus den säkularisierten Diskursen einer aufgeklärten Welt längst verbannt und in die Dunkelkammern der Vormoderne eingesperrt schien. Der US-amerikanische Präsident machte eine »Achse des Bösen« aus, der er die »Achse des Guten« entgegensetzte. Die islamistische Kriegserklärung an die westliche Zivilisation beantwortete er mit einem »Krieg gegen den Terror«, den er damals ausrief und der bis heute anhält.

Bezeichnend allerdings, dass in diesem asymmetrischen Krieg auch die andere Seite den Kampf der Kulturen mit moralischen Ansprüchen auflud. Nur galt aus Sicht eines fundamentalistisch interpretierten Islam die apokalyptische Attacke dem »großen Satan« USA (und dem »kleinen Satan« Israel). Als Führungsmacht eines zutiefst ungläubigen, ökonomisch übermächtigen, sozial kalten und moralisch verderbten Westens verkörpert Amerika den eigentlichen Teufel: Glaube gegen Mammon, Morgenland gegen Abendland, Dschihad gegen Kreuzzug.

Aber die mörderischen Flugzeugangriffe auf New York und Washington zeugten nicht bloß von der maßlosen Wut der »Gotteskrieger« auf den »gottlosen« Westen, sondern auch von einem grandiosen Gespür für die mediale Wirkung eines choreografierten Massenmords, den sie nach jahrelanger Planung als apokalyptisches Schauspiel in Szene setzten. Es fand vor den entsetzten Augen der Weltöffentlichkeit statt. Es geschah zur besten Sendezeit: in den USA zur morgendlichen Rushhour, in Europa am frühen Nachmittag, in Ostasien rechtzeitig zu den Abendnachrichten. Und es lieferte erschütternde Bilder, die rund um die Welt liefen und sich ins kollektive Gedächtnis der Menschheit einbrannten.

Der Massenmord an fast 3000 Menschen, die dafür sterben mussten – übrigens Menschen aller Hautfarben, Religionen und sozialen

Schichten, die in den Türmen erschlagen wurden, verbrannten oder erstickten, wenn sie nicht in die Tiefe sprangen: Weiße und Schwarze; Christen, Juden und Muslime; Vorstandsvorsitzende und Banker wie Sekretärinnen, Postboten und Putzfrauen – wurde vom Fernsehen live in die Welt übertragen, was nicht überall Entsetzen auslöste. Der Jubel über den Kollaps der Türme beschränkte sich keineswegs auf die Straßen im Nahen, Mittleren und Fernen Osten, auf öffentliche Plätze von Gaza-Stadt bis Islamabad; auch in den muslimisch geprägten Parallelgesellschaften Westeuropas waren Freudengesänge zu vernehmen.

Selbst bei Künstlern fand die makabre Ästhetik des Massenmords eine gewisse Bewunderung. Sie mussten dafür Prügel einstecken und wurden für eine Weile geächtet.

Aber zu spektakulär waren die medialen Zeugnisse, als dass sie nicht künstlerische Aufmerksamkeit auf sich gezogen hätten: die Bilder der aus einem strahlendblauen Morgenhimmel anschwebenden Flugzeuge, die Bilder der an den Flanken getroffenen, zunächst waidwund geschossenen, in Flammen stehenden und rauchenden, dann wie in Zeitlupe einstürzenden Türme, die Bilder der gigantischen Staub-, Schutt- und Rauchwolke, die die Menschen in Lower Manhattan erst vor sich hertrieb und dann verschluckte.

Zu beeindruckend war die Inszenierung des Schauspiels, als dass sie nicht Anerkennung hervorgerufen hätte:

- beim zeitgenössischen Komponisten Karlheinz Stockhausen: »das größte Kunstwerk, das es überhaupt gibt für den ganzen Kosmos« (Spiegel-Online Kultur, 2001).
- bei Anselm Kiefer, dem Maler des Großen, Schweren und Archaischen: »das perfekteste Bild, das wir seit den Schritten des ersten Mannes auf dem Mond gesehen haben« (Bopp, 2001).
- und selbstverständlich bei Damien Hirst, der mit künstlerischen Provokationen wie dem in Spiritus eingelegten Hai ohnehin nie gespart hat: »schon für sich genommen ein Kunstwerk«, zwar »böse«, aber gleichzeitig »atemberaubend« (haz-online, 2011).

In der Tat war es ein globales Kunstwerks des Bösen, eine soziale Installation der Macht, eine gigantische Konzeptkunst, deren Erfinder uns alle zu Zeugen einer globalen Medieninszenierung machten.

Indem sie einem scheinbar übermächtigen Feind seine Ohnmacht vorführten, demonstrierten die »Krieger des Guten« zugleich, wer sie sind, für was sie stehen, was sie so bedingungslos hassen und wie sie ihrem Hass praktische Geltung verschaffen. Das Inferno, das sie im Feindesland angerichtet hatten, war eine Hassbotschaft an die liberale Demokratie und all ihre Werte: Parlamentarismus, Gewaltenteilung, Rechtsstaatlichkeit, Minderheitenschutz, Gleichberechtigung (vor allem der Geschlechter), Religionsfreiheit, Versammlungsfreiheit, Pressefreiheit, Menschenrechte.

Das Visier war scharf eingestellt. Denn nicht zufällig ist New York City zum Hauptziel des islamistischen Angriffs geworden. Die Hauptstadt des 20. Jahrhunderts ist das exemplarische »global village«. Hier kann man buchstäblich dabei zusehen, wie die Welt auf engstem Raum zusammenwächst. Diese kosmopolitische Stadt liefert ein Modell, wie man Differenzen zwischen Klassen und Rassen, zwischen ethnischen Kulturen, verschiedenen Weltanschauungen und konkurrierenden Religionen dynamisch ausbalanciert, wie man unvermeidlich auftretende Spannungen und Konflikte so gekonnt moderiert, dass sich die Gewalt in Grenzen hält. Ein derart – notgedrungen – tolerantes, vielfältiges, buntes, ambivalentes, unübersichtliches, unberechenbares, verwirrendes, gewiss strapaziöses und dennoch irgendwie funktionierendes Gesellschaftsgebilde bot für die totalitären Obsessionen von Sauberkeit, Reinheit und Homogenität eigentlich keinen Raum.

Aber genau mit diesen Insignien der Moderne forderte der Metropolenkosmos jenen neuen Totalitarismus offenbar heraus, der sich das Kostüm einer alten Religion übergeworfen hatte.

Mit weiteren Bombenanschlägen auf Pendlerzüge in Madrid (2004; 191 Tote, 1600 Verletzte) und auf Busse und U-Bahnen in London (2007; 56 Tote, 158 Verletzte) trugen die selbst ernannten »Gotteskrieger« den blutigen Terror, mit dem sie bis dahin vor allem die arabisch-muslimische Welt von Pakistan bis in den Libanon und von Somalia bis Mali überzogen hatten, nun auch in die europäischen Hauptstädte. Im Jahr 2015 wurde vor den Augen einer entsetzten Weltöffentlichkeit Paris zum Ziel gut koordinierter Angriffe, deren mörderische Botschaften nicht nur ganz Frankreich galten, sondern der »dekadenten« westlichen Lebensart insgesamt: Im Januar traf es die Redaktion des

Satiremagazins »Charlie Hebdo«, ein jüdisches Lebensmittelgeschäft und Polizisten (17 Tote, zahlreiche Verletzte), im November waren es Bars, Straßencafés, Ausgehlokale, ein Konzertsaal und ein Fußballstadion, das Stade de France, in dem ein weltweit im Fernsehen übertragenes Länderspiel stattfand, während die Schüsse fielen und die Sprengstoffgürtel zündeten (130 Tote, 352 Verletzte).

Die Welt als Ganzheit – mentale Verwandtschaftsbeziehungen zwischen totalitären Massenbewegungen

Die radikale Kriegserklärung, die der westlichen Zivilisation von den apokalyptischen »Gotteskriegern« übermittelt wird, entstammt keiner Projektion des Westens auf die islamische Welt, im Sinne eines »Orientalismus«, wie Edward Said (1978/2009) das westliche Zerrbild vom Orient einst genannt hatte, sondern umgekehrt: Blutige Realität und bitterernst gemeint, stützen sich die islamistischen Terrorattacken ihrerseits auf ein Zerrbild, das man mit Ian Buruma und Avishai Margalit (2005) im Gegenzug »Okzidentalismus« nennen könnte: der Westen in den Augen seiner Feinde.

Ideologisch bedient sich der neue Totalitarismus in religiöser Verkleidung nicht nur aus einem selektiv gelesenen, aus dem historischen Kontext gerissenen und fundamentalistisch interpretierten Koran, sondern auch aus den verrottenden Hinterlassenschaften von Kommunismus und Nationalsozialismus. Er zehrt buchstäblich von den beiden Totalitarismen europäischer Provenienz, die er beerbt hat, wie Paul Berman (2004) meines Wissens als erster herausgearbeitet hat.

Mit seinen totalitären Vorgängerideologien teilt der radikale Islamismus nämlich
1. eine paranoide Weltverschwörungstheorie: Neben dem Kapital und den Juden verkörpern nun die Dekadenz westlicher Lebensformen, der Westen insgesamt – insbesondere die USA mit ihrem Statthalter Israel – jenes Böse, das die arabisch-islamische Welt vernichten will;
2. die soziale Utopie vom homogenen Volkskörper: Nach der klassenlosen Gesellschaft und der arischen Volksgemeinschaft wird nun die Umma als reine Heilsgemeinschaft aller Muslime angestrebt;

3. die moralische Begründung der Barbarei: Nach dem Klassen-
   mord an den Kulaken, der Bourgeoisie und der Aristokratie
   im Namen des kommunistischen Gleichheitsideals und dem
   Rassenmord an den Juden und anderen »Untermenschen« im
   Namen der arischen Nation ist nun der Massenmord an Ungläubigen, Abgefallenen und Verrätern im Namen der wahren Religion geboten;
4. einen apokalyptischen Märtyrer- und Todeskult: An die Stelle
   der revolutionären Endzeitkämpfer für den Kommunismus bzw.
   den Nationalsozialismus, die für ihre Ideale zu sterben bereit
   sind, treten nun die gottesfürchtigen Selbstmordattentäter, die
   neben irdischem auch noch himmlischen Ruhm erwarten dürfen.

Diese mentale Nähe mag der tiefere Grund dafür sein, dass der islamistische Terrorangriff auf die USA – er eröffnete mit seiner Propaganda der Tat die internationale Schaubühne für das, was ideologisch schon seit langem ausgebrütet war und was man mit Berman
(2004) den »Islamofaschismus« oder »muslimischen Totalitarismus«
nennen kann – im europäischen rechts- wie linksradikalen Milieu
zumindest klammheimliche, wenn nicht offene Zustimmung fand.
Im Radikalislamismus witterte man schon einen möglichen Verbündeten gegen die flache Kultur des Westens. Im Einsturz der Türme
mitten im Zentrum des internationalen Finanzkapitals sah man
bereits das Kommende nahen. Erneut glimmte die Hoffnung auf
eine Wiederbelebung der Front gegen das »Imperium« auf, zumal
man links wie rechts den Terrorismus als »Waffe der Schwachen«
verstehen wollte, um ihn moralisch zu adeln.

Allerlei Verschwörungstheorien tauchten auf, die wahlweise den
Mossad oder die CIA oder beide verantwortlich machten, wenn sie
nicht gar Zweifel daran weckten, dass der Angriff überhaupt stattgefunden hatte. Der gemeinsame Affekt gegen die neoimperialis-
tischen USA und das neokolonialistische Israel, der vereinte Hass
gegen die Globalisierung des Kapitalismus unter der Fahne des Neoliberalismus, das geteilte Ressentiment gegen die Moderne mit ihrem
Pluralismus von Wertvorstellungen, Glaubensorientierungen und
Weltbildoptionen – all das offenbarte das Rechte im Linken wie das
Linke im Rechten.

In weiten Teilen der arabisch-muslimischen Welt genießen Moham-
med Atta und seine Kumpane, die die voll besetzten Zivilflugzeuge
ins »Herz des Bösen« gelenkt hatten, inzwischen Heldenstatus als
Freiheitskämpfer. Ihr Ruf ist legendär. Sie werden als Märtyrer für
die gute Sache gefeiert. Sie sind Kult. Unter Jugendlichen werden
sie verehrt, vergleichbar nur mit der anhaltenden Verehrung, die
Che Guevara und Fidel Castro oder Andreas Baader und Ulrike
Meinhof, die Gründer der »Rote Armee Fraktion« (RAF), in Kreisen
der radikalen Linken genießen (vgl. Koenen, 2001, 2003; Howard,
2002; Aly, 2005; Kraushaar, 2006; Altmeyer, 2007, 2009a, 2009b).
Vergleichbar vielleicht auch mit der Helden- und Märtyrerrolle, die
die drei – bisher bekannten – Mitglieder des »Nationalsozialistischen
Untergrunds« (NSU) in der deutschen Naziszene innehaben.

Zum Kult unter radikalisierten muslimischen Jugendlichen ist mittlerweile der »Islamische Staat« (IS) geworden, das jüngste und radi-
kalste Produkt einer enthemmten Gewaltideologie, die sich auf den
Islam zu berufen glaubt – und das erschreckendste. Der Schrecken, den er verbreitet, und die Macht, die er verkörpert, sind seine
stärkste Identitätswaffen.

Das Staatsgebilde des IS – er ist aus einer seit 2003 aktiven sala-
fistischen Terrororganisation entstanden und hat 2013 ein Kalifat
ausgerufen – umfasst Teile des Irak und Syriens, mit dem erklärten
Anspruch seiner sunnitischen Führungsriege, sich auf den gesamten
Nahen Osten und darüber hinaus auszudehnen: Welteroberung ist das
erklärte Ziel. Nicht zuletzt deshalb hat sich 2014 eine breite, von den
USA zusammengetrommelte, aber in sich zerstrittene internationale
Militärkoalition unter Beteiligung islamischer Länder gebildet, die mit
Luftangriffen gegen den IS vorgeht, während kurdische Gruppierungen aus der Region und andere einheimische Kräfte die Bodentrup-
pen bilden. Seitdem hat der IS eroberte Gebiete wieder verloren und
befindet sich auf dem Rückzug, was ihn nicht dran hindert, seine über
die Medien verbreitete Terrorbotschaften fortzusetzen. Als Reaktion
auf die Massenmorde in Paris (2015) hat der französische Präsident
eine erweiterte Koalition zusammengebracht, an der sich seitdem
unter anderem auch Russland und Deutschland militärisch beteiligen.

Werbung für sich und seine dschihadistischen Ziele betreibt der IS über salafistische Prediger in Moscheen auf der ganzen Welt. Aufsehen erregenden Zulauf erhält er von jungen Menschen aus westlichen Ländern, geborene Muslime oder zum Islam konvertierte Jugendliche, darunter auch junge Mädchen im Teenageralter. Diese rekrutiert er vorwiegend mit popkulturell aufgemachten Propagandavideos auf Tarnseiten im Internet und über die sozialen Netzwerke. Renner sind professionell gedrehte, raffiniert geschnittene und mit fetziger Rock- und Rap-Musik unterlegte Aufnahmen von grauenvollen Hinrichtungen westlicher Geiseln. Die Täter sind meist ganz in schwarz gekleidet und maskiert, die Opfer werden in orangefarbene Gewänder gesteckt (um sie mit den US-Gefangenen in Guantanamo gleichzusetzen). Beliebteste Methode ist das Halsabschneiden mit einem scharfen Messer.

Der bekennende Radikalislamist Denis Cuspert, in der Berliner Szene als Rapper Deso Dogg bekannt, zeigt sich in einem Enthauptungsvideo zusammen mit anderen Vorkämpfern des Islamischen Staats. Er hält einen abgeschnittenen Kopf in der Hand. Andere Männer sind zu sehen, die von seiner Gruppe erschossen worden sind. In deutscher Sprache verkündet Cuspert, es habe sich um syrische Gegner des Islamischen Staats gehandelt: »Deshalb haben sie die Todesstrafe bekommen« (dpa vom 4. November 2014).

Der streng muslimische Familienvater Yassin Salhi, der am 26. Juni 2015 in Saint-Quentin-Fallavier nahe bei Lyon ein Gaslager angegriffen und seinen Chef enthauptet hat, brüstet sich nach seiner Tat mit einem Selfie. Das Handy-Foto von sich mit dem abgetrennten Kopf versendet er über WhatsApp an eine Nummer in Nordamerika. Den Kopf selbst befestigt er am Zaun der Industrieanlage, umrahmt von zwei islamistischen Flaggen. Die enthauptete Leiche liegt daneben. Noch am Tatort beim vergeblichen Versuch, das Gaslager zur Explosion zu bringen, von Feuerwehrleuten überwältigt, bestreitet er inzwischen religiöse Motive.

Unter religiösem Deckmantel betreibt der Radikalislamismus kollektive Identitätsbildung durch die Verbreitung von Angst und Schre-

cken. Er rekrutiert seine Anhänger durch die Propaganda terroris-
tischer Gewalt, an der sie partizipieren dürfen. Um die Welt in die
Sitten und Gebräuche des frühen Mittelalters zurückzuzwingen, hat
er eine ganze Weltreligion gekidnappt. Zum leichten Opfer konnte
der Islam jedoch nur werden, weil er seine eigene Modernisierung
versäumt hat. Umso moderner ist die Medienstrategie der Kidnapper.
Aber was motiviert die islamistischen Eiferer sonst noch – jenseits
der Lust am eigenen Bild in den Medien, jenseits ihrer Tötungslust,
jenseits des Machtgefühls, das sich dabei einstellt?

Der amerikanische Psychoanalytiker Jonathan Lear lässt sein
Buch über »Freud« (Lear, 2005) mit Überlegungen zu den Motiven
islamistischer Terrorgruppen beginnen. Zunächst fühlt er sich in
den selbstkritischen Ursachendiskurs des aufgeklärten Westens ein:

»Wenn wir nur mehr wüssten über die kulturellen Bedingungen, in
denen der militante Fundamentalismus wurzelt, wenn wir nur mehr
wüssten über die Geschichte der Erniedrigung bestimmter Leute, dann
würden wir letzten Endes verstehen können, was es mit ihrer Motiva-
tion auf sich hat. Wir würden die Gründe für ihr Handeln (selbst wenn
wir denken, dass es schlechte Gründe sind) verstehen können« (S. 3;
eigene Übersetzung).

Die Pointe dieser westlichen Art der kritischen Selbstbefragung sieht
Lear darin, dass man in den Reden von Osama bin Laden (und in
denen seiner weniger gebildeten ideologischen Nachfolger) genau
dieselbe rationale Begründung für eine terroristische Strategie wie-
derfindet. Denn die angebliche Demütigung und Schmach der islamischen Welt liefert ihm die Rechtfertigung dafür, den Westen
anzugreifen und seinerseits zu erniedrigen. Mit der Linken teilt er
ein Weltbild, das dem Terrorismus nicht nur eine »höhere Moral«,
sondern auch eine Art von »höherer Vernunft« bescheinigt: Wenn
man dieser Rhetorik Glauben schenkt, erleben wir im radikalen Islamismus immer noch den Aufstand der ökonomisch Ausgebeuteten
gegen ihre Ausbeuter, der politisch Entrechteten gegen ihre Unter-
drücker, der kulturell Beleidigten gegen die kolonialistische Kultur.
Zweifellos, so Lear weiter, gebe es Anlass, über die Geschichte des
Kolonialismus und Imperialismus nachzudenken, und handele der

Terrorist aus der Überzeugung, die Erniedrigung seines Volkes recht-
fertige seine grausame Rachsucht und tödliche Wut. Aber könne es
nicht auch umgekehrt sein: dass er seinem Gefühl der Erniedrigung
deshalb verhaftet bleibe, weil er Vergnügen am zerstörerischen Hass
gefunden habe? Lear dreht den Spieß um.

Während der wütende Islamist den mörderischen Angriff mit seiner Kränkung begründet, hält er zugleich an dieser Kränkung fest,
um mit dem Morden weiter machen zu können. Die Unterstellung
einer unter der Oberfläche seines eigenen Bewusstseins verborgenen
unbewussten Aggressionslust bedeutet freilich eine weitere Erniedrigung, die ihn umso mehr in Rage versetzt. Denn bewusst möchte
er das Gefühl der Erniedrigung gerade nicht behalten, sondern los-
werden. Ihm zu unterstellen, dass er selbst ein Verlangen danach
habe, sich gekränkt zu fühlen, um wütend sein zu dürfen, bedeutet,
seine bewussten Motive für irrational zu erklären. Was aber wäre
das unbewusste Motiv?

Eine Kultur der Niederlage und die Figur
des radikalen Verlierers

In seinem Buch »Versiegelte Zeit. Über den Stillstand in der islamischen Welt« (2005) hat Dan Diner den Finger auf die narzisstische
Wunde im kollektiven Unbewussten der arabisch-islamischen Welt
gelegt: ein verletztes Selbstwertgefühl, das mit der unbewältigten
Geschichte des Islam zu tun hat. Dessen historischer Niedergang,
der sich in einem unbestreitbaren Entwicklungsrückstand offenbart, werde mit einer brisanten Mischung aus Tatsachenkenntnis
und Realitätsverleugnung beantwortet.

Auf der einen Seite kenne man zwar die ernüchternde Realität
und wisse von der eigenen Rückständigkeit nicht nur gegenüber
dem entwickelten Westen, sondern auch gegenüber prosperierenden
Ländern des Südens, die man früher der unterentwickelten »dritten Welt« zurechnen konnte. Auf der anderen Seite aber versuche
man verzweifelt, diese kollektive Kränkung projektiv zu bewältigen:

> Anstatt die Ursachen für das eigene Elend in der Kultur- und Sozial-
> geschichte des Islam zu suchen, wird immer noch der Westen mit

seiner kolonialen Vergangenheit beschuldigt, obwohl für die miserablen Zustände längst die eigenen Eliten verantwortlich sind.

Anstatt die hausgemachten Entwicklungshemmnisse zu beseitigen, die vor allem in mangelnder Bildung, einem enormen Analphabetentum und der religiösen Dogmatisierung von Schulen und Universitäten liegen, klagt man lieber über die Diskriminierung des Islam.

Anstatt Menschenrechte anzuerkennen, um die gesellschaftliche Lähmung zu beenden, und anstatt ökonomische, politische, kulturelle, soziale und persönliche Freiheiten zu gewähren, um eine Entwicklungsdynamik in Gang zu setzen, werden diese Rechte und Freiheiten als unislamisch verteufelt.

Anstatt die erdrückende Symbiose von Staat und Religion aufzuheben und beides voneinander zu trennen, damit die Gesellschaft ihre vorhandenen Potenziale entfalten und sich insgesamt weiterentwickeln kann, wird an der Idee des totalitären Gottesstaats festgehalten.

Diner betrachtet die Verteidigungs- und Aggressionsbereitschaft, die der radikale Islamismus predigt, als paranoide Reaktion auf ein selbstverschuldetes Modernisierungsdefizit. Weil die terroristische Strategie praktisch dazu führt, den Entwicklungsrückstand zu vergrößern, die Wohlstandskluft zu vertiefen und den eigenen Fortschritt zu verhindern, handelt es sich letzten Endes um eine Verliererstrategie. Sie entstammt einer »Kultur der Niederlage«, wie sie Wolfgang Schivelbusch (2001) anhand des amerikanischen Bürgerkriegs, des deutsch-französischen Kriegs 1870/71 und des Ersten Weltkriegs auf der jeweiligen Verliererseite illustriert hat: Man ignoriert die Realität, verklärt die Vergangenheit und hält an seiner Kränkung fest.

Aufgeklärte arabische Intellektuelle fordern die islamisch geprägte Welt seit langem auf, sich endlich den inneren Bedingungen für die eigene Rückständigkeit zu stellen, deren ganzes Ausmaß in einer vernetzten und medialisierten Welt unübersehbar geworden ist. Statt dem goldenen Zeitalter des Islam nachzuhängen und ein chronisches Gefühl der Erniedrigung zu pflegen, das sich nur im projektiven Hass bewältigen lasse, solle man sich lieber den drängenden Problemen der Gegenwart widmen und für eine bessere Zukunft sorgen. Das Elend im muslimisch geprägten Teil der Welt werde durch die religiöse Intoleranz, eine morbide Nostalgie und den Hass auf den Westen nur verlängert.

Samir Kassir, ein libanesischer Geschichtsprofessor und Journalist, der 2005 in seiner Heimatstadt Beirut selbst einem Terroranschlag zum Opfer fiel – in seinem Auto war eine Bombe deponiert worden – sprach in seinen »Considérations sur le malheur arabe« (Kassir, 2004) vom »arabischen Unglück«. Er verglich die Renaissance des politischen Islam mit dem Aufstieg des Faschismus in Europa:

»Tatsächlich weisen die gesellschaftlichen Verhaltensweisen der islamistischen Bewegungen, sobald man den sie verhüllenden religiösen Schleier entfernt, viele Analogien zu den faschistischen Diktaturen auf« (S. 36). Der vom Islamismus gewiesene Ausweg aus der empfundenen Ohnmacht, die terroristische Gewaltausübung, gleiche »bestenfalls dem Wüten des rasenden Samson« und diene dazu, die moralische Überlegenheit des Opfers zu demonstrieren, »von dem man lediglich verlangt, seine Opferrolle auf sich zu nehmen« (S. 21).

Das unbewusste Innenweltmuster des Islamisten, das Kassir hier skizziert, passt zur Figur des »radikalen Verlierers«, die Hans Magnus Enzensberger (2006) in seiner Studie über das Böse gezeichnet hat. Der radikale Verlierer ist mit anderen Figuren verwandt: mit der des Versagers, der resigniert hat; mit der des Opfers, das Wiedergutmachung fordert; mit der des Besiegten, der beim nächsten Mal Sieger sein will. Die Figur des radikalen Verlierers unterscheidet sich jedoch von diesen Verwandten in einer wichtigen Eigenschaft – sie braucht ihre Zeit, bis sie sich zu Wort meldet:

»Der radikale Verlierer aber sondert sich ab, wird unsichtbar, hütet sein Phantasma, sammelt seine Energie und wartet auf seine Stunde«. Dass die anderen ihn für einen Verlierer halten, reicht ihm nicht, denn »zum radikalen Verlierer hat er es erst gebracht, wenn er sich das Votum der anderen, die er für Gewinner hält, zu eigen gemacht hat. Erst dann ›rastet er aus‹« (S. 8 f.).

Ein Beispiel für diese unbewusste Fixierung an die Verliererposition ist die Islamisierung des palästinensischen Widerstands in Gestalt radikalislamischer Gruppierungen wie der Hamas und der Hisbollah:

> Ursprünglich nicht religiös, sondern säkular begründet, strebte der palästinensische Widerstand im Kampf mit Israel einen eigenen Staat an, ein unabhängiges Palästina. Dafür stand die linkssäkulare Al-Fatah unter Jassir Arafat und seinem Nachfolger Mahmud Abbas, nachdem sie dem Terrorismus abgeschworen, den Staat Israel anerkannt und sich auf den Friedensprozess eingelassen hatte. Nach dem Rückzug von Israel aus dem Gazastreifen bekam die nach Arafats Tod erstarkte radikalislamische Hamas die Verantwortung für das befreite Territorium. Wie ist sie damit umgegangen? Sie schoss den Israelis Raketen hinterher, um die frühere Besatzungsmacht zu zwei, für die Bevölkerung von Gaza verheerenden Kriegen zu provozieren. Die gleiche Verliererstrategie mit ähnlichen Folgen praktizierte die radikalislamische Hisbollah mit Raketenangriffen auf den Norden Israels aus dem Libanon.

Israel wird nicht mehr als Besatzungsmacht behandelt, von der man die besetzten Gebiete zurückverlangt, sondern als Verkörperung des Bösen, das im Heiligen Krieg vernichtet werden muss (wie es in der antisemitisch getränkten, und von einem paranoiden Weltbild durchzogenen Charta der Hamas heißt). Ob auf diese Weise tatsächlich Erfolge im Kampf um den eigenen Staat zu erzielen sind, ist für die arabischen Volkshelden, als die sich die religiösen Führer von Hisbollah oder Hamas stolz präsentieren, nicht mehr entscheidend. Es geht ihnen vielmehr um die Kampfesehre. Sie leben vom Kriegszustand. Sie brauchen den Identitätsgewinn durch Gewalt: »It isn't whether you win or lose; it's whether you kill Jews!«, schrieb Thomas L. Friedman (2006) anlässlich des zweiten Libanonkriegs über Hassan Nasrallah, den Generalsekretär der schiitischen Hisbollah: Ob man gewinnt oder verliert, sei nicht so wichtig – Hauptsache man bringe Juden um!

Eine Kultur der Niederlage erzeugt die Figur des radikalen Verlierers – für eine solche Deutung des zeitgenössischen Islamismus sprechen nicht zuletzt die Bruderkämpfe zwischen Hamas- und Fatah-Anhängern, zwischen Sunniten und Schiiten, zwischen Dschihadisten unterschiedlicher Couleur, von denen sich keine von der anderen in der Radikalität ihrer Rhetorik übertreffen lassen möchte. Und dafür spricht insbesondere die Existenz des Islamischen Staats, der die Gewähr dafür bietet, dass die desaströse Gewaltfeier im Namen des »wahren« Koran auf absehbare Zeit weitergehen wird.

Aber widerlegt die zunehmende Unterstützung, die das islamistische Projekt inzwischen auch in der europäischen Diaspora erhält, nicht die These vom »arabischen Unglück«? Zeigt der politisch radikalisierte Islam den erwachten Muslimen nicht gerade den Weg aus dem Unglück, aus der Niederlage, aus der Verliererposition? Und ist der Westen nicht der eigentliche Verlierer, wie manche westlichen Kommentatoren befürchten, die das Bild von Europas schleichender »Überfremdung« durch einen erstarkenden Islam an die Wand malen, der unserer Toleranz bald nicht mehr bedürfe? Doch der Schein trügt. Die exzentrischen Gebärden des islamistischen Projekts gehören zu den Kollateralschäden einer rasant zusammenwachsenden Welt, deren Vernetzungsdichte und deren Veränderungstempo längst auf die muslimische Welt übergegriffen haben.

Der radikale Islamismus ist selbst nur das Symptom einer Modernisierungskrise, die den Islam im Zuge seiner eigenen »Verwestlichung« erfasst hat. So lautet die überzeugende Diagnose, die der französische Politikwissenschaftler und Islamforscher Olivier Roy (2006) in seinem Buch »Der islamische Weg nach Westen« begründet und später weiterentwickelt hat (2008; 2010). Auch wenn diese Deutung die hiesigen Anhänger des Kulturrelativismus aufbringen und die aufgebrachten Muslime in aller Welt kränken mag: Man sollte den muslimischen Totalitarismus mit seinem religiösen Chiliasmus, seiner Verachtung bürgerlicher Freiheiten, seinem regressiven Kulturverständnis, seinem totalitären Gemeinschaftsversprechen, seiner ideologischen Aggressivität und seinen barbarischen Terrormethoden den Geburtswehen einer zukünftigen Weltgesellschaft zurechnen, die historisch neuartige Näheprobleme zu regulieren hat.

V
Verbindungen zur Welt knüpfen: Die zeitgenössische Psyche als soziale Netzwerkerin

> *Innerhalb der Psychoanalyse gibt es zwei gegensätzliche Auffassungen: Die eine betrachtet die Psyche als in sich abgeschlossen; die andere macht geltend, dass die Psyche nur in einem zwischenmenschlichen Bereich entsteht. In einer wirklichen materiellen Welt, welche die Individuen miteinander teilen und von der sie wissen, dass sie sie miteinander teilen.*
>
> Marcia Cavell, »Becoming a Subject«
> (2006, S. 1, eigene Übersetzung).

> *For last year's words belong to last year's language, and next year's words await another voice.*
>
> T. S. Eliot, »Little Gidding« (1944/1999, S. 43)

In westlichen Gesellschaften haben sexuelle Revolution, antiautoritäre Bewegung und kulturelle Liberalisierung zu einem mentalen Wandel beigetragen, den Martin Dornes die »Modernisierung der Seele« (2012) nennt. Mit dem Verlust an struktureller Rigidität hat das Seelenleben zugleich an Variabilität, Flüssigkeit und Zugänglichkeit gewonnen, sodass es flexibler, lebendiger und kommunikativer wird und sich viel stärker, als das früher der Fall war, mit der sozialen Lebenswelt verbindet. Andererseits scheint eine modernisierte Psyche, die nach innen ihre Abwehr- und Sicherungsfunktionen gelockert hat und sich nach außen weniger abgrenzt und isoliert, zugleich leichter zu verunsichern und störungsanfälliger zu sein: Die Abnahme psychischer Stabilität – im klassischen Sinne der Charakterbildung – korrespondiert womöglich mit einer erhöhten Störbarkeit. An dieser mentalen Ambivalenz machen sich nun kritische Zeitdiagnosen fest, die einen kulturellen Verfall beklagen und eine krankmachende Gesellschaft unter Verdacht stellen. Entsteht in Zeiten der kapitalistischen Globalisierung ein neuer Sozialisationstyp, der den autoritären oder narzisstischen Charakter früherer Epochen ablöst? Leidet das zeitgenössische Selbst unter den neoliberalen Zumutungen an Eigenverantwortung, unter depressiver Erschöpfung angesichts einer Überfülle von Optionen oder unter dem rasenden Tempo der Beschleunigungsgesellschaft? Oder löst es sich in den sozialen und digitalen Netzwerken der Moderne gar vollkommen auf? Angesichts beunruhigender Gegenwartsphänomene sollten die Zeitdiagnostiker ihre professionelle Gelassenheit wahren. Insbesondere die Psychoanalyse sollte das tun. Ich plädiere in diesem letzten, zeitdiagnostischen Teil für einen möglichst nüchternen, genauen und unbefangenen Blick, für die Haltung einer freischwebenden Aufmerksamkeit, die die Projektionen der eigenen Zunft zu vermeiden sucht. Denn in den zeitgenössischen Formen seelischer Entäußerung bildet sich in der Tat ein neuer Sozialcharakter heraus, der sich durch eine entschiedene Suche nach sozialer Sichtbarkeit und Resonanz auszeichnet. Damit demonstriert die Seele, dass sie keine abgegrenzte Einheit ist, die sich in erster Linie selbst genügt, sondern ein Beziehungsorgan, das Kontakte aufnehmen, Kommunikationen pflegen und einen regen Austausch mit der sozialen Umwelt unterhalten will (Kapitel 12, S. 189 ff.). Im Inneren selbst wie ein soziales Netzwerk aufgebaut, klinkt sich die moderne Psyche gerne in die Netzwerke der Mediengesellschaft ein; der für die digitale Moderne bezeichnende Strukturwandel der Öffentlichkeit erlaubt nämlich auch einfachen Menschen den kurzen Augenblick des Ruhms, gewöhnlichen Sterblichen die Flucht aus der sozialen Anonymität (Kapitel 13, S. 203 ff.). Um ein erwünschtes und verfügbares Maß an Umweltresonanz zu erhalten, geht das zeitgenössische Selbst aus sich heraus und zeigt der Welt, was in ihm steckt: Es wird buchstäblich exzentrisch (Kapitel 14, S. 223 ff.).

Kapitel 12
Die menschliche Seele:
Ein kompliziertes Beziehungsorgan

Damit das Ich nicht aus der Welt fällt –
die Integrationsaufgabe der Psyche

Nach allem, was wir heute aus der Säuglings- und Bindungsfor-
schung, aus Neurobiologie, Kognitionstheorie und Entwicklungspsychologie wissen, sind unsere psychischen Funktionen darauf angelegt, Kontakt aufzunehmen, Kommunikationen zu installieren und
Verbindungen herzustellen sowie Nähe und Distanz zu regulieren.
Von Geburt an ist der Mensch auf andere Menschen und die Welt
»da draußen« bezogen und bleibt das ein Leben lang. Die Psyche
lässt sich als eine dynamische Netzwerkerin verstehen, die zwischen
Innen und Außen, Selbst und Anderen, Ich und Realität, Trieb und
Kultur, Individuum und Gesellschaft vermittelt (Altmeyer, 2011).

In dieser Vermittlungsfunktion hat die Psyche eine Menge zu
tun. Nach innen verknüpft sie Körperempfindungen mit Phantasien, Phantasien mit Gefühlen, Gefühle mit Kognitionen, Kognitionen mit Einstellungen, Einstellungen mit Motiven, Motive mit normativen Orientierungen – und all das kreuz und quer miteinander.
Nach außen verknüpft sie Erleben, Sprache und Handeln zu einem
lebendigen Netzwerk aus Alltagsinteraktionen. Und schließlich muss
sie auch noch mit den Widrigkeiten der objektiven Realität zurecht
kommen: mit der Unabhängigkeit der Umwelt, die sie anzuerkennen
hat; mit den Dimensionen von Raum und Zeit, denen sie ausgesetzt
ist; mit dem Eigensinn des Körpers, den sie bewohnt.

Zudem hat sich die Psyche darum zu kümmern, das Ich aus der
Perspektive der ersten Person auf das Du aus der Perspektive einer
zweiten und das Er oder Sie (oder Es) aus der Perspektive einer dritten Person (oder Sache) zu beziehen. Wenn sich der Einzelne in seiner Umwelt angemessen situieren und bewegen will, dürfen diese

Perspektiven, wie sie in den Personalpronomina symbolisiert sind, nicht auseinanderfallen. Nicht nur im Singular, auch im Plural müssen seelische Beziehungen hergestellt und gehalten werden: vom Wir der eigenen Gruppe zum Ihr der Nachbar- oder Gegengruppe und zum Sie einer dritten Gruppierung. Metapsychologisch betrachtet agiert die menschliche Psyche wie eine unsichtbare Mediatorin, die an den Grenzen von subjektiver, intersubjektiver und objektiver Welt ihre Aufgabe erfüllt, alle drei Welten zusammenzuhalten.

Im Unterschied zu Körperorganen ist die menschliche Psyche keine abgegrenzte Einheit, darin dem Gehirn vergleichbar, ihrem somatischen Pendant. »Das Gehirn – ein Beziehungsorgan«, so hat Thomas Fuchs (2007) sein lesenswertes Buch betitelt, in dem er gegen den Naturalismus der Hirnforschung anschreibt und gegen den neurobiologischen Reduktionismus, auf dem dieser beruht. Auch die Psyche ist ein solches Beziehungsorgan. Wie die Funktionen des Gehirns mit seiner neuronalen Netzwerkarchitektur sind auch die psychischen Funktionen umweltbezogen. Mit unbewussten Antennen ausgestattet, sorgt die Psyche dafür, dass das Individuum sich in der physischen und sozialen Lebenswelt zurechtfinden und seinen Platz einnehmen kann.

Wenn wir von der Psyche einmal als Person reden: Angesichts dieser Fülle von Funktionen erledigt sie ihre Sache im Allgemeinen mit Bravour, zumal sie bestimmten Bedingungen unterliegt. Auf der einen Seite hat sie es mit genetischen Dispositionen, soziokulturellen Umständen und biografischen Kontingenzen zu tun, mit denen sie rechnen muss. Das schränkt ihre Freiheitsgrade ein und reduziert ihre Optionen. Auf der anderen Seite gehorcht sie weder äußeren Vorgaben, noch verfügt sie über innere Programme. Das erhöht ihre Freiheitsgrade wiederum und erlaubt ihr, eigene individuelle Interessen zu verfolgen. Letzten Endes ist die Psyche in ihrer höchst anspruchsvollen Vermittlungsaufgabe ganz auf sich alleine gestellt, weshalb sie unter Umständen daran scheitern kann.

Dauernd muss sie Situationen bewerten, ohne den vollständigen Überblick zu haben. Ständig muss sie Entscheidungen treffen, ohne sich vollkommen sicher zu sein. Laufend muss sie neue Lösungen finden, ohne die Folgen und Nebenwirkungen genau abschätzen zu können. Immer wieder muss sie ihre Strategien anpassen, sich umstellen, sich verändern, ohne dass das Selbst zerfällt oder die eigene Identität verloren geht. Nicht immer gelingt der Psyche die geforderte Integrationsleistung. Sie kann sich irren, Fehleinschätzungen unterliegen oder Fehlentscheidungen treffen, manchmal mit fatalen seelischen Folgen. Die Konsequenzen von Irrtümern zu tragen, ist offenkundig der Preis menschlicher Selbstbestimmung.

Die Psyche ist nämlich kein Rechenautomat, kein Computer, der biologisch oder sozial vorprogrammiert wäre, auch keine Software, die sich von außen reprogrammieren oder gar austauschen ließe. Die gesamte Computermetaphorik der künstlichen Intelligenzforschung, die das Gehirn für die Hardware und die seelischen Strukturen und Funktionen für die Software hält, unterliegt einem Kategorienfehler, weswegen ihre praktischen Ergebnisse so außerordentlich bescheiden sind. Denn die Unterscheidung von Hard- und Software ist weder auf das Gehirn noch auf die Psyche anwendbar, worauf gerade avancierte Hirnforscher wie Gerald Edelman (1993), Wolf Singer (2002) oder Antonio Damasio (2000, 2004a, 2004b) immer wieder hinweisen. Selbst Gerhard Roth hat seine Zweifel, obwohl er die Psyche für eine Gehirnfunktion hält und behauptet, dass »das Gehirn die Seele macht« (Roth u. Strüber, 2014).

Seelische Erkrankungen verweisen nicht auf einen Computerdefekt oder Programmierfehler im individuellen Gehirn, sondern darauf, dass die Psyche an ihrer höchst anspruchsvollen Vermittlungsaufgabe ganz oder teilweise gescheitert ist. Für dieses Scheitern ist unzureichende, mangelhafte, unterbrochene, traumatisierende, fehlinterpretierte oder verweigerte Umweltresonanz eine der Hauptursachen. Denn angemessene Umweltresonanz schafft überhaupt erst die Voraussetzung dafür, dass die Psyche zwischen innen und außen vermitteln kann. Fehlt diese Voraussetzung, wird das Netzwerk der Seele beschädigt. Dabei kann die Resonanzbeziehung zur Umwelt, außer in Fällen von physischen Hirnkrankheiten angeborener oder erworbener Natur, auf verschiedene Weise psychopathologisch entgleisen:

In *neurotischen Erkrankungen* wird das seelische Netzwerk überstrapaziert. Dann ragen alte, immer noch belastende, weil nicht integrierte Resonanzerfahrungen – im Sinne einer unbewussten Übertragung – zu stark in das Gegenwartserleben hinein. Im Grunde leidet der Neurotiker an seinen zwischenmenschlichen Reminiszenzen. Es sind unbewältigte Erinnerungen an frühkindliche (oder auch spätere) Interaktionen, die ihm immer noch Unbehagen bereiten. Sie lösen Angst- oder Schuldgefühle aus, die er mithilfe von Zwangsvorstellungen, Phobien, aggressivem, depressivem oder hysterischem Agieren in Schach zu halten versucht.

In der *psychotischen Erkrankung* zerreißt das seelische Netzwerk entweder gänzlich, wie im schizophrenen Erleben. Dann zieht sich das Selbst in das aparte Innenleben seiner idiosynkratischen Empfindungen, Phantasien und Gedankengebilde zurück, die anderen Menschen nicht mehr zu vermitteln oder verständlich zu machen sind. Umweltresonanz geht vollkommen verloren oder verliert zumindest ihre regulierende Wirkung, weil sie im Wahnerleben von einer überforderten Psyche abgewehrt werden muss. Oder das seelische Netzwerk löst sich einschließlich seiner realitätsprüfenden Funktionen partiell auf, wie in der affektiven Psychose. Dann werden die ohnehin schwachen Ich-Grenzen geflutet, bis die Psyche buchstäblich in der Fülle der Außenreize ertrinkt. In Zuständen der Manie wie in der psychotischen Depression ist das Selbst nicht mehr in der Lage, seine innere Kohärenz zu verteidigen. Weil Umweltresonanz im Übermaß fließt, wird es zum Spielball äußerer Einflüsse, auf die es mit grenzenloser Umarmung (manisch) respektive mit grenzenlosem Rückzug (depressiv) reagiert.

In der *Suchterkrankung* wird das seelische Netzwerk auf eine einzige Funktion reduziert, nämlich aus der Umwelt irgendeine Art von Versorgung zu erhalten, wie bei der Alkohol- oder Drogenabhängigkeit. Dann schränkt sich der Blickwinkel zur sozialen Lebenswelt darauf ein, Stoff zu bekommen, um den eigenen Bedarf zu stillen. Alle anderen Bezüge, auch Partnerschaften, Freundschaften oder Familienbeziehungen, werden diesem Ziel untergeordnet. Umweltresonanz besteht einzig in der Lieferung, welche die nötige Versorgung sichert.

Bei der *narzisstischen Persönlichkeitsstörung* wiederum erschöpft sich die Netzwerkfunktion des Seelenlebens weitgehend darin, in der Außenwelt nach Spiegeln zu suchen, in denen das Selbst sich betrachten, Beachtung finden, Aufmerksamkeit ernten, Lob einheimsen und Anerkennung bekommen kann. Dann dienen die Sozialbeziehungen nur noch der Vergewisserung eigener Existenz. Umweltresonanz wird zum Selbstzweck.

An den vielfältigen Symptomen seelischer Krankheiten lässt sich jeweils im Einzelnen erkennen, dass und inwiefern die sozialen Kontakte gestört, wie stark und wie nachhaltig die inneren Kommunikationen verzerrt, wo und wie dauerhaft die nötigen Verbindungen zwischen Innen- und Außenwelt unterbrochen sind. Warum aber sind Resonanzbeziehungen für den Einzelnen (und übrigens auch für das Geschehen in und zwischen Gruppen) so bedeutsam?

Soziale Resonanz – ein seelisches Bindemittel der ersten Stunde

Soziale Resonanz zu erhalten, bedeutet nichts anderes, als bei anderen Menschen Anklang zu finden, eine Rückmeldung aus der Umwelt zu bekommen, ein Echo zu erhalten, eine Spiegelerfahrung zu machen. Es wird etwas davon zurückgeworfen, was man selbst zum Ausdruck bringt oder als ganze Person darstellt. Insofern zielt das Resonanzverlangen nicht auf Lust oder Entspannung, sondern auf einen Widerhall aus der Welt »da draußen«. Wer Resonanz erhält, hat einen Beweis dafür, dass er sozial überhaupt vorhanden und von Bedeutung ist. Resonanzbeziehungen sind deshalb lebens- und überlebensnotwendig. Ohne Antworten des Anderen beginnt das Selbst an der eigenen Existenz zu zweifeln. Ohne Spiegelung und Echo aus der Umwelt fühlen wir uns verlassen und verloren.

Resonanzerfahrungen prägen in entscheidender Weise die früheste Kindheit. Sie werden zunächst leiblich vermittelt: über das Halten, Wiegen und Füttern, über Blickkontakt und mimischen Austausch, über Affektspiegelung und Körpersprache. Später kommen Worte und sprachlicher Austausch hinzu. Frühkindliche Resonanzerfahrungen bilden die Grundlage für das nötige Körper- und Beziehungswissen, für eine sichere Bindung, für die Entwicklung und Weiterentwicklung von Beziehungskompetenzen, für das Vertrauen in die Welt wie für das eigene Selbstvertrauen.

Während einer Psychotherapie lassen sich in der Vorgeschichte von Persönlichkeitsstörungen regelmäßig früh gestörte Resonanzbeziehungen finden. Mangelnde, inadäquate oder gar traumatisierende Resonanzerfahrungen in der Kindheit führen zu unsicherer Bindung und Selbstunsicherheit, zu Empathiemangel und Beziehungsstörungen und schließlich zu problematischen Kompensationsversuchen beim späteren Jugendlichen und Erwachsenen, von denen der soziale Rückzug nur einer ist.

Auch aggressive Attacken, depressive Verstimmungen, Selbstschädigungen, dissoziale Verhaltensmuster und antisoziale Tendenzen können Versuche darstellen, auf kompensatorischem Wege Resonanz zu erhalten. Im Unbewussten zielen all diese Versuche darauf ab, durch Handeln andere Menschen zum Reagieren zu bringen: Sie sollen sich um einen kümmern. Das unbewusste Ziel des antisozialen Agierens besteht darin, »dass die Umwelt gezwungen wird, in irgendeiner Weise Stellung zu nehmen. […]. Die antisoziale Tendenz ist ein Hinweis auf Hoffnung« (Winnicott, 1955/1983, S. 234) – nämlich die Hoffnung auf Resonanz: dass da jemand ist, der einem antwortet.

Die psychische Wirkung ausbleibender Resonanz illustriere ich anhand von jeweils einem Beispiel aus Literaturgeschichte, empirischer Säuglingsforschung und Soziobiologie:

Biografische Resonanz: »[…] dass ich ein solches Nichts für ihn war«

Franz Kafka erwähnt in seinem berühmten, posthum veröffentlichten »Brief an den Vater« (Schillemeit, 1992) jene Urszene aus seiner Kindheit, mit der sein bleibendes »Gefühl der Nichtigkeit« begonnen habe. Der Vater habe den Sohn einmal nachts, so berichtet Kafka selbst, als er in seinem Bett »immerfort« um Wasser »winselte«, auf den Innenhofbalkon getragen und »dort allein vor der geschlossenen Tür ein Weilchen im Hemd stehn« lassen: »Noch nach Jahren litt ich unter der quälenden Vorstellung, […] daß ich also ein solches Nichts für ihn war«. Dieses Nichtigkeitsgefühl, so deuten es jedenfalls spätere Kafka-Interpreten – wie Paul Celan oder Reiner Stach (2015, im dritten Band seiner Kafkabiografie) – ist die lebensgeschichtliche Basis eines lebenslang wirksamen und in seinem Werk nachweisbaren Verlassenheitssyndroms.

Resonanz in der frühen Mutter-Kind-Interaktion: Wirkungen erstarrter Mimik

Die experimentellen Interaktionsstudien der empirischen Säuglings-forschung – die sogenannten Still-Face-Experimente (vgl. Dornes, 1993, 1997, 2000) – zeigen eindrücklich die elementare Bedeutung von intersubjektiver Resonanz in den ersten Lebensmonaten, und zwar auf der affektiven, motorischen und kognitiven Ebene. Auf Videoaufnahmen sehen wir, wie ein Säugling reagiert, wenn er von der Mutter für eine kurze Zeit keinen Widerhall auf seine Aktivitäten und Kommunikationsbemühungen erhält. Sofort beginnt er, Reso-nanz unmissverständlich einzufordern. Setzt die Mutter die Verwei-gerung trotz seiner Proteste fort, reagiert er verstört, gereizt und aggressiv, bis er sich seinerseits apathisch zurückzieht. Erst wenn die Mutter sich ihrem Kind wieder auf resonante Weise zuwendet, enden diese Symptome einer Verstörung, und zwar in Sekundenschnelle.

Biologische Resonanz: neuronale Phänomene von Synchronisation und Spiegelung

Bereits beim Fetus ist die Herzratenvariabilität eng synchronisiert mit den motorischen, affektiven und emotionalen Zuständen der Mutter. Die pränatale Synchronisation der REM-Schlafaktivität zwi-schen Mutter und Kind hält bis weit ins erste Lebensjahr an. Die Interaktionsregulierung reicht soweit, dass sogar die Hautleitfähig-keit synchronisiert wird. Im Still-Face-Experiment wird sie unter-brochen, sobald Mimik und Gestik der Mutter erstarren, und erst wiederhergestellt, wenn sie sich ihrem Kind wieder auf resonante Weise zuwendet. Inzwischen erklärt die neurowissenschaftliche Forschung solche zwischenmenschlichen Resonanzphänomene mit einem System der Spiegelneuronen. Auf dieser Grundlage ließe sich der frühkindliche Autismus womöglich auf einen spiegelneuronalen Systemdefekt zurückführen (Tustin, 1996).

In der Musik bedeutet Resonanz bekanntlich das Mitschwingen eines Klangkörpers. Im übertragenen Sinne bedeutet soziale Resonanz das gleiche, nämlich ein zwischenmenschliches Mitschwingen und Antworten. Der Eine äußert sich, und der Andere antwortet. Aber er antwortet gerade nicht als Objekt, sondern als Subjekt, das seinerseits auf eine Antwort wartet. Die komplementären Rollen können getauscht werden. Wie Musik etwas ist, das zwischen den Tönen entsteht, ist soziale Resonanz etwas, das zwischen den Menschen entsteht: Sie schafft eine Verbindung zum Anderen und stiftet Identität, aber sie hat keine eigene Substanz.

In seinen »Zehn Thesen wider die Steigerungslogik der Moderne« verwendet Hartmut Rosa (2012) den Resonanzbegriff soziologisch zwar in der gleichen Bedeutung, wie ich das psychoanalytisch tue: Resonanzerfahrungen seien »identitätskonstituierende Erfahrungen des Berührt- oder Ergriffenseins«, heißt es dort zutreffender Weise. Aber er irrt mit seiner Ansicht, das Problem bestehe »darin, ›Resonanz‹ substanziell zu definieren. Über diese Definition verfüge ich derzeit noch nicht«. Als ein Beziehungsmodus zwischen Menschen ist soziale Resonanz per se substanzlos. Außerdem liegt Rosa falsch, wenn er ausgerechnet um den Resonanzbegriff herum sein zeitkritisches Panorama entfaltet und im Streitgespräch mit Joachim Gauck auf dem evangelischen Kirchentag 2015 fordert: Statt Resonanzbeziehungen im »Kampfmodus« der kapitalistischen Wettbewerbs- und Beschleunigungslogik zu verhindern, solle man die Erde lieber zum »Schauplatz resonanter Weltbeziehung« machen – das sei der eigentliche »Traum der Moderne« (zit. n. Bingener, 2015). Rosa übersieht, dass die digitale Moderne ihrerseits ein einziges Resonanzsystem ist. Darauf (und auf weitere Vorteile des modernen Kapitalismus) hat der Bundespräsident in seiner Antwort verwiesen.

Häufig bleiben bleiben soziale Resonanzphänomene unbewusst. Sie ereignen sich. Sie stellen sich ein, zum Beispiel in der Liebe, die ebenfalls eine Resonanzbeziehung ist und in einer sehr elementaren Weise Identität stiftet, wie von Hegel bereits beschrieben.

Den Kampf um wechselseitige Anerkennung hatte Hegel zum Medium der Identitätsbildung erklärt und am Beispiel der Liebesbeziehung verdeutlicht: In der Liebesbeziehung erfahre das liebende Selbst die Anerkennung der eigenen Existenz durch die erwiderte Liebe des Anderen: Erst in der Erfahrung, vom Anderen geliebt

und anerkannt zu werden, erkenne sich der Liebende als Subjekt (1802–1803/1967). Das Selbstbewusstsein existiere überhaupt nur »als ein Anerkanntes« (Hegel, 1805–1806/1969).

Insbesondere die sexuelle Beziehung dient nicht nur der Lustbefriedigung. Begehrt wird im Liebesakt auch die Lust des Anderen, in
deren Spiegelung das begehrende Selbst die eigene Lust erfährt. Der
körperliche Orgasmus, die nichtpathologische Urform einer seelischen Entgrenzung zwischen Selbst und Anderem, bildet zugleich
den Höhepunkt einer gesteigerten Resonanzerfahrung.

Auch die Naturerfahrung, die ästhetische Erfahrung und die religiöse Erfahrung kommen durch Resonanzwirkungen zustande, weil
sie im Übergangsraum zwischen Selbst und Welt stattfinden. Im
Unbewussten entstammen diese Erfahrungen der archaischen Sehnsucht des Menschen, nicht ganz allein auf der Welt, von Gott und den
Menschen verlassen zu sein. Natur, Kunst und Religion, deren mentale Integrationswirkungen uns der Sozialphilosoph Charles Taylor
in seinen Büchern »Quellen des Selbst« (1996) und »Ein säkulares
Zeitalter« (2009) vor Augen führt, bilden das, was er fundamentale
»Resonanzsysteme« nennt. Dem Bewusstsein weitgehend entzogen,
stiften diese Systeme per »Tiefenresonanz« jeweils Sinn, Gemeinschaft und Identität, indem sie das individuelle Selbst in eine über-
individuelle Einheit einbetten.

Die großen Religionen (aber ebenso Säkularreligionen, religiöse
Sekten, spirituelle Vereinigungen oder auch Verschwörungsgemein-
schaften, Terrorgruppen, Mafiafamilien) sind deshalb so attraktiv, weil sie gleich in doppelter Weise von Resonanz leben. Einerseits wird den Gläubigen Resonanz versprochen und geliefert: Gott
kümmert sich, er antwortet! Andererseits wird von den Gläubigen
Resonanz eingefordert: Wir müssen Gott antworten, ihn lieben und
ehren! Gott sieht uns!

Sichtbarkeit gegen Unsichtbarkeit – eine Paradoxie des Seelenlebens

Manchmal nehmen wir einen Menschen wahr, ohne ihn wirklich wahrzunehmen. Wir übersehen ihn, wir blicken an ihm vorbei, wir schauen durch ihn hindurch. Grund dafür ist nicht etwa mangelndes Sehvermögen. Vielmehr handelt es sich um eine Wahrnehmungsschwäche im übertragenen Sinne, um eine sozial kontaminierte Blindheit. Der Mensch, den wir nicht sehen, wird dabei auf eigentümliche Weise unsichtbar. Von anderen Menschen gesehen und beachtet zu werden, gehört zur Conditio humana. Wer nicht gesehen wird, existiert buchstäblich nicht – ein durchgehender Topos im politischen und künstlerischen Diskurs über Identität:

> Die Aufhebung gesellschaftlicher Unsichtbarkeit ist ein zentrales Thema der sozialkritischen und antikolonialen Weltliteratur. »Die Verdammten dieser Erde«, so schreibt in seinem gleichnamigen Buch Frantz Fanon (1961/1966), der im Algerienkrieg vom Psychiater zum Theoretiker des bewaffneten Befreiungskampfs geworden ist, würden nur im Aufstand gegen die Kolonialherrschaft als menschliche Wesen sichtbar. Erst die Ausübung revolutionärer Gewalt mache den Kolonisierten vom Nicht-Menschen (vom »kolonisierten ›Ding‹!«, wie Jean-Paul Sartre in seinem emphatischen Vorwort hinzufügt) zum Menschen.
>
> Der Mangel an sozialer Sichtbarkeit steht auch im Zentrum von Ralph Ellisons Schlüsselroman über den Rassismus, »Invisible Man« (1952/1987). Dort entwickelt der schwarze Ich-Erzähler – eben der »unsichtbare Mann« – mit der zutiefst kränkenden Erfahrung rassistischer Missachtung zugleich ein erhebliches Maß an Wut und Gewaltbereitschaft. So wird er sichtbar, in all seiner Verantwortungslosigkeit aber zugleich zu einer latenten Gefahr für die Gesellschaft, der er sich nicht zugehörig, aus der er sich ausgeschlossen fühlt. Ansonsten ist sein Zuhause ein verborgener Kellerraum in einem sonst nur von Weißen bewohnten Gebäude, ohne Fenster, nur von 1369 nackten, illegal installierten Glühlampen erleuchtet.
>
> In einer seiner durchinszenierten Fotoarbeiten mit dem Titel »After ›Invisible Man‹ by Ralph Ellison, the Prologue« (1999–2000)

hat der bildende Künstler Jeff Wall den namenlosen Schwarzen in dessen von Ellison genauestens beschriebene häusliche Umgebung gesetzt: Mit feinem Hintersinn macht Wall sein großformatiges Kunstwerk (1740 × 2505 mm) dadurch sichtbar, dass er eine Lichtbox nach Art öffentlicher Werbetafeln als Rahmen wählt.

Am Beispiel von Ellisons Romanfigur hat der Sozialphilosoph Axel Honneth in »Unsichtbarkeit. Stationen einer Theorie der Intersubjektivität« (2003) das Phänomen einer durch soziale Diskriminierung erzeugten Identitätsstörung illustriert.

Die gemeinsame Botschaft, die hier in revolutionstheoretischer, künstlerischer oder sozialphilosophischer Form überbracht wird, lautet: Soziale Sichtbarkeit ist die erste Bedingung dafür, dass sich Identität herausbilden kann. Paradoxerweise lässt sich auch das Gegenteil behaupten: Soziale Unsichtbarkeit ist die zweite Bedingung dafür, dass sich Identität herausbilden kann.

Diese Position nimmt etwa Edouard Glissant ein, der aus Martinique stammende Dichter und Theoretiker der sogenannten »Multitude«. In seinem »Traité du Tout-Monde« (1997) fordert er »ein Menschenrecht auf Undurchsichtigkeit«. Wegen der Kreolisierung der Moderne – das Zusammenwachsen der Welt mit all ihrer ethnischen, kulturellen und religiösen Durchmischung – sei soziale Sichtbarkeit an ihre Grenzen geraten: Um in pluralistischen Gesellschaften miteinander leben zu können, müsse man einander nicht verstehen und dürfe man füreinander unsichtbar bleiben.

Lässt man beide Betrachtungsweisen gelten, bilden Sichtbarkeit und Unsichtbarkeit die beiden Pole im Prozess menschlicher Identitätsbildung. Einerseits ist der Mensch als soziales Wesen darauf angewiesen, von seiner Umwelt gesehen, beachtet und anerkannt zu werden – das bedeutet Sichtbarkeit. Andererseits braucht er als Individuum einen privaten Raum, der für andere Menschen unzugänglich bleibt, dessen Grenzen er verteidigt und den er nur gelegentlich öffnet – das bedeutet Unsichtbarkeit.

Für die Welt sichtbar und zugleich unsichtbar zu bleiben – diese Paradoxie des Seelenlebens begreift die Psychoanalyse als Spannungsverhältnis von Selbst und Anderem, die Sozialwissenschaft als Dialektik von Individuierung und Sozialisation, die Philosophie als Wechselbeziehung von Subjektivität und Intersubjektivität. Man kann das paradoxe Verhältnis von Sichtbarkeit und Unsichtbarkeit auch als Paradoxie von Abhängigkeit und Unabhängigkeit begreifen: Indem sich der Einzelne zeigt und sichtbar wird, macht er sich von der Umweltresonanz abhängig, während er sich davon unabhängig macht, indem er sich verbirgt und unsichtbar wird.

> Winnicott (1965/1974) hat diese beiden Identitätspole als »wahres Selbst« und »falsches Selbst« einander gegenüber gestellt. Das falsche Selbst sei die soziale Abwehrfassade, hinter der sich das wahre Selbst vor der Welt zu schützen suche. Im Kern des wahren Selbst verberge sich jenes »incommunicado«, das den Blicken der Anderen entzogen und deshalb unvermittelt und unkommunizierbar bleibe. Obwohl ich Winnicott in vielem folge, halte ich das für eine unglückliche Begriffswahl. Sie suggeriert nämlich ein vorsoziales, ein eigentliches Selbst, ein »wahres« Selbst eben, das vor gesellschaftlichen Einflüssen und Einwirkungen zu bewahren – und womöglich zu entdecken sei, wenn man das »falsche« Selbst nur abstreife. Dieses polarisierende Entweder-oder-Konzept widerspricht Winnicotts übrigen Konzepten von den Paradoxien des Selbst, insbesondere seiner Auffassung, dass es »den Säugling nicht gibt ohne eine Mutter«.

Schauen wir uns genauer an, wie sich das paradoxe Verhältnis von Abhängigkeit und Unabhängigkeit im Verhältnis von Sichtbarkeit und Unsichtbarkeit spiegelt. Wenn das Selbst sich der Welt zeigt, will es gesehen werden. Unterschwellig läuft stets die Frage mit: »Na, wie bin ich?«. In dieser Frage steckt eine Hoffnung auf Umweltresonanz. Wer sich öffentlich präsentiert, verlangt insgeheim irgendein Echo, irgendeine Spiegelung. Zugleich muss er dieses Verlangen verbergen. Denn einen Resonanzwunsch einzuräumen, würde bedeuten, die eigene Abhängigkeit anzuerkennen. Niemand will sich jedoch vom anderen abhängig fühlen, geschweige denn, seine Abhängigkeit eingestehen, nicht einmal sich selbst gegenüber. Weil der Einzelne im Akt der Selbstdarstellung davon nichts wissen, das heißt seine

Unabhängigkeit bewahren will, hält er sein Verlangen nach sozialer Resonanz im Unbewussten. Nur dort darf das Selbst den imaginären Anderen fragen: »Wie findest du mich?«.

Genau diese Frage jedoch stellen kleine Kinder, wenn auch meist nicht verbal, sondern expressiv, nämlich in Form von Zeigehandlungen, aber sie fragen vollkommen unverhohlen und ungeniert. Wenn sie sich selbst präsentieren oder etwas von sich offenbaren – zum Beispiel ein Gefühl, das sie überwältigt, eine Phantasie, die sie beschäftigt, einen Gedanken, der ihnen durch den Kopf geht, eine Fähigkeit, die sie gerade erlernt, oder ein Kunstwerk, das sie gerade gebastelt oder gemalt haben –, dann tun sie das mit der unmissverständlichen Botschaft: »Guck mal, das habe ich gemalt!« »Guck mal, so sehe ich aus!« »Guck mal, was ich schon kann!«

Hier zeigt sich eine Spielart der »narzisstischen Szene«: den Anderen betrachten, wie er mich betrachtet (deren frühkindliche Herkunft und identitätsstiftende Bedeutung habe ich in Kapitel 8 über die intersubjektive Dimension des Narzissmus beschrieben). In solche Interaktionen ziehen Kinder ihre soziale Umwelt ständig hinein. Es ist der gleiche Interaktionsmodus, den Jugendliche in der Pubertät und Adoleszenz für die eigene Identitätsbildung verwenden. Seine Funktion besteht darin, die Resonanz der Außenwelt für den Aufbau, den Ausbau, den Umbau der Innenwelt zu benutzen. Seelisch bleibt dieser identitätsstiftende Modus, der durch Resonanzerwartungen angetrieben wird, lebenslang präsent.

Subjektivität entsteht also nicht von innen nach außen, sondern zwischen dem werdenden Selbst und bedeutsamen Anderen in einem intersubjektiven Raum (»inter« heißt »zwischen«). Dieser soziale Zwischenraum verbindet die Individuen untereinander und mit der gemeinsamen Lebenswelt. Erst wer in diesem »potenziellen Raum« (Winnicott) sichtbar wird, kann erkannt und anerkannt werden. Erst über Erfahrungen der Beachtung und Anerkennung bildet sich allmählich ein Gefühl von Identität. Erst auf der Basis von zwischenmenschlicher Verbundenheit entwickeln wir jene Fähigkeit zur Abgrenzung, die Winnicott (1971/1995) einmal das »Alleinesein in Gegenwart eines Anderen« genannt hat.

Entwicklungspsychologisch geht Intersubjektivität der Subjektivität voraus. Unter normalen Umständen wissen Erwachsene nichts

mehr von einer primären Intersubjektivität, die sie als Kinder einst
mit der Umwelt verbunden hat: Weil sie sich daran nicht mehr erinnern und weil sie sich als voneinander abgegrenzte Individuen erleben. Allerdings überlebt die ursprüngliche Umweltverbundenheit im
impliziten Gedächtnis. Nur in den Grenzerfahrungen des Seelenlebens taucht sie wieder auf: im sexuellen Orgasmus, im Traumerleben,
in der Drogenerfahrung oder im Gewaltrausch, im Endorphinkick
beim Marathonlauf, im Thrill des Extremsports, in Ausnahmezu-
ständen psychischer Verschmelzung oder in den Wahnbildungen
der akuten Psychose. Dann zerfließen oder zerfallen die Unterschei-
dungen zwischen dem Selbst und dem Anderen.

Nur in den Regressionen des erregten, eingeschläferten, dösen-
den, agitierten, sozial überforderten, emotional überwältigten oder
krankhaft gestörten Bewusstseins lassen sich die scharfen Abgren-
zungen zwischen Innen- und Außenwelt auflösen. Solche seelischen Grenzzustände überspringen bzw. unterlaufen die psychische
Bewusstseinsschwelle, sodass die innerpsychischen Verbindungen
des Selbst zum Anderen wie zur äußeren Realität spürbar oder
sogar wahrnehmbar werden. In der Regel jedoch gehört der mentale Übergangsraum, dem Resonanzerfahrungen zuzurechnen sind,
der Sphäre des Unbewussten an.

Menschliche Basiserfahrungen von ursprünglicher Umweltverbundenheit und sozialer Bezogenheit waren stets in den abge-
dunkelten Registern des Seelenlebens abgelegt. Dort bildeten sie
die unbewusste Quelle des menschlichen Urverlangens nach jener
Umweltresonanz, auf die unsere Sichtbarkeitswünsche von Kindheit
an abzielen. Die digitale Revolution, behaupte ich, hat diese Quelle
angezapft. Sie hat nämlich unser natürliches Resonanzbedürfnis aus
dem Unbewussten gehoben, ins soziale Alltagsleben eingebaut und
für ungeahnte Befriedigungsmöglichkeiten gesorgt: Mit ihren vielfältigen Spiegel- und Echoräumen ist die digitale Moderne zu einem
wahren Resonanzlieferanten geworden.

Kapitel 13
Strukturwandel der Öffentlichkeit:
Die Flucht aus der sozialen Anonymität

Kolonialisierung oder Befreiung –
die Modernisierung der Lebenswelt

Bekanntlich modernisierte die industrielle Revolution im Verlauf des späten 18., gesamten 19. und frühen 20. Jahrhunderts weit mehr als die Art des Wirtschaftens, die Methoden der Rohstoffgewinnung und Naturausbeutung oder die Art und Weise, wie Güter verteilt wurden. Sie revolutionierte das Handwerk, stampfte Fabriken zur Massenproduktion aus dem Boden, schuf einen expandierenden Weltmarkt, aber sie erschütterte auch die kulturellen und psychosozialen Verhältnisse bis ins Mark. Die Dampfmaschine, die Eisenbahn, das Automobil, der Fernschreiber, die Urbanisierung, die Trennung von Arbeits- und Lebenszusammenhängen – all diese technischen wie sozialen Neuerungen bewirkten auch eine Veränderung der kollektiven und individuellen Mentalität. Im Fabrikzeitalter erfasste der Rhythmus der Arbeit die gesamte Lebenswelt. Die Dynamik der kapitalistischen Entwicklung drang in die Weichteile der Gesellschaft ein, bis ins Seelenleben des Einzelnen, der sich notgedrungen den modernen Verhältnissen psychisch anpasste.

Die digitale Revolution hat den Prozess einer mentalen Modernisierung erheblich beschleunigt, ausgeweitet und vertieft. Unter den Bedingungen universeller Medialisierung und Marktkonkurrenz ist die Ökonomie in gesellschaftliche Bereiche vorgedrungen, die früher von wirtschaftlichen Zwängen frei waren. Im digitalen Zeitalter hat sich die kapitalistische Moderne auf sämtliche Sphären einer vernetzten Gesellschaft ausgedehnt. Wird also im Informationskapitalismus bestätigt, was Jürgen Habermas (1981) bereits vor fünfunddreißig Jahren vorausgesehen hat: die »Kolonialisierung der Lebenswelt«? Inzwischen werden nicht nur die Körper vermarktet, sondern auch

Psyche und Persönlichkeit mitsamt unseren Denk-, Gefühls- und Beziehungswelten – mal mehr, mal weniger gekonnt:

> Wer zum Beispiel die Werbung im Fernsehen verfolgt, wird feststellen, dass sie zunehmend seelische Dramen ins Bild setzt: Leidenschaften, Emotionen, moralische Überzeugungen, psychische Störungen, erodierte Familienwerte, gescheiterte Lebensentwürfe, die Kapriolen zwischenmenschlicher Beziehungen. Selbst die einschlägigen Werbespots von biederen Fertighausanbietern (wie Schwörer-Haus), Bausparkassen (wie Schwäbisch Hall) oder Do-it-Yourself-Handwerkermärkten (wie Hornbach) arbeiten inzwischen mit psychoreflexiver Ironie, spielen mit Genderthesen oder nehmen ihre eigene Biederkeit aufs Korn.

In der digitalen Moderne fließen im Grunde drei Entwicklungen zusammen, die in ihrer Wechselwirkung das zeitgenössische Sozial- und Seelenleben nicht bloß an der Oberfläche, sondern in seinen Tiefenstrukturen beeinflussen:

1. Ein *technischer Wandel,* der durch den Einzug der elektronischen Medien in die persönliche Lebenswelt des Einzelnen einschließlich seiner Sozialbeziehungen charakterisiert ist. Dadurch sind unsere Kontakt- und Kommunikationsmöglichkeiten ins Grenzenlose gewachsen, sodass wir an (fast) jedem Ort und zu (fast) jeder Zeit mit der übrigen Welt in Verbindung und in Austausch mit anderen Menschen treten können. Diese neuen Möglichkeiten nehmen wir intensiv in Anspruch.

2. Ein *sozialer Wandel,* der die kulturelle Liberalisierung und gesellschaftliche Individualisierung umfasst. Diese Entwicklungen, die bereits in den 1970er Jahren mit der sexuellen Revolution und der antiautoritären Jugendbewegung ihren Anfang nahmen, haben dazu beigetragen, dass sich unser gesamtes Wertesystem entspannt hat. Im Verbund mit partnerschaftlichen Erziehungsmethoden sind neue Freiheitsräume entstanden, sodass Kinder heute in weniger zwanghaften und weniger reglementierten, stattdessen stärker an Selbstbestimmung orientierten und kommunikativ anspruchsvolleren Milieus aufwachsen als in der Vergangenheit. Diese Freiheitsräume werden ausgiebig genutzt.

3. Ein *Wandel im Verhältnis von privat und öffentlich,* der sich vor allem darin zeigt, dass unser natürliches Bedürfnis nach sozialer Sichtbarkeit und Resonanz, das zur Conditio humana gehört, durch den freien Zugang zu den neuen Medien einen enormen Aufschwung erhalten hat. Die zunehmende Medialisierung der Lebenswelt hat dafür gesorgt, dass im panoptischen Sog der Alltagskultur jeder und jede das Recht hat, sich zu zeigen, um gesehen zu werden und sich auf diese Weise seiner sozialen Existenz zu versichern. Von diesem Recht auf mediale Selbstpräsentation in der Öffentlichkeit machen wir regen Gebrauch.

Spätestens seit Beginn des 21. Jahrhunderts ist unübersehbar geworden, dass die globalisierte Kommunikationsgesellschaft weit mehr verändert hat, als unser gewöhnliches Alltagsleben. Mit dem Cyberspace ist ein universelles Resonanzsystem entstanden, in dem sich wirkliche und virtuelle Realität nicht mehr voneinander trennen lassen, sondern ineinanderschieben und einander wechselseitig beeinflussen. Das verändert die mentalen Muster, in denen sich Menschen auf andere Menschen, auf die Umwelt und auf sich selbst beziehen. Von der großen Mehrheit der Bevölkerung werden diese Veränderungen inzwischen nicht mehr als Nötigung oder Zwang, sondern als Befreiung und Bereicherung erfahren. Von den Angeboten der modernen Medienwelt wird jedenfalls reichlich Gebrauch gemacht, und zwar über alle Unterschiede zwischen Altersgruppen und Geschlechtern, soziale Schichten und kulturellen Zugehörigkeiten hinweg.

Die digitale Moderne ist unter anderem deshalb so faszinierend, weil sie den Menschen eine Flucht aus der sozialen Anonymität erlaubt. Sie verspricht uneingeschränkten Zugang zur Welt, Sichtbarkeit für alle statt nur für die gesellschaftlichen Eliten. Und sie hält ihre Versprechen. Jeder darf sich zeigen, der den Mut dazu hat und glaubt, etwas bieten zu können. Jeder kann auftreten, sobald er irgendwo eine Bühne findet. Jeder will kommunizieren, solange er irgendwie Resonanz erhält. Obwohl demoskopischen Umfragen zufolge die kapitalistische Wirtschaftsordnung – oder besser das, was unter Kapitalismus verstanden und ihm angelastet wird – arg in Verruf geraten ist, genießt der Informationskapitalismus offenbar eine hohe Akzeptanz.

Im vordigitalen Zeitalter fehlte den meisten Menschen der seelische oder gesellschaftliche Raum, den sie zur Entfaltung ihrer Kommunikations-, Selbstdarstellungs- und Resonanzbedürfnisse benötigt hätten. Schon die objektive Knappheit des Raumangebots begrenzte die Möglichkeiten. Auf den medialen Bühnen, die es auch damals schon gab, herrschten zudem subjektive Zugangsbeschränkungen. Nutzen durfte sie nur, wer über den gesellschaftlichen Status, die entsprechenden Beziehungen oder die nötige Chuzpe verfügte. Die große Mehrheit musste sich auf den engen Kreis der eigenen Familie und den erweiterten Freundeskreis, auf Schule, Universität oder Arbeitsstelle, auf den Sportverein, die Politgruppe, die Stammkneipe oder andere Foren aus dem sozialen Nahfeld beschränken, um sich zu zeigen. Darüber hinaus waren die psychischen Freiheiten durch autoritäre Erziehung, strenge Verhaltensnormen und entsprechende Charakterformationen begrenzt: Sich selbst darzustellen, gehörte sich einfach nicht, weil Selbstdarstellung als eitel, exhibitionistisch, narzisstisch, aufdringlich, sozial deplatziert oder gar moralisch anrüchig galt.

Im digitalen Zeitalter sind diese psychosozialen Schranken weitgehend gefallen. In den Netzwerken der globalen Mediengesellschaft dürfen sich unterschiedslos alle frei bewegen. Äußere Zugangsbeschränkungen existieren kaum noch, innere sind zumindest gelockert. Sich in den sozialen Medien einander zu offenbaren und miteinander auszutauschen, ist für die meisten heute selbstverständlich geworden. Einen eigenen Account bei Facebook oder LinkedIn oder Twitter oder bei mehreren Netzwerken zu haben, gilt heute als Ausweis moderner Lebenseinstellung. Inzwischen herrscht ein reger Wettbewerb um öffentliche Beachtung und Aufmerksamkeit.

Die moderne Medienwelt, behaupten deshalb die Medienkritiker, habe der narzisstischen Tendenz zu Selbstdarstellung und Selbstspiegelung enormen Auftrieb gegeben. Diese Ansicht verbreiten sie gleichwohl in den Medien – wo auch sonst. Aber sie begnügen sich dort nicht mit Publikumsbeschimpfung. Denn der gewöhnliche Narzissmus diene nur als Einflusstor für Schlimmeres: soziale Kontrolle, politische Ausspähung, ökonomische Ausbeutung. Das wichtigste Herrschaftsmittel des Internets sei die Manipulation, die subtile Wirkung, die es auf die Seele ausübe, die verdeckten Folgen der Nutzung, die sich im Innersten eines Selbst festsetzen, dem alles Mögliche eingeflüstert, eingeredet, eingeimpft oder eingepflanzt werde. Deshalb fühlen sich die Netzwerkkritiker als die eigentlichen Advokaten der verblendeten User, die ihrer Sinne nicht mehr Herr wären, blind dafür, was ihnen angetan werde. Gerade weil die Netzgemeinde sich freiwillig den Medien ausliefere, gebe sie der multinationalen Computerindustrie Gelegenheit, ihr Geschäft der Überwachung im Weltmaßstab zu betreiben.

»Das Internet ist die DDR von heute«, überschreibt die »Frankfurter Allgemeine Zeitung« eine Besprechung des neuen Romans von Jonathan Franzen (Kegel, 2015), der mit amerikanischem Originaltitel »Purity« (Reinheit) heißt, in der deutschen Übersetzung aus unerfindlichen Gründen »Unschuld«. Das Internet, meint der Autor im Begleitinterview, »ist so ziemlich das größte Instrument zur Förderung von Narzissmus, das je gebaut wurde« (zit. n. von Lovenberg, 2015). Eine seiner als narzisstisch gezeichneten Hauptfiguren ist Andreas Wolf, aufgewachsen in der DDR, Verwandter des Leiters der DDR-Auslandsspionage Markus Wolf, Sohn eines Politbüro-Mitglieds, ehemaliger Dissident und Mädchenverführer, nun charismatischer Besitzer einer florierenden Internet-Enthüllungsplattform »Sunlight Project«, die er nach Art von Julian Assange und »WikiLeaks« betreibt: »eine Ruhmfabrik, die sich als Geheimnisfabrik tarnt«, wie er zynisch bemerkt.

Franzen (2015) stattet Andreas, den er nach eigenem Bekunden als Sprachrohr benutzt, mit der Gabe aus, »in totalitären Systemen singuläre Nischen zu finden« (S. 665), und lässt ihn eine Linie von der realsozialistischen Spitzelgesellschaft zur digitalen Vergemeinschaftung im Internet ziehen: »Ersetzte man den *Sozialismus* durch *Netzwerke,* hätte man das Internet (S. 662) [...]. Wie die alten Politbüros stellte sich auch das Neue als Feind der Elite und Freund der Massen dar, darauf aus, *den Konsumenten zu geben, was sie haben wollten«* (S. 664).

Offenbar hat der Kulturpessimismus nun auch in seiner literarischen Gestalt das Internet als Quelle des Bösen entdeckt: eine perfide Erfindung der Internet-Konzerne, die den Narzissmus der Nutzer als Köder benutzen, um diese ihrerseits in die Falle von digitaler Manipulation und bloßer Überwachung zu locken.

Niedergang oder Fortschritt –
wie das Neue verkannt wird

Die modernekritische Zeitdiagnostik beschreibt den gegenwärtigen Zustand der Welt als kommende Katastrophe. Die Mediengesellschaft erscheint ihr als Vorhölle. Die Apokalypse naht. In der Welt der digitalen Medien werde die informationelle Selbstbestimmung schleichend ausgehöhlt, der Unterschied zwischen Privatsphäre und öffentlicher Sphäre laufend verwischt, die Intimitätsschranke stetig herabgesenkt und die Schamgrenze allmählich aufgehoben – einzig zum Zweck sozialer Kontrolle und informationskapitalistischer Profitmacherei. So etwa argumentiert Evgeny Morozov, einer der intellektuellen Chefkritiker und Hauptzeugen gegen die informationskapitalistische Moderne, den auch Jonathan Franzen als Inspirationsquelle erwähnt (von Lovenberg, 2015). Morozovs Buch »Smarte neue Welt: Digitale Technik und die Freiheit des Menschen« (2013) erinnert nicht nur im deutschen Titel an Aldous Huxleys dystopischen Roman »Schöne neue Welt« von 1932 (!). Das »Zeitalter des digitalen Imperialismus« habe begonnen (Wasik, 2015), ein »technologischer Totalitarismus« ziehe auf (Schirrmacher, 2015).

»Big Data« ist der neue Feind. Objektiv drohe eine totale Überwachungsgesellschaft, der sich die bedauernswerten Subjekte auch noch freiwillig auslieferten. Im informationskapitalistischen Würgegriff der »Datenkraken« ersticke die Demokratie. Die wahren Machthaber seien die unkontrollierbaren Internetkonzerne und die ebenso unkontrollierbaren Geheimdienste. Die gängige Zeitkritik zieht alle Register, um die digitale Moderne ins moralische Zwielicht zu rücken und damit auch jene, die sich ihr freiwillig oder zumindest widerstandslos ergeben. Zur Illustration der tiefen Abscheu wie des hohen Tons drei exemplarische Beiträge deutscher Intellektueller, die sich öffentlich zu Wort melden. Obwohl politisch auf verschiedenen Seiten stehend und verschiedenen Generationen angehörend, prangern sie doch unisono die neuen Medien an. Die Fundamentalkritik am Informationskapitalismus vereint inzwischen die weltanschaulichen Lager von rechts bis links:

Botho Strauß (geb. 1944) redet in einem »Spiegel«-Essay spürbar angewidert von den »Bakterienschwärmen neuer Medien« (Strauß, 2013a), um in »Lichter des Toren« die Rolle des digitalen Idioten zu übernehmen, der als letzter Außenseiter die Privatsphäre des Einzelnen gegen die verabscheuungswürdige Mediendemokratie verteidigt: »Was Gott ins Verborgene setzte, hütet der Idiot und schützt es vor den Übergriffen der zentraldemokratischen Heilsformel ›Transparenz‹, ›Öffentlichkeit‹, ›Aufklärung‹« (Strauß, 2013b).

Hans Magnus Enzensberger (geb. 1929) stellt in der »Frankfurter Allgemeinen Zeitung« unter der Überschrift »Wehrt Euch!« zehn »Regeln für die digitale Welt« auf, ausdrücklich nur »für Leute, die keine Nerds, Hacker oder Kryptographen sind und die Besseres zu tun haben, als sich stündlich mit den Fallgruben der Digitalisierung zu befassen«, und mit wohlmeinenden Ratschlägen, »wie sie sich ihrer Ausbeutung und Überwachung widersetzen können« (Enzensberger, 2014). Die erste dieser Regeln lautet: »Wer ein Mobiltelefon besitzt, werfe es weg«, außerdem solle die bedauernswerte Jugend noch den Internetzugang kappen, die E-Mail-Korrespondenz einstellen und wieder Postkarten schreiben, Onlinebanking und -einkäufe vermeiden, private Fernsehsender abschalten, das Internet am besten ganz boykottieren, insbesondere die sozialen Netzwerke.

Harald Welzer (geb. 1958) hat zusammen mit Michael Pauen (geb. 1956) ein Buch zur Verteidigung der persönlichen Autonomie gegen die Übermacht des Internets geschrieben (»Autonomie. Eine Verteidigung«; Pauen u. Welzer, 2015), das – nebenbei gesagt – im Internet breit beworben wird. Im Interview mit der »Frankfurter Rundschau« spricht er von der »Totalisierungsfalle des Informationszeitalters« und ruft dazu auf, Widerstand gegen die Totalüberwachung zu leisten, aus der digitalen Moderne zu desertieren. Er selbst spare jeden Tag mindestens eine Stunde, »indem ich diesen ganzen Quatsch nicht mitmache, und ich gewinne im Vergleich mit allen anderen, die ich kenne, mindestens eine Stunde, weil ich mich nicht ständig behelligen lassen von unnützen Informationen und sinnloser Kommunikation« (zit. n. Frank, 2015).

Die zeitdiagnostische Anklagebank, auf der der Kapitalismus mit
seiner Gesellschafts- und Wirtschaftsordnung ohnehin sitzt, wird
um einiges verlängert. Angeklagt wird die grenzenlose Ausdehnung der Ökonomie, die auch das Selbst noch zur Ware mache; der
schleichende Verfall sozialer, kultureller und moralischer Werte; die
zunehmende Pornografisierung der Sexualität, die der seelischen
Entwicklung von Kindern und Jugendlichen schade; die Gewalt-
verherrlichung durch Videospiele, Kinofilme und entsprechende
Webseiten, die sich schädigend auf das Sozialverhalten auswirke; der
Qualitätsverlust des privaten und öffentlichen Fernsehens, das unter
Quotendruck nur noch den Massengeschmack bediene; die Zurich-
tung des Körpers auf ein universelles Schönheitsideal, die Essstörun-
gen wie Magersucht oder Bulimie zur Folge habe; der ausufernde
Zwang zur Selbstoptimierung und Selbstinszenierung, der die Menschen in soziale Abhängigkeit bringe und ihre psychische Belas-
tungsfähigkeit überfordere; die epidemische Sucht nach Medienprä-
senz, hinter der sich Narzissmus, Exhibitionismus und Gefallsucht
verberge. Das alles wird meist mit impressionistischen Eindrücken
und ausgesuchten Anekdoten belegt.

Gewiss, die »Tyrannei der Intimität« (Sennett, 1976/1986) hat
ihre unangenehmen Seiten und die Selbstoptimierung als Therapie-
ersatz ihre Grenzen (vgl. Streeck, 2016). An den Rändern und in den
Grauzonen der Gesellschaft passieren gelegentlich schlimme Dinge.
Manche Fehlentwicklungen belegen gesellschaftlichen Reformbedarf,
aber sie geben keinen Anlass, von einem psychosozialen Verwüs-
tungszustand auszugehen, wie er in den beängstigenden Zeitdiagnosen einer Pathologisierung der Lebenswelt behauptet wird. Solche empirisch nicht begründeten Diagnosen stützen sich eher auf
»wilde« Deutungen ihrer Produzenten, die sich damit ihr Weltbild
bestätigen. Das gesellschafts-, kapitalismus- und globalisierungskri-
tische Katastrophenszenario vereint inzwischen die weltanschaulichen Lager von rechts bis links.

Gerade in soziologischen und psychoanalytischen Szenen wird
eine düstere Modernekritik gepflegt. Dort trauert man vergangenen
Zeiten nach, in denen die Welt angeblich noch Bestand und die Psyche angeblich noch ihre feste Struktur hatte. Nachdem der seinerseits längst verblichene französische Poststrukturalismus bereits den

»Tod des Autors« (Barthes, 1968) und das »Verschwinden des Subjekts« (Foucault, 1982/2007) verkündet hatte, tauchte der diskursanalytische Leichnam in psychoanalytisch inspirierten Gegenwartsdiagnosen als »subjektloses Subjekt« wieder auf. Der Siegeszug der neuen Medien liefere nur den letzten Beweis dafür, dass es mit dem Individuum zu Ende geht:

Erbarmungslos werde im neoliberalen Kapitalismus nicht nur um materielle Dinge wie Arbeitsplätze, Gehalt oder Eigentum konkurriert, sondern immer stärker um Immaterielles: um Wissen und Bildung, um Status und Privilegien, um Aussehen und Gesundheit, um Beziehungsnetze und Freundschaften, um Selbstdesign und Selbstperformanz – verkündete der Beschleunigungskritiker Hartmut Rosa (2012) auf einem psychoanalytischen Kongress: Im rasenden Tempo der Zeit gingen auf der psychischen Ebene das notwendige Sicherheitsgefühl und eine stabile innere Zeitstruktur verloren; wenn die nachwachsende Generation unter soziokulturellem Konkurrenzdruck sich ständig umstellen und andauernd um soziale Sicherheit ringen müsse, finde sie niemals innere Ruhe.

Mit sich selbst nicht länger identisch, löse sich die Autonomie des Einzelnen in der Spätmoderne auf, weshalb die »Vorstellung einer autonomen integrierten Persönlichkeit« allmählich veralte – klagte der Psychoanalytiker Werner Bohleber (1999) in einem Beitrag gegen den Intersubjektivismus in der Psychoanalyse, lange bevor er ihrer intersubjektiven Wende etwas Besseres abgewinnen konnte (Bohleber, 2006, 2012). Lebensgeschichte werde entwertet, Persönlichkeit zähle nicht mehr, Charakter sei out – ergänzte der Entwicklungspsychologe Martin Dornes (1999), bis er in der liberalen Kommunikationsgesellschaft die »Modernisierung der Seele« entdeckte (Dornes, 2012) und die kapitalistische Moderne gegen ihre Kritiker verteidigte (Dornes, 2016).

Eine »seelenlose Gesellschaft«, in der »unser Ich verloren geht«, würde die Menschen zu »entwurzelten Sozialnomaden machen, die »ständig vom Zerfall ihres instabilen Selbst bedroht« seien, wogegen nur ein »seelisches Partisanentum« helfe – meinte der Psychotherapeut Till Bastian (2012) und fügte seiner gewagten These den bemerkenswerten Vorschlag hinzu, wir sollten »uns nicht mehr so

sehr von den technischen Neuerungen faszinieren und uns von
ihnen Lebenszeit rauben lassen; mehr Zeit dem direkten Umgang
mit der Natur widmen (bei mir vor allem das Wandern in den Bergen)
mehr Raum für Kunst und Kreativität zur Verfügung stellen«, und
das ausgerechnet in einem Interview mit dem »Online-Magazin für
den anspruchsvollen Leser« (König, 2012), von dem er sich wieder
mal Zeit rauben ließ.

Die Klage über den sozialen und psychischen Niedergang und die
angebliche Seelenlosigkeit im neoliberalen Kapitalismus gehört zum
Standardrepertoire kritischer Gegenwartsdiagnosen. Szenarien einer
psychosozialen Katastrophe werden entworfen und in Sprachbil-
dern des Verfalls festgehalten. Gerne verwenden die Modernekritiker dazu die Vorsilbe »Ent-«, um die von ihnen beschworene
gesellschaftliche und seelische Regression zu dokumentieren: die
Entsublimierung des Trieblebens, die Entstrukturierung der Psyche,
die Entsinnlichung von Beziehungen, die Entleerung des Lebens von
Sinn und Bedeutung. Die universellen Netzwerke machten den Einzelnen zum bloßen Knotenpunkt des sozialen Geschehens, gegen das
er sich nicht mehr wehren könne.

Zum Beleg solcher Thesen wird eine angebliche Zunahme psychischer Erkrankungen behauptet, insbesondere eine dramatische
Zunahme von »frühen« Störungen und Depressionen aller Art, die
letzten Endes von der kapitalistischen Konkurrenzgesellschaft ver-
ursacht seien. Seriös belegen lassen sich solche Aussagen nicht:

Klinisch beruht die Zunahmebehauptung auf Theorie- und Diagno-
seartefakten, wie Reiche in seinem Aufsatz »Haben frühe Störungen zugenommen?« (Reiche, 1991, 2004) gezeigt hat: Nur die Störungsbilder und die Sensibilitäten für psychische Störungen hätten
sich geändert; tatsächlich gäbe es lediglich einen Symptomwandel
seelischer Erkrankungen, der dem sozialen Wandel entspreche
und sich darin ausdrücke, dass die »reflexive Modernisierung« der
Gesellschaft (Beck, 1986) nun auf der Ebene des Individuums ange-
kommen sei.

Auch epidemiologisch steht die Zunahmebehauptung auf schwachen Füßen, wie Dornes (2016) in seinem Essay »Macht der Kapi-

talismus depressiv?« nachgewiesen hat. Die gestiegenen Zahlen beruhen auf einer gesellschaftlichen Entdämonisierung psychischer Krankheiten und einer stärkeren Bereitschaft, sie als solche anzuerkennen, auf einer Aufhellung des Dunkelfelds, auf verbesserten Diagnosemethoden, auf einer Neigung des Gesundheitssystems, Krankheitsdiagnosen zu erweitern und die Indikationsschwelle zu senken: Statistisch betrachtet geht es den Zeitgenossen heute psychisch weit besser als vor dreißig Jahren, über alle Altersgruppen hinweg (Dornes, 2012 mit weiteren Befunden; vgl. auch Dornes u. Altmeyer, 2015, Altmeyer u. Dornes, 2015).

Alle Gegenbefunde ändern aber nichts daran, dass an einer Zunahmebehauptung festgehalten wird, die eigentlich ganz anderen Zwecken dient: nämlich dem Nachweis einer psycho- und soziopathogenen Wirkung des globalisierten und neoliberal enthemmten Kapitalismus.

Die psychoanalytische Steigerungsformel: »Immer mehr, immer früher, immer schlimmer« (Göppel, 2007) wird durch eine zeitdiagnostische Steigerungsformel ergänzt: »Je schlimmer, desto besser!« – als ob in der Diskursarena für radikale Gesellschaftskritik ein Überbietungswettbewerb stattfände. An der Spitze der Konkurrenz um die düsterste Ausmalung der Gegenwart liegt immer noch der italienische Philosoph Giorgio Agamben mit seiner Zeitdiagnose von der modernen »Welt als Lager«, in der wir als die Lagerinsassen nur noch unser »nacktes Leben« fristeten (Agamben, 1995/2002); neuerdings empfiehlt er (im Gespräch mit der Feuilleton-Journalistin Iris Radisch) den radikalen Ausstieg aus der modernen Lebenswelt nach dem Vorbild mittelalterlicher Mönchsgemeinschaften, die dem unerträglichen Kommunikationszwang durch Schweigen entkommen (Radisch, 2015). Dicht gefolgt im Zivilisationsekel wird Agamben von Byung-Chul Han, einem neuen Stern am deutschen Kulturphilosophenhimmel:

Mit seiner These, mangels äußerer Feinde attackiere der Einzelne in der digitalen Moderne nur noch sein eigenes Nervensystem, liefert Han eine zeitgenössische Variation von Freuds Todestriebhypothese. Gegen jede Wirklichkeit, wie sie uns täglich aus den Nachrichten

entgegenschlägt, behauptet der an Heidegger geschulte Medientheoretiker, eine in Anpassungsbereitschaft und Friedfertigkeit
versinkende »Müdigkeitsgesellschaft« (Han, 2010) habe der Gewalt
ihren angestammten Schauplatz in der Außenwelt geraubt und
wirke nur noch in den Verheerungen des Seelenlebens.

Gewalt sei, schreibt Han in seiner »Topologie der Gewalt« (2011),
»nun nicht mehr Teil politischer und gesellschaftlicher Kommunikation. Sie zieht sich in subkommunikative, subkutane, kapillare,
innerseelische Räume zurück. Sie verlagert sich vom Sichtbaren
ins Unsichtbare, vom Direkten ins Diskrete, vom Physischen ins
Psychische, vom Martialischen ins Mediale und vom Frontalen ins
Virale« (S. 7). Die typischen Erkrankungen der neoliberalen Leis-
tungsgesellschaft entstünden als Folgen einer Autoaggression, die
nicht mehr unter den Bedingungen äußeren Zwangs, sondern innerer Freiheit stattfinde: »An die Stelle der fremdverursachten Gewalt
tritt eine selbstgenerierte Gewalt, die fataler ist als jene, denn das
Opfer wähnt sich in Freiheit« (S. 52).

Auf der gleichen Linie liegt »Psychopolitik: Neoliberalismus und
die neuen Machttechniken« (Han, 2014). In einer Melange aus Kapi-
talismus- und Medienkritik hat es vor allem die totale Manipulation
durch die sozialen Netzwerke, insbesondere durch Facebook, zum
Gegenstand. Durch die manipulative Machtausübung in der digitalen Moderne werde Fremdausbeutung zur Selbstausbeutung, Entfremdung zur Selbstverwirklichung, Freiheit zur Illusion. Dort findet
sich auch die schöne Formulierung: »Das Individuum wird zum
Geschlechtsteil des Kapitals« – was immer sie bedeuten soll. Jedenfalls muss der Klassenkampf jetzt innerseelisch geführt werden.

So hermetisch und überzogen und mitunter ebenso selbstgerecht
wie selbstgefällig diese Art von Kulturkritik auch sein mag, ist sie
doch nicht neu. Sie klingt, als ob das Kulturindustriekapitel aus der
»Dialektik der Aufklärung« von Max Horkheimer und Theodor W.
Adorno (1947/1969) fortgeschrieben und auf den neuesten Stand
gebracht worden wäre: »Immerwährend betrügt die Kulturindustrie ihre Konsumenten um das, was sie immerwährend verspricht«
(S. 161; vgl. auch Adorno, 1973) – nur stehen diesmal die mächtigen
Internet-Konzerne von Orwell'schem Format im Visier, die ihre User

mit interessantem, ästhetisch gut verpacktem Technikdesign in die digitale Falle locken, bloß um sie besser kontrollieren, überwachen, ausspionieren und schließlich zu eigenen Profitzwecken manipulieren zu können. Für die digitale Moderne im 21. Jahrhundert soll immer noch gelten, was einst Adorno und Horkheimer unter den Erfahrungen des US-amerikanischen Exils dem kapitalistischen Kulturbetrieb schon vorhielten: Kultur als Massenbetrug.

Hier findet eine von Fortschrittszweifeln durchdrungene Modernekritik zu sich selbst, wenn sie in den Kapriolen des Informationskapitalismus (wieder einmal) den Untergang des Abendlandes nahen sieht. Aber sind die Bewohner der digitalen Moderne tatsächlich bloß Opfer eines neuen Massenbetrugs? Folgen die User der neuen Medien wirklich nur den Imperativen einer Ökonomie der Aufmerksamkeit? Oder übersehen die Teilnehmer am zeitdiagnostischen Katastrophendiskurs, dass ihre Positionen womöglich den Projektionen einer älteren Generation entstammen, der die Zeit davonläuft? Könnte es sein, dass sie bloß ihr eigenes Unbehagen auf die Verfassung der Gesellschaft übertragen? Sind sie vielleicht selbst überfordert vom Entwicklungstempo der digitalen Moderne, dem sie nicht mehr folgen können, irritiert von den Netzwerkstrukturen, Kommunikationsforen und Resonanzangeboten der neuen Zeit, die sie nicht mehr verstehen? Wäre es denkbar, dass sie in ihrem antikapitalistisch fixierten Weltbild um Deutungshoheit kämpfen, die sie bedroht sehen? Sehnen sich die Modernekritiker nicht, wie all ihre Vorgänger, nach einer vergangenen Epoche zurück, die es nie gegeben hat und die sie verklären, statt nach dem Neuen zu suchen?

Zwang oder Lust – das Bedürfnis nach Selbstdarstellung

Natürlich kann man fragen, ob das zeittypische Verlangen nach sozialer Sichtbarkeit von der digitalen Moderne erst erzeugt oder in der menschlichen Psyche bereits angelegt ist. In dieser Alternative scheint mir die Frage jedoch falsch gestellt. Denn hier kommen zwei Tendenzen zusammen, die sich wechselseitig ergänzen und zusammenfügen. Es handelt sich um eine komplementäre Entwicklung. Einerseits trifft ein seelisches Grundbedürfnis nach Selbst-

darstellung auf eine neue Medienwelt, die diesem Grundbedürfnis
entgegenkommt, andererseits bieten die neuen Medien Schaubühnen zur Selbstdarstellung, derer sich die Individuen bedienen. Während in der psychischen Innenwelt eine Zeigelust wächst, die nach
sozialem Ausdruck sucht, wachsen in der sozialen Außenwelt die
Ausdrucksmöglichkeiten, die der Psyche zur Verfügung stehen. Die
interaktiven Medien nehmen dieses Streben nicht nur auf, sie bringen es auch zum Vorschein, sie befriedigen es nicht nur, sie fördern
es auch kräftig.

Aber das Bedürfnis nach sozialer Sichtbarkeit, das die Zeitkritiker
unter Pathologieverdacht stellen, ist Ausdruck der sozialen Natur des
Menschen, wenn auch in zeitgemäßer Gestalt. Es tritt zum Anspruch
auf soziale Unsichtbarkeit dazu, der durch den Schutz der Privatsphäre gesichert wird. Das natürliche Verlangen nach Umweltresonanz ist von der Säuglings- und Hirnforschung längst vom Makel
befreit worden, bloß selbstbezogen im Sinne des klassischen Narzissmus zu sein. Im Gegenteil, Spiegel- und Echoerfahrungen dienen der Sozialisation des Einzelnen ebenso, wie sie seiner Individuierung dienen. Insofern nutzt das zeitgenössische Selbst nur seine
Optionen, wenn es die mediengesellschaftliche Einladung, sich zu
zeigen, mit der sozialen Welt in Austausch zu treten und Resonanzerfahrungen zu sammeln, dankend annimmt. Es tut das aus guten
Gründen und freien Stücken.

Das ist jedenfalls die Antwort, die ich in diesem Buch bisher
gegeben habe. Es scheint allerdings, als ob mit dem Strukturwandel der Öffentlichkeit, den die allseits vernetzte Kommunikationsgesellschaft hervorgebracht hat, ein Strukturwandel der Psyche ein-
hergeht, der es gestattet, metaphorisch von einer »vernetzten Seele«
zu reden (Altmeyer u. Thomä, 2006). Denn verändert hat sich nicht
nur die Außenwelt, sondern auch die Innenwelt – und das Verhältnis zwischen beiden.

Aus welcher Perspektive man die Medialisierung der Welt auch
betrachtet und wie immer man sie bewertet: Mediale Selbstdarstellung ist zu einer Art Existenzbeweis geworden. Wer in der digitalen Welt nicht zu sehen ist, existiert buchstäblich nicht. Wer in den
elektronischen Suchmaschinen nicht aufzufinden oder in den sozialen Netzwerken nicht präsent ist, bleibt unsichtbar. Sichtbarkeit ist

zu einem Markenzeichen der digitalen Moderne geworden. Das ist
einer der Gründe, weshalb inzwischen sämtliche Bereiche des gesellschaftlichen Lebens medialisiert sind:

- Der *professionelle Sport* wird als Medienereignis vermarktet:
  Anstoßzeiten, Spielflächen, Kleiderordnungen, selbst die Regeln
  werden unter Gesichtspunkten weltweiter TV-Ausstrahlung
  und nach den Interessen der großen Sponsoren dramaturgisch
  gestaltet und umgestaltet; Zuschauer werden mit Choreografien
  animiert, inszeniert scheint sogar der Jubel der Gewinner und
  die Verzweiflung der Verlierer.
- Der *Kulturbetrieb* droht zum Medienbetrieb zu werden, in dem nicht
  länger die Qualität der Kunst im Mittelpunkt steht, sondern ihre
  Vermarktbarkeit nach den Gesetzen der Aufmerksamkeitsökonomie: Entscheidend sind Einnahmehöhen, Zielgruppenkalkulationen,
  Besucherquoten, Alleinstellungsmerkmale, Bekanntheitsgrade.
- Der *Politikbetrieb* ist ohnehin vollkommen auf mediale Wirkung
  abgestellt, sodass die entscheidenden Dinge in Fernsehinter-
  views und Talkshows gesagt werden und nicht mehr in den dafür
  eigentlich vorgesehenen politischen Arenen: Politiker müssen
  vor allem gekonnte Selbstdarsteller sein, die ihre Facebook-
  Auftritte planen, ihre Twitter-Accounts bestücken, ihr Image
  pflegen und zwischendurch mal ihre Namen im Internet googeln
  müssen, um zu erfahren, wie ihre Medienresonanz ist.
- Allmählich verhält sich auch die *Wissenschaft* in einer Weise
  medienbezogen, dass die Unterschiede zwischen seriösem For-
  schungsinhalt und öffentlichkeitswirksamer Darstellung verwi
  schen: Studienergebnisse werden auf spektakuläre Weise verkündet, bevor sie noch in Fachzeitschriften erscheinen; Doktorarbeiten
  werden schon im Hinblick darauf verfasst, ob ihre Thesen ein Echo
  in den Medien finden; Universitäten und wissenschaftliche Insti-
  tute halten sich teure Öffentlichkeits- und Marketingabteilungen,
  die begabte Studenten, bekannte Wissenschaftler, lukrative For-
  schungsgelder und öffentliche Reputation buchstäblich einwerben.
- Selbst *staatliche Institutionen* und private *Wirtschaftsverbände*
  bis hin zu ehrenamtlichen und Non-Profit-Organisationen achten auf publikumswirksames Selbstmarketing, das zum unver-

zichtbaren Bestandteil der eigenen Existenz geworden ist: Ihre Repräsentanten müssen Medienexperten sein, damit der Ruf gesichert, die öffentliche Meinung beeinflusst, das Engagement gewürdigt oder die Spenderlaune gefördert wird.

Frühzeitig hatte Mark Zuckerberg den psychosozialen Wandel erkannt (und gefördert), als er im Jahr 2004 mit ein paar Freunden zusammen Facebook gründete. Mit seinem enormen Gespür für den Zeitgeist hatte er die Devise der digitalen Moderne verstanden und zu einem Geschäftsmodell gemacht: »Zeig uns, wer du bist!« So ist es kein Zufall, dass Facebook sich gerade anschickt, das gesamte Internet zu übernehmen. Denn auf seinen Plattformen bietet dieses allererste soziale Netzwerk – immer noch das kreativste, attraktivste und erfolgreichste in einer wachsenden Zahl der Sozialmedien: am Tag bis zu einer Milliarde Nutzer – das Totalprogramm medialer Selbstpräsentation: Showing! Connecting! Contacting! Sharing! Resonating!

In seinem berüchtigten Interview von 2010 hat der Facebook-Gründer übrigens nicht behauptet, wie ihm immer unterstellt wird, dass die Privatsphäre »nicht mehr zeitgemäß« sei und einem »vergangenen Zeitalter« angehöre. Gesagt hat er etwas ganz anderes und vollkommen Zutreffendes, dass sich nämlich in der digitalen Moderne zu verändern beginnt, was wir unter Privatsphäre verstehen. »Menschen sind einverstanden damit, Informationen über sich mit anderen zu teilen und werden immer offener zu immer mehr Menschen. Die sozialen Normen hier haben sich mit der Zeit entwickelt« (Spiegel-Online, 2010).

Auch die angeblich so skandalöse Bemerkung von Eric Schmidt (bis August 2015 Vorstandsvorsitzender von Google und zwischenzeitlich Berater von Barack Obama), die Einzigen, die durch die Öffnung der Privatsphäre etwas zu verlieren hätten, seien die Übeltäter, wird gern verfälscht wiedergegeben. In einem Fernsehinterview mit CNBC (vgl. u. a. Stöcker, 2009) hat er auf die Frage nach der Zukunft persönlicher Geheimnisse tatsächlich geantwortet: »Falls man ein Geheimnis bewahren wolle [If you have something that you don't want anyone to know], sollte man es vielleicht gar nicht erst mitteilen [maybe you shouldn't be doing it]« (YouTube, 2009).

Entdeckung oder Erfindung – die Avantgarde der Internetpioniere

In der Tat haben sich mit der Medialisierung und Digitalisierung der Gesellschaft die normativen Bezugssysteme sichtlich verändert, und zwar in Bezug auf die äußeren Normen sozialen Verhaltens, wie in Bezug auf die inneren Normen seelischer Regulierung. Das gilt insbesondere für die zwischenmenschliche Kommunikation und das, was als privat und was als öffentlich gilt.

> Die Belege dafür, dass Menschen im digitalen Zeitalter mehr miteinander kommunizieren und sich anderen Menschen gegenüber stärker öffnen als früher, sind unübersehbar. Man teilt aber nicht bloß persönliche Informationen und private Erfahrungen miteinander wie zum Beispiel Back- und Kochrezepte, Konstruktionspläne für den Carport und Bewässerungstipps für den Garten oder Weltanschauungen, politische Meinungen und Gottesvorstellungen bis hin zu Bastelanleitungen für Molotow-Cocktails und Sprengsätzen. Menschen teilen miteinander auch
> - ein breites Spektrum von *Waren und Dienstleistungen:* per E-Bay und über elektronische Seiten zur Bewertung von Reinigungsfirmen, Gärtnern, Handwerkern, Architekten, Ärzten oder Psychotherapeuten.
> - ein großes Angebot an *Wohnungen:* vom Penthouse mit Flussblick bis zum Mitwohnen auf der fremden Couch, und an Hotels, vom Fünf-Sterne-Etablissement bis zur billigen Absteige über digitale Vermittler wie Airbnb, Wimdu oder Booking.com.
> - eine Auswahl von *Autos* jeder Klasse: von der Luxuslimousine bis zum Smart über Carsharing-Gesellschaften wie Car2go oder privat vernetzte Taxiunternehmen wie Uber.

Die Entwicklung einer »Sharing-Economy«, die ihre Zukunft noch vor sich hat, ist ein eigenes Thema. Ihre mentalen Triebkräfte genauer zu untersuchen, würde hier zu weit führen, obwohl es Überschneidungen zu meinem Untersuchungsgegenstand gibt. Denn auch die neue Ökonomie des Teilens entwickelt sich nicht nur aus äußeren Gründen einer ökonomischen, ökologischen oder alltagspraktischen Rationalität, sondern gleichermaßen aus inneren, aus seelischen Gründen.

Unser Bedürfnis zu teilen hat seinen Ursprung nicht zuletzt in der vorindividuellen Frühgeschichte des Individuums (des Unteilbaren oder Ungeteilten, wenn man den lateinischen Begriff wörtlich nimmt). Es ist ein ontogenetisches Erbe unserer primären Intersubjektivität. Zu diesem Erbe gehört zuerst das Bedürfnis des Einzelnen, von anderen Menschen wahrgenommen zu werden und ein Echo zu bekommen, das im Zentrum meiner zeitdiagnostischen Überlegungen steht.

Dieses elementare Bedürfnis nach Resonanz bildet den Treibstoff, den die Ökonomie der Aufmerksamkeit sich zunutze macht und verwertet, ohne ihn teuer und aufwändig herstellen zu müssen – sie bekommt ihn kostenlos geliefert. Das Internet einschließlich der sozialen Netzwerke lebt nämlich gerade davon, dass es von seinen Usern aus eigenen Motiven massenhaft bestückt, gefüllt und ausgestattet und ebenso massenhaft genutzt und verwendet wird.

> Deshalb irrt Jaron Lanier, der vom Internet-Apologeten zum Internet-Kritiker konvertiert ist, wenn er bei der Verleihung des Friedenspreises des Deutschen Buchhandels (im Oktober 2014 anlässlich der Frankfurter Buchmesse) eine Warnung wiederholt, die er in seinem Buch »Wem gehört die Zukunft?« (Lanier, 2014) scheinbar so überzeugend begründet hat: Wir seien »nicht die Kunden der Internetkonzerne, sondern ihr Produkt«. In Wirklichkeit sind wir weder die Kunden noch das Produkt des Internets, sondern seine Lieferanten und Profiteure (wir liefern, kaufen Geräte).

Das Potenzial zwischenmenschlicher Kommunikations- und Resonanzbedürfnisse erkannt und für deren Realisierung leicht zugängliche Foren entwickelt zu haben, ist das Verdienst der Internetpioniere, ob sie nun Apple, Google oder Facebook erfunden haben. Im Grunde beruhen ihre überaus erfolgreichen Unternehmen auf einer einzigen, jedoch ebenso schlichten wie genialen Idee: Verbindungen zwischen Menschen herzustellen, ihren Wünschen nach sozialem Kontakt und Austausch entgegenzukommen, ihren Bedürfnissen nach Sichtbarkeit und Resonanz Rechnung zu tragen. Mit dem Zwischenmenschlichen haben sie einen Nerv der Zeit getroffen und mit der technischen Umsetzung dieser Idee letzten Endes dazu beigetragen, dass Grenzen zwischen Ländern, Kulturen und Religionen sich auflösen und die ganze Welt zusammenrückt. So betrachtet, ist der digital vernetzte Globus nichts anderes als eine universelle Dauerverbindung im Weltmaßstab: ein internationales, interkulturelles, intersubjektives Netzwerk – neu, einzigartig und einfach zu bedienen.

Diesen Beitrag zur Globalisierung, mit dem sie nebenbei eine Menge Geld verdient haben, können sich die Internetpioniere auf ihre Fahnen schreiben. Längst berühmt für die Ewigkeit haben die Vordenker und Vorreiter des digitalen Zeitalters mit ihren Erfindungen die Welt verändert. Doch die visionären Praktiker wie (der inzwischen verstorbene) Steve Jobs, Mark Zuckerberg oder Eric Schmidt, die das zusammen mit begabten Informatikern und Computertheoretikern wie Jaron Lanier, Ray Kurzweil oder David Gelernter zustande gebracht haben – sie protzen weder mit ihrem Ruhm noch mit ihrem Geld. Die meisten von ihnen jedenfalls wirken persönlich ziemlich uneitel, im Auftreten eher bescheiden, fast linkisch. Keiner trumpft wirklich auf. Schon in ihrem Äußeren unterscheiden sie sich vom Typus der Kapitäne des Industriezeitalters, wie ihn der kantige, aus der Zeit gefallene Hartmut Mehdorn in Deutschland noch einmal bot, oder von glatten Managern der Dienstleistungsbranche wie dem stets gut gelaunten und sonnengebräunten Thomas Middelhoff, der selbst im Gerichtssaal, wo er sich wegen Unterschlagung verantworten musste, sein Dauerlächeln nicht aufgab.

Den charismatischen Figuren des Internetzeitalters sind die eitlen und polternden Erscheinungsformen des Narzissmus offenbar fremd. Eher scheinen sie von der uramerikanischen Einstellung beflügelt, das Unmögliche zu wagen, Hindernisse aus dem Weg zu räumen und sich dabei nicht aufhalten zu lassen. Freilich hat auch diese scheinbar grenzenlose Zuversicht mit einer narzisstischen Grundhaltung zu tun, die ihnen beim Aufbau ihrer höchst erfolgreichen Konzerne und Denkfabriken schon zugute kam. Im weltweiten Mäzenatentum äußert sich dieser Narzissmus noch einmal, aber auf ganz andere Weise: als moralischer Narzissmus.

Inzwischen machen sich die digitalen Revolutionäre mit ihren angehäuften Milliardengewinnen nämlich an die Rettung der Menschheit: vor Unwissen mit Hilfe ehrgeiziger Bildungsprogramme, die sie mit enormen Summen finanzieren; vor Straßen- und Betriebsunfällen durch die Entwicklung selbststeuernder Fahrzeuge oder

roboterbetriebener Produktionssysteme; vor den Folgen des Kli-
mawandels durch intelligente Gegenmaßnahmen, die sie in eigenen
Forschungsinstituten entwickeln lassen; vor tödlichen Krankheiten
durch die intensive Förderung der Medizinforschung; vor dem Ster-
ben überhaupt durch eine entfesselte Biotechnologie, die ihnen eine
Herzensangelegenheit ist; vor der drohenden Überbevölkerung der
Erde, indem man sich die friedliche Eroberung des Weltraums für
Überlebenszwecke auf die Fahnen geschrieben hat.

Indem sie die ungelösten Menschheitsaufgaben anpacken, zeigen uns die digitalen Revolutionäre, wer sie sonst noch sind außer
hochbegabten Tüftlern und knallharten Geschäftsleuten. Auf diesem Feld winken nämlich moralische Prämien, die zu den Prämien
hinzukommen sollen, die ihre technische Brillanz, ihr intellektuelles
Format und ihr wirtschaftlicher Erfolg bereits abwerfen: Die Welten-
veränderer würden sich gern als Weltenretter sehen.

Damit aber fordern die Vorreiter der digitalen Moderne jene Modernekritiker, die ebenfalls gerne als Weltenretter auftreten, erneut heraus.
Ungern lassen diese sich vom Feld des engagierten Humanismus ver-
treiben, auf dem sie schließlich ihrerseits narzisstische Lorbeeren ernten wollen. Lieber führen sie ihren Windmühlenkampf gegen das Internet weiter, einen Kampf gegen die Modernisierung der Welt, den schon
der fiktive Ritter Don Quijote de la Mancha mit seinem Pferd Rosi-
nante im Roman von Cervantes nicht gewinnen konnte. Ihrem Einsatz
gegen den menschenfeindlichen Kapitalismus, gegen die ungerechte
Globalisierung und gegen die gleichmacherischen neuen Medien liegen
einige Illusionen zugrunde: über die Wirklichkeit wie über sich selbst.

Nichts kann diese Selbst- und Wirklichkeitsverkennung besser
illustrieren, als ein Dankesbrief, den Jörg Schröder und Barbara
Kalender, die beiden ehemaligen MÄRZ-Verleger und Legenden
der 68er-Kulturrevolution, zum Jahresende 2015 verschickt haben. In
einer E-Mail bedanken sie sich für die Abnahme von 27600 handge-
bundenen Exemplaren der neuen Folge von »Schröder erzählt« zum
Stückpreis von 35 Euro, nicht ohne ebenso verächtlich wie selbstgerecht von den »digitalen Hinz-und-Kunz-Zeiten« zu reden, denen sie
heldenhaft trotzen (Jungen, 2016). Ja, in welch billigen Zeiten leben
wir denn eigentlich, wo nicht nur Schröder und seine Lebensge-
fährtin, sondern auch Hinz und Kunz sich zu Wort melden können?

Kapitel 14
Ein zeitgemäßer Persönlichkeitstyp: Das exzentrische Selbst als moderner Sozialcharakter

Eine Wende in der Generationendynamik – die Umkehrung des Ödipuskomplexes

Die komplizierte Beziehung zwischen menschlicher Psyche und sozialer Umwelt ist anthropologisch nicht festgelegt, sondern historisch variabel. Allenfalls lässt sich von einer Sozialanthropologie der Seele sprechen, in dem Sinne, dass die psychische Innenwelt sich stets in Bezug auf die soziale Außenwelt ausformt. Denn Menschen sind keine Monaden, sondern von Geburt an umweltbezogen. Ihr Seelenleben entwickeln sie nicht unabhängig von den gesellschaftlichen Verhältnissen, unter denen sie aufwachsen und in denen sie leben.

> Immer schon durchdrangen die sozioökonomischen Verhältnisse das Seelenleben der jeweiligen Epoche. Zu allen Zeiten bestimmte das Sein das Bewusstsein. Das hatte der frühe Karl Marx erkannt, als er mit den Mitteln der Philosophiekritik die Wechselwirkung von materieller Basis und mentalem Überbau untersuchte. Das »menschliche Wesen ist kein dem einzelnen Individuum inwohnendes Abstraktum«, heißt es in seinen Thesen zu Feuerbach, sondern das »Ensemble der gesellschaftlichen Verhältnisse« (Marx, 1845/1888/1969).

Kinder haben sich zu allen Zeiten und an allen Orten jeweils diejenige Welt angeeignet, die sie vorfinden. Das liegt in ihrer Natur. Daran lassen sie sich nicht hindern. Denn die Evolution hat dafür gesorgt, dass sie eine angeborene Offenheit, Neugier und Flexibilität mit auf die Welt bringen, die ihnen deren Aneignung erleichtern, ja zur Selbstverständlichkeit werden lassen. Mit einem Mindestmaß an evolutionärem Pragmatismus dürfen wir deshalb annehmen, dass sich die nachwachsende Generation auch im digitalen Zeitalter in ihrer gesamten Persönlichkeitsentwicklung auf die vorgefundene Wirklichkeit einstellt und entsprechend umstellt. Sie muss das auch, denn schließlich will sie irgendwann selbst die Gesellschaft gestalten und die Verantwortung dafür von der älteren Generation übernehmen. Nur findet diese Übernahme heute unter anderen Vorzeichen statt.

Denn in Zeiten der kapitalistischen Globalisierung läuft das Rad der Geschichte schneller als früher. Spätestens mit Beginn des 21. Jahrhunderts hat sich das Veränderungstempo dermaßen beschleunigt, dass Menschen, die im 20. Jahrhundert aufgewachsen sind, ihre Mühe haben, damit real wie mental Schritt zu halten. In der äußeren Realität sehen sie sich ständig genötigt, neue technische Fähigkeiten zu erwerben, sich im Berufs- und Privatleben auf wechselnde Umstände einzustellen. Auch in der inneren Realität tun sich manche nicht leicht mit einem Zeitgeist, der das bisherige Selbst- und Lebensgefühl irritiert; von ihnen wird immerhin erwartet, kognitiv, emotional oder moralisch vertrautes Terrain zu verlassen, einmal erworbene Sichtweisen, Verhaltensmuster und Lebensgewohnheiten aufzugeben und entsprechende psychische Anpassungsleistungen zu erbringen.

Dagegen wächst die jüngere Generation psychosozial in die digitale Moderne wie selbstverständlich hinein. Was sich Eltern und Großeltern (die »digital immigrants«) erst mühsam erwerben müssen, können ihre Kinder und Enkelkinder (die »digital natives«) mit der Muttermilch aufsaugen. Sie profitieren zudem von der sexuellen, kulturellen und gesellschaftlichen Liberalisierung, die sei den 1970er Jahren allmählich die Familien- und Geschlechterverhältnisse entspannt und in der Folge auch die Erziehungsmethoden in Richtung einer auf wechselseitige Anerkennung gerichteten, verhandlungsorientierten Pädagogik modernisiert haben. Der partnerschaftliche Umgang miteinander, der innerhalb der Familienbeziehungen zur Norm geworden ist, hat der natürlichen Zeigelust, Interaktionsbereitschaft und Kommunikationsfreude von Kindern und Jugendlichen Auftrieb gegeben. Das hat nicht nur Selbstbewusstsein, Sozialkompetenz und Wohlbefinden gefördert, sondern auch zur generellen

Lockerung von psychischen Strukturen beigetragen, die anscheinend offener und flexibler und damit für äußere Veränderungen empfänglicher geworden sind (vgl. Dornes, 2012).

Naturgemäß fällt die ständige Neuanpassung der älteren Generation schwerer. Weil die Realität sich innerhalb ein und derselben Generationsspanne in einer Weise und einem Tempo verändert, sodass immer wieder psychosoziale Neujustierungen anstehen, muss nicht nur die jüngere, sondern auch die ältere Generation ständig dazulernen, will sie nicht vorzeitig überholt werden. Anstatt die Kinder zu lehren und Erfahrungen weiterzugeben, sehen sich die Eltern auf einmal in der ungewohnten Position, ihrerseits Nachhilfe zu nehmen. Aber wer will das schon? Als Erwachsener festzustellen und zuzugestehen, dass gelegentlich nicht nur die technologische Fachkompetenz fehlt, sondern auch die seelische und soziale Beweglichkeit, ist eine kränkende Erfahrung. Auf ihre Weise versucht die ältere Generation dennoch, die unvermeidlichen Herausforderungen zu meistern, vor die sie die digitale Revolution stellt. Viele schaffen es. Einige sind begeistert. Andere bleiben skeptisch. Wieder andere verzweifeln. Das aber ist zunächst nichts Neues.

Dass ältere Menschen sich vom technischen und gesellschaftlichen Fortschritt herausgefordert sahen, war in früheren Zeiten nicht anders. Die Dampfmaschine und der vollmechanisierte Webstuhl im 18. Jahrhundert, die Eisenbahn und das Automobil im 19. Jahrhundert, das Radio, das Telefon, das Fernsehen im 20. Jahrhundert – all diese revolutionären Erfindungen mussten mental verkraftet werden.

Im digitalen Zeitalter ist die mentale Herausforderung allerdings noch größer geworden, weil die neuen Medien in sämtliche Lebensbereiche eindringen. Unter Umständen gibt es die Möglichkeit, sich von der digitalen Welt fernzuhalten. Manche, die mit dieser Entwicklung nicht mithalten wollen oder können, finden vordigitale Nischen. Andere haben eine Sekretärin oder Kinder, die für sie die Computerangelegenheiten erledigen. Wieder andere schimpfen zur eigenen Entlastung auf den Fortschritt.

Doch gelebte Nostalgie hat oft ihren Preis. Fortschrittsverweigerung kann soziale Marginalisierung und innere Emigration bedeuten.

Deshalb betreiben ältere Menschen gelegentlich doppelte Buch-
führung. Lieber hätten sie es wie früher. Aber sie leisten eben ihren
Tribut an die digitale Welt und passen sich an oder geben nach.
Widerstrebend lassen sie sich ein Smartphone schenken (»Das wäre
doch nicht nötig gewesen!«). Schlechten Gewissens besorgen sie
sich selbst eins (»Bloß zum Telefonieren!«). Oder sie melden sich
sogar bei Facebook an oder bei WhatsApp (»Aber nur, damit mich
meine Kinder leichter erreichen können – und ich sie!«).

Hier bahnt sich eine Wende in der Dynamik des Generationenwech-
sels an, die man eine Umkehrung des Ödipuskomplexes nennen
könnte. Denn in früheren Zeiten gab die ältere Generation die Welt,
die schließlich von ihr gestaltet worden war, die sie zu verantworten hatte und mit der sie sich identifizierte, einigermaßen widerstrebend an die jüngere Generation weiter. Deshalb musste diese um
ihre Erwachsenenrolle stets kämpfen. In dieser umkämpften Staf-
felübergabe von einer Generation zur nächsten lag die Bedeutung
des ödipalen Konflikts, sowohl auf dem psychischen als auch auf
dem sozialen Feld. Gegenwärtig scheint es so, als ob die Älteren sich
mit dem Zustand der Lebenswelt, die sie hinterlassen, nicht mehr
so recht identifizierten. Viele hadern noch mit dem Wertepluralis-
mus, mit dem Autoritätsabbau oder mit dem, was sie als Flachheit
der digitalen Moderne erleben. Vor allem aber hadern sie mit dem
Beschleunigungstempo des gesellschaftlichen Fortschritts.

Manchmal sieht es so aus, als ob die ältere Generation die Verantwortung für den Zustand der Gegenwartsgesellschaft, die sie zweifellos hat, längst abgegeben oder gar nicht erst übernommen hätte.
Jedenfalls finden sich viele Erwachsene jenseits der 50 in der kapitalistischen Moderne nicht mehr wieder. Der modernen Lebenswelt,
die ihnen fremd geblieben ist, stehen sie skeptisch bis ablehnend
gegenüber, als sei ihnen das nötige Selbst- und Weltvertrauen abhan-
den gekommen. Deshalb neigen Teile dieser Generation dazu, die
ungeliebte Mediengesellschaft vorzeitig zu übergeben, freilich nicht
ohne den unbewussten Versuch zu machen, dem medienkompeten-
ten Nachwuchs das Vorerbe zu vergällen, während sie sich bewusst
um dessen bedrohtes Seelenheil sorgen. Die gängige Gesellschaftskritik an der steigenden Hast, Unübersichtlichkeit und Oberfläch-

lichkeit der digitalen Moderne stützt dieses Bewusstsein, indem sie ideologische Schützenhilfe leistet. Sie hilft überdies dabei, ein ganz anderes Motiv zu kaschieren, das sich hinter der paternalistischen bzw. maternalistischen Sorge versteckt.

Was sich meist im Unbewussten verbirgt, ist der latente Wunsch von Eltern, eine gesellschaftliche Entwicklung anzuhalten, von der 'sie sich abgehängt fühlen, deren Rasanz aber geradezu das Lebenselixier der Jugend ausmacht. Dieser Wunsch aber enthält eine doppelte Illusion. Erstens eine Verkennung der Realität, die sich bekanntlich nicht ignorieren, sondern nur gestalten lässt. Und zweitens die Verkennung einer ehernen Regel der Generationenfolge, denn Kinder entwickeln sich psychisch innerhalb der gesellschaftlichen Wirklichkeit, in die sie hineingeboren werden und zu deren Aneignung es keine Alternative gibt: Eine andere Wahl haben sie nicht.

Um ein eher harmloses Beispiel für die veränderte Generationendynamik zu geben – selbst in der Fußballwelt, in der die Jugend immer schon früher am Zug war und eher das Sagen hatte, tun sich die Haudegen der Vergangenheit schwer damit, die unverkennbaren Fortschritte zu würdigen, die das moderne Tempo- und Kombinationsspiel gegenüber dem eher behäbigen Fußball früherer Zeiten gebracht hat.

Zeitdiagnostisch betrachtet, stellt das rasante Direktpassspiel der deutschen Fußballnationalmannschaft, das Joachim Löw von ihr verlangt, eine ödipale Herausforderung an jenen langsamen Heldenfußball vergangener Tage dar, nach dem sich die Heroen früherer Jahre noch als kritische Fernsehkommentatoren zurücksehnen. Ganz egal, ob sie Günter Netzer, Matthias Sammer, Oliver Kahn oder Stefan Effenberg heißen: Sie verstehen die Welt nicht mehr, die sich seit den eigenen glorreichen Zeiten weitergedreht hat, wenn sie gebetsmühlenhaft immer nur Kampf, Einsatz, Laufbereitschaft verlangen. Längst haben die Jungen die alten Sekundärtugenden zu Primärtugenden gemacht, aber eben neue Tugenden hinzugefügt, die Deutschland bei der Fußball-WM in Brasilien am Ende den Titel eines Weltmeisters gebracht haben. Übrigens gegen alle skeptischen Prognosen auf den Kommentatorenplätzen, wo man nach dem überaus erfolgreichen Turnier die Mannschaft mit ihrem

Trainer zwar gefeiert und die Leistung gewürdigt hatte, aber von einer Entschuldigung wegen der vorherigen Unkenrufe nichts zu hören oder zu lesen war.

Auch jenseits des schönen Ballspiels lässt die Modernekritik sich selbst gegenüber jene kritische Grundhaltung vermissen, die sie gegenüber einer unter chronischem Pathologieverdacht gestellten Lebenswelt wie selbstverständlich einnimmt: Alles wird hinterfragt, nur nicht die eigenen Vorurteile. Unter einem wohlwollenden Blick lassen sich die inkriminierten Phänomene der digitalen Moderne als zeitgemäße Ausdrucksformen jugendlicher Bedürfnisse nach Kommunikation, Selbstdarstellung und Grenzerfahrung begreifen. In der ständigen Bezogenheit auf ihre soziale Umwelt, im dauernden Kontakt miteinander, in der ausschweifenden Handykultur, im wachsenden Körperkult, im steigenden Andrang auf Casting-Shows, in der Lust, sich zu zeigen und gesehen zu werden, im enormen Erfolg von Facebook, YouTube, Twitter, Instagram und anderen sozialen Netzwerken demonstrieren uns die Kinder der digitalen Moderne damit nicht, dass sie sich mit der Mediengesellschaft auf ihre eigene Weise arrangieren?

Im exzentrischen Gebaren der Jugend, das vielen Erwachsenen auf die Nerven geht, zeigt sich die mentale Aneignung einer sozial vernetzten Lebenswelt, die ihren Mitgliedern ein hohes Maß an persönlicher Performanz abverlangt, im Gegenzug jedoch Sichtbarkeit erlaubt und Resonanz verspricht. Mentale Aneignung der zeitgenössischen Lebenswelt bedeutet umgekehrt, dass die gesellschaftlichen Vernetzungen ihren Niederschlag im zeitgenössischen Seelenleben finden müssen. Einiges spricht dafür, dass der soziale Strukturwandel moderner Kommunikationsgesellschaften sich in einem psychischen Strukturwandels niedergeschlagen hat. Woran aber erkennt man einen Strukturwandel der Psyche, wie schlägt er sich nieder und welchen Namen gibt man ihm?

Ein Ende des seelischen Heldentums –
auf dem Weg zur postheroischen Persönlichkeit

Im zeitgenössischen Seelenleben scheint sich in der Tat etwas zu verändern. Entwicklungs- und sozialpsychologische Studien verweisen auf einen Wandel in der psychischen Entwicklung: erstens auf eine Öffnung und Flexibilisierung der Charakterstruktur, zweitens auf eine Erweiterung des Erlebens- und Verhaltensrepertoires und drittens auf eine stärkere Reflexivität des Selbst- und Weltverhältnisses.

   Angesichts solcher markanten Veränderungen stellt der Sozialphilosoph Axel Honneth (2000) in einem Text über »postmoderne Identität« Betrachtungen »über das vermeintliche Veralten der Psychoanalyse« an und spricht von einer »kommunikativen Verflüssigung« der Innenwelt (vgl. Honneth, 2006). Diese korrespondiere auffällig mit einem soziokulturellen Wandel in der Außenwelt und verdanke sich womöglich der Internalisierung von flexiblen Lebensweltstrukturen in globalisierten Kommunikationsgesellschaften. Honneths Verflüssigungsthese hat der Entwicklungspsychologe Martin Dornes (2012) in seinem Buch über die »Modernisierung der Seele« auf der Basis zahlreicher empirischer Befunde zu einer ambivalenten Zeitdiagnose erweitert. Dem zeitgenössischen Seelenleben bescheinigt er im Vergleich zu früheren Charakterstrukturen einen höheren Grad an Offenheit und Differenziertheit und zugleich eine höhere Irritierbarkeit. Was sind die Gründe für diese Veränderungen im Sozialcharakter?

   Dornes erklärt den psychischen Wandel mit einem sozialen Wandel. Er kann belegen, dass sich im Zeitalter sexueller Befreiung, kultureller Liberalisierung und politischer Demokratisierung auch die Familienstrukturen aufgelockert haben. Die antiautoritäre Bewegung, die sich seit den 1970er Jahren auf die gesamte Gesellschaft ausgedehnt hat, hat unter anderem auch zum Autoritäts- und Hierarchieabbau in den familiären Binnenbeziehungen geführt und das kommunikative Klima verändert, in dem Kinder heute aufwachsen. Insbesondere die neue Partnerschaftlichkeit zwischen Eltern und Kindern hat schließlich zur Entwicklung eines strukturell weniger zwanghaften, sozial weniger gehemmten, emotional weniger eingeschränkten Persönlichkeitstyps beigetragen.

Gerade diese innere Offenheit, Umweltzugänglichkeit und Flexibilität macht die zeittypische Persönlichkeit jedoch stärker irritierbar und für Störungen anfälliger. Sie scheint zwar weniger starr, aber auch weniger stabil, weniger gepanzert, eher aus der Fassung zu bringen, lebendiger, differenzierter und reichhaltiger, aber auch kränkbarer zu sein. Diese Zwiespältigkeit beschreibt Dornes im Resümee seiner profunden Metaanalyse:

»Mit einer durch die Demokratisierung der Erziehung hervorgerufenen flexibleren Einstellung zu den eigenen Bedürfnissen und der gesellschaftlichen Tendenz, den Ausdruck solcher Bedürfnisse zu tolerieren […], geht unter Umständen auch eine Schwächung des psychischen Formierungspotentials einher. Wir stehen dann vor dem Ergebnis, dass sich in den spät- oder postmodernen Formen der Identität ein erheblicher Wandel psychischer Strukturen anzeigt. Nicht mehr Homogenität und Ich-Stärke, sondern Heterogenität und innere Pluralisierung sind Kennzeichen spätmoderner Subjektivität, die insgesamt plastischer, lebendiger und authentischer, aber auch labiler und verletzlicher geworden ist« (Dornes, 2012, S. 320 f.).

Die Folge dieser psychischen Ambivalenz ist ein eher experimentelles Verhältnis, das der Einzelne zu sich selbst und seiner sozialen Umgebung entwickelt. Er muss ausprobieren, was funktioniert und was nicht. Er will das auch. Denn mit dem Verlust der klassischen Charakterpanzerung geht auch der Zwang verloren, den seelischen Helden zu spielen, der seine vermeintliche Autonomie heroisch gegen die Zumutungen der Außenwelt verteidigt. Den neuen Sozialcharakter bezeichnet Dornes deshalb als »postheroische Persönlichkeit«.

Postheroisch ist der zeittypische Sozialcharakter aus zwei Gründen: Zum einen, weil dieser neue Persönlichkeitstyp sich nicht länger genötigt fühlt, eigene Bedürfnisse heldenhaft zu unterdrücken. Stattdessen lässt er auch gesellschaftlich anstößige Bedürfnisse zu, die in früheren Zeiten als Abweichung von der Norm sozial ausgegrenzt und in der psychiatrischen Nomenklatur als pervers, narzisstisch oder psychosenah beschrieben worden sind. Eine abweichungstolerante Gesellschaft, die mit ihrer freieren Erziehungs- und

Sexualmoral den Menschen weniger Verdrängungsleistungen abverlangt, gibt eben auch jenen Strebungen mehr Spielraum, die unter repressiven Bedingungen viel stärker gehemmt, unterdrückt, verdrängt oder psychisch abgespalten geblieben wären.

Zum anderen, weil dieser neue Persönlichkeitstyp nicht mehr glaubt, einmal getroffene Lebensentscheidungen heldenhaft durchhalten zu müssen. Das befreit die postheroische Generation von der eisernen Konsequenz heroischer Lebensläufe, als die Söhne noch in die Fußstapfen ihrer Väter (und manchmal Großväter) traten und die Töchter die Rolle ihrer Mütter (und nicht selten ihrer Großmütter) übernahmen. Diese soziale und moralische Befreiung wirft allerdings die Dauerfrage nach der eigenen Identität auf. Verbindlicher Normbestände, vorgegebener Lebensschicksale und eindeutiger Berufsbiografien beraubt, müssen sich die Einzelnen viel mehr als früher damit beschäftigen, wer sie sind, wer sie sein wollen – und wie andere sie sehen.

Mit Hilfe seiner Befunde entkräftet Dornes die populären Einwände einer ebenso gesellschaftskritisch wie kulturpessimistisch eingestellten Erziehungswissenschaft, die insgesamt ein »Verfallspanorama« zeichnet. Einer empirischen Überprüfung halten diese Einwände jedenfalls nicht stand.

- Das gilt für die *These einer »fürsorglichen Belagerung«* von Kindern durch ihre überbehütenden, überpräsenten und überengagierten »Helikopter-Eltern«, welche angeblich die Fähigkeit zum Alleinsein unterminierten.
- Das gilt für die *These von der »zugemuteten Autonomie«*, die unterstellt, dass Eltern ihren Kindern Selbstständigkeit bloß zumuteten, damit sie ihren eigenen Interessen nachgehen könnten und sie damit überforderten.
- Das gilt für die *Parentifizierungsthese,* die beklagt, dass Kinder zunehmend elterliche Aufgaben übernehmen und so in eine forcierte Selbstständigkeitsentwicklung getrieben werden.
- Das gilt für die psychoanalytische *Vermutung, die umsorgten Kinder würden zum narzisstischen Projekt ihrer Eltern* gemacht und für deren eigene Zwecke missbraucht.

- Das gilt für die *Regressionsannahme,* derzufolge die überbe-
  werteten, überbehüteten und verwöhnten Produkte moderner
  Erziehung länger zu Hause blieben, wo sie sich im »Hotel Mama«
  einrichteten und ein »Nesthocker-Syndrom« entwickelten.
- Und das gilt insbesondere für die modische *Behauptung einer
  Kindertyrannei:* Das partnerschaftliche Erziehungsmodell ka-
  schiere bloß die Unfähigkeit bedürftiger Eltern, Grenzen zu setzen, weil diese ihre eigenen, von einer kalten Leistungs- und
  Wettbewerbsgesellschaft nicht befriedigten Wärmebedürfnisse
  bei ihren Kindern unterzubringen versuchten und sich von der
  Zuneigung ihrer Kinder abhängig machten – weswegen Kinder
  zu kleinen »Tyrannen« würden (Winterhoff, 2008).

Gegen den alarmistischen Mainstream in der pädagogischen und
psychotherapeutischen Szene begrüßt Dornes den psychischen
Strukturwandel als Ergebnis eines ebenso begrüßenswerten soziokulturellen Wandels. Der durch Studien gut belegte Autonomie- und
Sensibilitätszuwachs, Ergebnis liberaler Erziehungspraktiken und
wertschätzender Sozialisationserfahrungen, stelle insgesamt einen
»zivilisatorischen Fortschritt« dar. Seine Bilanz fällt optimistisch aus.
Kinder wachsen heute im Allgemeinen in familiären Umgebungen
auf, die ihnen mehr Selbstständigkeit, Selbstwertgefühl und Selbst-
und Weltvertrauen vermitteln, als das unter vorliberalen Erziehungs-
idealen der Fall war. Deshalb sind sie viel zufriedener und vor allem:
»besser als ihr Ruf«.

Die postheroische Persönlichkeit ist gewissermaßen der Held
nach der Schlacht. Nur ist der Held nicht müde, sondern entbehrlich.
Er wird einfach nicht mehr gebraucht. Während eine ältere Genera-
tion immer noch nach den verschwundenen Heroen ihrer eigenen
Vergangenheit fahndet – nach den Anführern, den Antreibern, den
Alphatieren –, kommt die moderne Jugend weitgehend ohne sie aus.
Jenseits der überkommenen Hackordnung, die mit dem klassischen
Heldentum stets verbunden gewesen ist, hat sie weniger hierarchi-
sche Formen gefunden, in denen sie sich wohler fühlt.

Statt postheroisch könnte man die psychische Struktur, die zur
digitalen Moderne passt, auch postautoritär, postpatriarchalisch oder
postkonventionell nennen. Mit einer gewissen Selbstironie sogar

postpsychoanalytisch, weil sie dem Idealziel einer gelungenen Psychoanalyse nahe kommt: das Es weniger triebhaft, das Ich weniger gepanzert, das Über-Ich weniger streng, das Unbewusste leichter zugänglich, die Abwehr eher gelockert, die Beziehung zur Umwelt stärker vernetzt. Dieser psychische Strukturwandel hindert die postheroische Persönlichkeit jedoch keineswegs daran, Leistungen zu erbringen und sozial zu reüssieren. Im Gegenteil, wahrscheinlich verkörpert sie gerade deshalb ein gesellschaftliches Erfolgsmodell.

Exzentrik im Profisport – Exkurs zur Modernisierung des Fußballs

Diese Vermutung lässt sich wiederum am eben bereits herangezogenen Beispiel der Fußballnationalmannschaft Deutschlands eindrücklich belegen. Verkörpern die deutschen Nationalspieler nicht den postheroischen Spielertyp par excellence? Jedenfalls hat die moderne Art, Fußball zu spielen dem Team in Brasilien nicht nur Ehre, sondern den Weltmeistertitel eingebracht. Dem famosen Tiki-Taka der Spanier abgeschaut, die damit 2010 Welt- und 2012 Europameister geworden sind, hat der Modernisierer »Jogi« Löw diese Spielweise allen Widerständen zum Trotz beharrlich weiterentwickelt:

> Sofortiges Umschalten von Abwehr auf Angriff. Raumverschiebung und Tempowechsel. Ballannahme in voller Geschwindigkeit. Überzahl schaffen. Schnelles Denken. Rasches Abspielen. Weiterlaufen. Wieder anbieten. Den Abschluss suchen, wenn er sich bietet. Den Extrapass spielen, wenn es sich lohnt. Ein einziger Wirbel aus individuellen und kollektiven Optionen. Hervorragende Technik auf sämtlichen Positionen, einschließlich Torwart und Verteidigern. Es gibt nicht mehr die scharfen Unterschiede zwischen dem filigranen Techniker und dem robusten Fußballarbeiter. Alle dürfen mitspielen. Und alle müssen rackern. Im Angriff wie in der Verteidigung einander helfen. Im Spiel mit und ohne Ball. Ein einziges Netzwerk von mental und spielerisch aufeinander bezogenen Einzelkönnern.

Der moderne Kombinations- und Tempofußball mit seinen flachen Hierarchien, seiner taktischen Flexibilität und seinen ständigen Positionswechseln lebt von einem spielerischen Strukturwandel, der in gewisser Weise den gesellschaftlichen und psychischen Strukturwandel abbildet, wie er sich auch in der Persönlichkeit der Spieler spiegelt. Diese wiederum werden zu popkulturellen Rollenvorbildern für viele Jugendliche.

In ihrer mediengerechten Sprache und ihrem medienbezogenen Freizeitverhalten, in der gestylten Kleidung, die sie vorführen, in den zahlreichen Tattoos, die sie auf der Haut tragen, in den wechselnden Frisuren, die sie zur Schau stellen – in ihrem gesamten Habitus verkörpern die Fußballer jenen exzentrischen, in Zeitgeistmagazinen auch »metrosexuell« genannten Persönlichkeitstypus, den David Beckham als erster auf die internationale Bühne gebracht hat und der inzwischen zum Vorbild einer ganzen Generation zu werden scheint.

Die veränderte Fußballerpersönlichkeit zeigt sich vor allem darin, wie sie auf dem Platz und außerhalb auftritt, nämlich auffallend exzentrisch.

- Es sind eigentümliche *Gesten des Triumphs:* Der Torjubel wird immer erfindungsreicher, jeder lässt sich etwas Neues einfallen, sei es das symbolische Lauschen auf den Beifall des Publikums mit der Hand am Ohr, sei es der muskelbepackte Oberkörper, der stolz entblößt, sei es die eigene Trikotnummer, auf die unübersehbar gezeigt, sei es das Glaubens- oder Liebesbekenntnis, das auf dem T-Shirt unter dem Trikot enthüllt wird – in der Gewissheit, dass ein Millionenpublikum an den Fernsehgeräten zuschaut.
- Es sind einstudierte *Inszenierungen der Freude:* der gewagte Salto mit Schraube oder der doppelte und dreifache Flick-Flack, der Sprung über die Werbebande an die Zäune zu den begeisterten Fans, das gemeinsame Posieren mit Babyschnullern oder Wiegebewegungen (wenn einer Vater wird oder geworden ist), der Pas de deux mit Masken, der gemeinsame Diver über den Rasen zur Seitenlinie, einstudierte Gruppentänze an der Eckfahne – Aktionen, die alle in Bildern festgehalten und in den Medien präsentiert werden.
- Es sind auch *schäbige Inszenierungen* dabei: Während des Spiels wird eifrig gestikuliert, geschauspielert, gespuckt, geschimpft

und getreten, was das Zeug hält, ein Freistoß, ein Einwurf oder ein Eckball geschunden, der keiner war, und selbst bei üblen und offensichtlichen Fouls die Unschuldsmiene gezeigt – obwohl (oder weil?) jeder weiß, dass die Kamera läuft und alles festhält.

- In *Interviews* dagegen zeigen sich die Spieler meist brav und mediengeschult: Sie sagen, was keinem wehtut und eigene Bescheidenheit demonstriert, Dinge wie »Meine Leistung müssen andere beurteilen«, »Wir standen in der Abwehr nicht kompakt genug«, »Wir hätten den Sack zumachen müssen«, »Wir wollten den Sieg nicht genug« oder »Fußball ist eben ein Kampfsport, bei dem man an seine Grenzen gehen muss« – um sich später auf dem Festplattenrecorder oder dem Handymitschnitt der Freundin über den eigenen Auftritt lustig zu machen.

Die Exzentrik der Spieler hat längst auf die Zuschauer übergegriffen. Dazu noch einige Kostproben aus der Eventproduktion des zeitgenössischen Fußballs:

- Als im Frühjahr 2012 in der Bundesliga der Abstiegskampf tobte, herrschten chaotische Szenen auf deutschen Fußballplätzen. In Karlsruhe, in Leipzig, in Dresden, in Köln oder Düsseldorf stürmten erregte Fans massenhaft den Platz, um dort – je nachdem – ihrer Wut oder Euphorie körperlichen Ausdruck zu verleihen. Was im Sturm auf den Rasen ausbrach, war ein performativer Gefühlssturm, der sich im Zirkel seiner öffentlichen Verstärkung zum wahren Gefühlsorkan auswuchs. Die Fernsehsender, stets auf der quotenfördernden Jagd nach dem emotionalen Großspektakel, zeigten immer wieder Bilder dieser Szenen. Die Presse zog nach. Mal verurteilte man die Randale, mal fand man Verständnis für die überbordende Begeisterung.
- Nicht zufällig heißt ein altehrwürdiger Sportplatz wie das Frankfurter Waldstadion heute Arena. Wie andere Stadien auch ist es eine Kampf- und Kultstätte. Was in deutschen Sportarenen an Gefühlsaufwallungen passiert, gehört längst zum Standardrepertoire des internationalen Fußballs. Mittlerweile organisieren die Zuschauer beeindruckende Massenchoreografien des Fahnenschwenkens, der Dauergesänge und der La-Ola-Wellen, die das

Spiel auf dem Rasen erst zu einem öffentlichen Ereignis machen, eben zum Event. Wer immer sich selbst auf den riesengroßen Videowürfeln über dem Spielfeld entdeckt, macht mit bei der Inszenierung einer kollektiven Begeisterung.

• Um ihre Emotionen auszudrücken, machen Hardcore-Fangruppen – sogenannte Ultras – ihr angebliches Recht geltend, Pyrotechnik zu verwenden. Von ihren geheiligten Stehplatzrängen aus zünden sie bengalische Feuer an, werfen Rauchbomben, Feuerzeuge oder gefüllte Bierbecher aufs Spielfeld, wenn sie unzufrieden sind mit dem Spiel, den Spielern oder dem Schiedsrichter. Stille Freude ist jedenfalls nicht angesagt, Gefühle werden vielmehr herausgeschrien, herausgefeuert und vor der Kamera inszeniert. Selbstverständlich sucht sich auch der Hass auf die gegnerische Mannschaft und deren Fans die Felder, auf denen er sich medienwirksam austoben kann, gelegentlich sogar der Hass auf das eigene Team oder seinen Trainer.

Jenseits der umstrittenen Frage, ob die Spiele selbst durch Freudenfeuer, Nebelkerzen oder einen Platzsturm gestört werden und einen irregulären Verlauf nehmen, fragen wir uns, was Fußballfans dazu bewegt, ihren Emotionen freien Lauf zu lassen. Weshalb glauben sie, ihre überschäumende Freude, ihre bittere Enttäuschung oder ihre maßlose Wut den Fernsehkameras präsentieren zu müssen, damit alle Welt daran teilhat? Was sind die Motive für diese exzentrische Selbstdarstellung, die inzwischen nicht nur von wenigen Einzelnen oder extremen Gruppen oder nur von Jugendlichen, sondern von einem bunt gemischten Massenpublikum gepflegt wird?

Dabei bleibt diese exzentrische Seite des modernen Sports keineswegs auf den Fußball beschränkt. Nicht zufällig ist der Hammerwurf-Olympiasieger Robert Harting von Journalisten im Dezember 2014 das dritte Mal in Folge zum »Sportler des Jahres« gewählt worden: Er ist der größte Exzentriker in der deutschen Sportlerszene, der sich auf Zuruf von Fotografen und Kameraleuten gerne das Wettkampftrikot zerreißt. Nachdem die Speerwerferin Katharina Molitor bei der Leichtathletik-WM 2015 in Peking im allerletzten Wurf noch die Goldmedaillenweite erreicht hatte, danach aber kaum eine Regung zeigte und in sich gekehrt blieb, rief Christina Obergföll, extravertierte Speerwurfweltmeisterin von 2013 in Moskau und in Peking Vierte geworden, ihrer emotional zurückhaltenden Nachfolgerin zu: »Du musst jetzt ausrasten! Wenn niemand etwas sieht, ist es nie passiert«.

Gute Zeitdiagnostik beginnt bei der sozialen Oberfläche, um sich von dort aus in seelische Tiefen zu begeben. Sie fängt mit Befunden an, die sie anschließend analysiert und bewertet, nicht mit Gesellschaftskritik, für die sie anschließend Belege sammelt. Statt einer kritisch-urteilenden nimmt sie eher eine neugierig-untersuchende Grundhaltung ein. Sie protokolliert eher, was ist, als dass sie pathologisiert, was ihr nicht gefällt. Ein solch nüchternes Protokoll hat Dornes mit seiner »Modernisierung des Seelenlebens« vorgelegt, ohne die zeitgenössische Lebenswelt zu pathologisieren und damit die Menschen, die in ihr und mit ihr leben. Von vorneherein weder kritisch noch affirmativ angelegt, beginnt er mit Befunden und kommt am Ende zu seiner Zeitdiagnose vom postheroischen Sozialcharakter.

Aus sich herausgehen – um der Welt zu zeigen, was in einem steckt

So überzeugend Dornes argumentiert, habe ich doch zwei Einwände, die ich eher als Fragen oder Ergänzungen verstanden wissen möchte. Es geht erstens um die lebensgeschichtliche Beschränkung des seelischen Strukturbildungsprozesses auf die frühe Kindheit, die er vornimmt, und zweitens um eine gesellschaftliche Engführung seines Blickwinkels im Rahmen des familiären Bezugssystems:

1. Dornes hat mit seinem Begriff der »postheroischen Persönlichkeit« einen neuen Sozialcharakter vor Augen, der sich vom autoritären Charakter oder von der narzisstischen Persönlichkeit im Zentrum früherer Zeitdiagnosen unterscheidet, aber wie seine beiden Vorläufer in der frühen Kindheit geprägt wird. In dieser zeitdiagnostischen Tradition kann die Persönlichkeitsstruktur durch spätere Erfahrungen in der Pubertät und Adoleszenz höchstens überarbeitet, modifiziert und reflexiv eingeholt wer-

den. In ihrem Kern jedoch ist sie nicht mehr veränderbar. Diese ohnehin problematische Annahme – von der Hirnforschung wird sie nicht bestätigt: die Psyche bleibt auch im höheren Alter plastisch und veränderbar, auch wenn der Grad der Veränderbarkeit abnimmt – scheint mir gerade für die modernisierte Psyche nicht zuzutreffen. Der flexiblere, weniger eingeengte, zur sozialen Welt hin offenere Persönlichkeitstyp, den Dornes diagnostiziert, müsste er sich nicht auch im Erwachsenenleben strukturell empfänglicher zeigen für aktuelle Umwelteinflüsse?

2. Als Vertreter einer psychoanalytischen Sozialisationstheorie konzentriert sich Dornes zudem auf die Binnenwelt der Familie als der primären Sozialisationsinstanz. Außerfamiliale Einflüsse auf die Entwicklung der kindlichen Persönlichkeit, insbesondere die Rolle der Medien bzw. medial vermittelter Peergroup-Beziehungen, blendet er weitgehend aus oder schätzt sie eher gering, ebenso wie den Sachverhalt, dass die Verhältnisse innerhalb von Familien ihrerseits durch die Medialisierung der Lebenswelt mit beeinflusst sind. Darüber hinaus macht sich dieser Einfluss bereits in den ersten fünf oder sechs Lebensjahren nicht nur über die Eltern geltend, sondern auch über ältere Geschwister und Spielkameraden, von denen gelernt wird. Die digitale Welt, hat sie mittlerweile nicht bereits die Familienbeziehungen selbst »infiltriert«, sodass die Kommunikationsgesellschaft gar nicht mehr draußen bleibt, sondern innerfamiliär präsent ist?

Spätestens dann, wenn Jugendliche in die unvermeidlichen Krisen der Pubertät und Adoleszenz geraten, die sich heute vor allem jenseits des Elternhauses abspielen, zeigen sich nicht nur die Grenzen einer familialistischen Auffassung der Charakterentwicklung, sondern auch die Grenzen einer Logik der Prägung, die den klassischen Persönlichkeits- und Sozialisationstheorien innewohnt. Vernachlässigt wird, dass die individuelle Psyche kein soziales Produkt ist, auch nicht das Produkt bestimmter Familienverhältnisse, sondern sich vielmehr in dauernder Interaktion mit der äußeren Realität und auf höchst eigenwillige Weise entwickelt.

Als soziales Wesen muss der Mensch sich die umgebende Welt psychisch aneignen. Gewiss findet diese Aneignung zunächst innerhalb der Familie statt, aber schon sehr früh bereits außerhalb der Familie. Schon weil sich in der digitalen Moderne die Außenwelt nicht mehr so einfach ausgrenzen lässt, wie das in vordigitalen Zeiten möglicherweise der Fall war (auch daran kann man Zweifel haben: ob die Familie früher wirklich ein Schutzwall vor der Welt »da draußen« war, wie die klassische Psychoanalyse unterstellt).

Die dauernde Veränderung der technisch-instrumentellen wie sozial-interaktiven Seite der Außenwelt seit Beginn des 21. Jahrhunderts und das rasende Tempo, in dem sie sich diese Veränderung vollzieht, bringen es zudem mit sich, dass dieser Aneignungsprozess mit der Pubertät und Adoleszenz nicht abgeschlossen sein kann. Sonst würde die Psyche laufend veralten. Das ist gerade der Sinn einer modernisierten Persönlichkeitsstruktur: dass sie bereit und fähig ist, sich auf den ständigen Wandel in der Außenwelt innerlich einzustellen und auszurichten.

Im Unterschied zu Dornes bin ich nicht der Auffassung, dass der Prozess der inneren Strukturbildung mit dem fünften oder sechsten Lebensjahr im Wesentlichen abgeschlossen ist und in der Pubertät lediglich noch überarbeitet wird, wie die klassische Psychoanalyse annimmt. Der psychische Aneignungsprozess geht weiter, wenn auch mit weniger Freiheitsgraden. Mit einem einzigen Satz von seelischen Funktionen und Strukturen kommt der Mensch in der digitalen Moderne nicht mehr zurecht. Er muss seine psychische Innenwelt immer wieder an eine dynamisch sich verändernde Außenwelt anpassen, wenn er zu ihr Kontakt halten, sich darin bewegen und seinen eigenen Platz finden will.

Unsere gemeinsame – in einer langjährigen Arbeitsgruppe am Frankfurter Institut für Sozialforschung zusammen mit Axel Honneth und anderen entwickelte – Grundauffassung lautet, dass die Veränderungen der modernen Lebenswelt bis in die psychische Verfassung der Individuen hineinreichen und sich mit der Modernisierung der Gesellschaft auch die Seele zu modernisieren beginnt. Strittig bleibt nur die Frage, ob dieser mentale Modernisierungsprozess eher in eine substanziell veränderte Persönlichkeitsstruktur mündet – wie immer wir diese nennen: verflüssigt, pluralisiert, postheroisch – oder ob diese Veränderung eher prozeduraler oder relationaler Art ist.

Angesichts der sozialen und psychischen Modernisierung kommt auch die Psychoanalyse nicht umhin, sich zu modernisieren. Falls sie ihrerseits nicht veralten will, muss sie ihre Persönlichkeitstheorie dem veränderten Gegenstand anpassen. Insbesondere die psychoanalytische Strukturtheorie mit ihrer Vorstellung eines gegenüber der äußeren Realität klar abgegrenzten Apparats und dessen konfligierenden Instanzen passt nicht mehr. Denn erstens ist in der digitalen Moderne die psychische mit der äußeren Realität eng verwoben. Und zweitens hat die kommunikative Verflüssigung der psychischen Binnenstruktur dafür gesorgt, dass das starre Instanzenmodell von Es, Ich und Über-Ich, die im ewigen Dauerkonflikt miteinander liegen, obsolet wird. Während sich die soziale Umwelt zu einem einzigartigen Netzwerk von Beziehungen, Abhängigkeiten und Austauschverhältnissen verknüpft, arbeitet die moderne Psyche ihrerseits wie ein soziales Netzwerk, das ständig dazulernt.

Um aber dazuzulernen, muss das Seelenleben in enger Verbindung zur Lebenswelt bleiben, damit es die soziale Rückmeldung erhält, die es zu seiner eigenen Entwicklung braucht. Rückmeldung bekommt das Selbst aber nur, wenn es sich mitteilt, sich zeigt, sich entäußert, sich zu erkennen gibt, mit anderen Worten: indem die Psyche aus sich herausgeht, buchstäblich »ex-zentrisch« wird. Deshalb spreche ich statt von der postheroischen Persönlichkeit lieber vom exzentrischen Selbst (Altmeyer, 2013).

Das exzentrische Selbst folgt gewissermaßen dem Prinzip Facebook: Man zeigt einander, wer man ist, wie man »tickt«, was und wen man alles mag, ob man alleine oder mit jemandem zusammen ist, wen man liebt und von wem man wiedergeliebt wird, welche Pläne man hat, wohin man reist, dass man dabei ist oder sich zurückzieht, dass man traurig, wütend, beleidigt, enttäuscht oder gut drauf ist. Auf der Unterseite der digitalen Moderne ist zu erkennen, dass sich die vernetzte Seele nicht mehr im Schneckenhaus eines abgegrenzten Selbst verschanzt, sondern sich aus vielerlei Gründen – der Neugier, der Kommunikationsfreude, der Abenteuerlust, der Identitätssuche, des Interesses am Anderen – lieber in der sozialen Welt umschaut.

Dabei verfügt das zeitgemäße Selbst über drei basale Fähigkeiten, die in der Netzwerkgesellschaft zum Überleben gebraucht werden: erstens soziale Vigilanz, zweitens psychische Plastizität und drittens intersubjektive Resonanzfähigkeit.

1. *Soziale Vigilanz:* Das exzentrische Selbst scheint in der Lage, die äußere Wirklichkeit abzutasten und die inneren Register für Selbstentwicklung und soziale Anpassung mit entsprechenden Hinweisen zu beliefern. Man könnte diese mentale Wachheit mit der sozialen Radarfunktion eines »außengeleiteten Charakters« vergleichen, wie ihn schon David Riesman in der amerikanischen Gesellschaft nach dem Zweiten Weltkrieg gegenüber dem »innengeleiteten« und dem »traditionsgeleiteten« als modernen Charaktertypus beschreibt (Riesman, 1956).
2. *Psychische Plastizität:* Das exzentrische Selbst scheint in der Lage, seine innere Struktur weit über die Kindheit hinaus offen, lernfähig und veränderbar zu halten. Man könnte diese Formbarkeit mit dem vergleichen, was Marshall McLuhan in seinem Buch »Understanding Media« als »Ausdehnung des Nervensystems im elektronischen Zeitalter« bezeichnet, die »unseren Körper [und unsere Seele; M. A.] in den Raum hinaus ausgeweitet hat« (McLuhan, 1964/1992).
3. *Intersubjektive Resonanzfähigkeit:* Das exzentrische Selbst scheint in der Lage, sein Bedürfnis, Kontakt mit anderen aufzunehmen, mit ihnen zu kommunizieren, sich ihnen gegenüber zu öffnen und reflexive Antworten aus der sozialen Umwelt zu bekommen, für die eigene Identitätsbildung zu nutzen. Man könnte diese Fähigkeit mit dem System von Spiegelneuronen im Gehirn in Zusammenhang bringen, das die moderne Neurobiologie entdeckt hat (vgl. Bauer, 2006, 2008).

Dem klassisch-psychoanalytischen Strukturmodell zufolge musste die narzisstische Zeigelust des Kleinkinds im Verlauf seiner Persönlichkeitsentwicklung nach innen verlagert und unter dem Einfluss eines triebfeindlichen Über-Ich ins Unbewusste abgedrängt werden. Nur sublimiert durfte das Resonanzbedürfnis der reifen Persönlichkeit auf Befriedigung hoffen. Der psychische Strukturwandel sorgt

womöglich für eine Entsublimierung, wenn auch nicht der psychischen Strukturen selbst, sondern ihrer Ausdrucksformen, die in ihrer
»rohen« Gestalt früher stärker unterdrückt werden mussten. Im massenhaften Gebrauch interaktiver Medien kehrt der internalisierte
Wunsch nach eigener Sichtbarkeit, zwischenmenschlichem Kontakt
und sozialer Resonanz nach außen zurück: Seelische Exzentrik ist
das Kennzeichen der digitalen Moderne.

Offenbar pflegen die Kinder der digitalen Moderne ein wesent-
lich entspannteres Verhältnis zu all jenen Widersprüchen zwischen
psychischer und äußerer Wirklichkeit als die Menschen in früheren
Epochen. Irgendwie versuchen sie, das Innen mit dem Außen, das
Selbst mit dem Anderen, den Trieb mit der Kultur zu vermitteln,
wenn nicht gar zu versöhnen. Wie sie das genau anstellen und ob
ihnen das am Ende wirklich gelingt, können wir Älteren nicht wissen.
Das aber ist der Sinn der Generationenfolge: Wenn wir es wüssten,
käme nichts Neues mehr, es bliebe nur Wiederholung und Stillstand.
Denn jeweils die nächste Generation muss verstehen lernen, was
ihr die Vorgängergeneration an Unverstandenem hinterlassen hat.

Literatur

Adorján, J. (2015). Kim Kardashian. Der liebe Narzissmus. Frankfurter Allgemeine Zeitung vom 11.05.2015. Zugriff am 22.10.2015 unter http://www.faz.net/aktuell/feuilleton/medien/kim-kardashians-buch-selfish-so-sieht-sie-sich-am-liebsten-13583704.html

Adorno, T. W. (1969). Résumé über Kulturindustrie. In T. W. Adorno, Ohne Leitbild. Parva Aesthetica (3. Aufl.). Frankfurt a. M.: Suhrkamp.

Adorno, T. W. (1973). Studien zum autoritären Charakter. In T. W. Adorno, Gesammelte Schriften, Bd. 8 (hrsg. von Rolf Tiedemann unter Mitwirkung von Gretel Adorno et al.). Frankfurt a. M.: Suhrkamp.

Agamben, G. (1995/2002). Homo sacer. Die souveräne Macht und das nackte Leben (10. Aufl.). Frankfurt a. M.: Suhrkamp.

Altmeyer, M. (2000a). Narzissmus und Objekt. Ein intersubjektives Verständnis der Selbstbezogenheit. Göttingen: Vandenhoeck & Ruprecht.

Altmeyer, M. (2000b). Narzissmus, Intersubjektivität und Anerkennung. Psyche – Zeitschrift für Psychoanalyse und ihre Anwendungen, 54, 143–171.

Altmeyer, M. (2001). Big Brother und andere Inszenierungen von postmoderner Identität. Das neue Subjekt entsteht im Auge der Kamera. in: Psychotherapie und Sozialwissenschaft. Zeitschrift für qualitative Forschung, 3 (2), 160–169.

Altmeyer, M. (2003). Im Spiegel des Anderen. Anwendungen einer relationalen Psychoanalyse. Gießen: Psychosozial-Verlag.

Altmeyer, M. (2004). Inklusion, Wissenschaftsorientierung, Intersubjektivität. Modernisierungstendenzen im psychoanalytischen Gegenwartsdiskurs. Psyche – Zeitschrift für Psychoanalyse und ihre Anwendungen, 58, 1111–1125.

Altmeyer, M. (2005a). Narzissmustheorie und Säuglingsforschung. Ein Beitrag zur interdisziplinären Verständigung. In O. Kernberg, H.-P. Hartmann (Hrsg.), Narzissmus. Grundlagen – Störungsbilder – Therapie (S. 71–94). Stuttgart u. New York: Schattauer.

Altmeyer, M. (2005b). Das Unbewusste als der virtuelle Andere. In M. B. Buchholz, G. Gödde (Hrsg.), Macht und Dynamik des Unbewussten. Bd. 1 (S. 650–669). Gießen: Psychosozial-Verlag.

Altmeyer, M. (2007). Komplexitätsreduktion mit Waffe. Zur Mentalität des deutschen Linksterrorismus. Forum Kommune: Politik, Ökonomie, Kultur, 25 (3), 6–7.

Altmeyer, M. (2009a). Verlust der großen Utopie. Muss auch die 68er-Generation Trauerarbeit leisten? Psychosozial, 118, 17–31.

Altmeyer, M. (2009b). Identitätsspiele mit der Kamera. Medialer Narzissmus und das zeitgenössische Selbst. In M. Kögler (Hrsg.), Möglichkeitsräume in der analytischen Psychotherapie. Winnicotts Konzept des Spielerischen (S. 55–78). Gießen: Psychosozial-Verlag.

Altmeyer, M. (2011). Soziales Netzwerk Psyche. Versuch einer Standortbestimmung der modernen Psychoanalyse. Forum der Psychoanalyse, 2, 107–127.

Altmeyer, M. (2012). Das Selbst im Blick des Anderen: die Modernisierung der Psyche. In C. R. Bartram, M. Bobbert, D. Dölling, T. Fuchs, G. Schwarzkopf, K. Tanner (Hrsg.), Der (un)durchsichtige Mensch. Wie weit reicht der Blick in die Person? Schriften des Marsiliuskollegs, Bd. 8. (S. 129–149). Heidelberg: Universitätsverlag Winter.

Altmeyer, M. (2013). Die exzentrische Psyche. Zur zeitgenössischen Neigung des Seelenlebens, aus sich herauszugehen und zu zeigen, was in ihm steckt. Forum der Psychoanalyse, 3, 1–26.

Altmeyer, M., Dornes, M. (2015). Der Ruf auf die Barrikaden erreicht nur noch Nervenbündel. Mit philosophischen Platzpatronen gegen die Konsum- und Kommunikationsgesellschaft: Slavoj Žižek und Byung-Chul Han attackieren die liberale Demokratie als das Grundübel unserer Zeit. Frankfurter Allgemeine Zeitung vom 17.02.2015. Zugriff am 26.10.2015 unter http://www.faz.net/aktuell/feuilleton/slavoj-i-ek-byung-chul-han-ueber-die-liberale-demokratie-13432593.html

Altmeyer, M., Thomä, H. (Hrsg.) (2006). Die vernetzte Seele. Die intersubjektive Wende in der Psychoanalyse. Stuttgart: Klett-Cotta.

Aly, G. (2005). Hitlers Volksstaat. Raub, Rassenkrieg und nationaler Sozialismus. Frankfurt a. M.: Fischer.

Aron, L. (1996). A meeting of minds: Mutuality in psychoanalysis. Hillsdale, NJ: The Analytic Press.

Balint, M. (1937/1969). Frühe Entwicklungsstadien des Ichs. Primäre Objektliebe. In M. Balint, Die Urformen der Liebe und die Technik der Psychoanalyse (S. 83–102). Frankfurt a. M. u. Hamburg: Fischer-Bücherei.

Barthes, R. (1968). Der Tod des Autors. In F. Jannidis (Hrsg.), Texte zur Theorie der Autorschaft (S. 185–193). Stuttgart: Reclam.

Bauer, J. (2006). Warum ich fühle, was du fühlst. Intuitive Kommunikation und das Geheimnis der Spiegelneuronen. München: Heyne.

Bauer, J. (2008). Das kooperative Gen. Abschied vom Darwinismus. Hamburg: Hoffmann und Campe.

Bauman, Z. (2003). Flüchtige Moderne. Frankfurt a. M.: Suhrkamp.

Bauman, Z. (2005). Moderne und Ambivalenz. Das Ende der Eindeutigkeit. Hamburg: Hamburger Edition.

Beck, U. (1986). Risikogesellschaft. Auf dem Weg in eine andere Moderne. Frankfurt a. M.: Suhrkamp.

Benjamin, J. (2006). Tue ich oder wird mir angetan? Ein intersubjektives Triangulierungskonzept. In M. Altmeyer, H. Thomä (Hrsg.), Die vernetzte Seele. Die intersubjektive Wende in der Psychoanalyse (S. 65–107). Stuttgart: Klett-Cotta.

Benjamin, W. (1921/1980). Zur Kritik der Gewalt. In R. Tiedemann, H. Schweppenhäuser (Hrsg.), Walter Benjamin. Gesammelte Schriften, Bd. 2, Teil 1
(S. 179–203). Frankfurt a. M.: Suhrkamp.

Benjamin, W. (1940/1974). Über den Begriff der Geschichte. In R. Tiedemann,
H. Schweppenhäuser (Hrsg.), Walter Benjamin. Gesammelte Schriften, Bd. 1,
Teil 2, These IX (S. 601–704). Frankfurt a. M.: Suhrkamp.

Berman, P. (2004). Terror und Liberalismus Hamburg: Europäische Verlags
anstalt.

Bieri, P. (2007). Der Blick nach innen. Zeitmagazin Leben vom 28.06.2007.
Zugriff am 27.10.2015 unter http://www.zeit.de/2007/27/Peter-Bieri

Bingener, R. (2015). Kirchentag in Stuttgart. Auf dass wir klug werden. Frankfurter Allgemeine Zeitung vom 05.06.2015. Zugriff am 23.10.2015 unter http://
www.faz.net/aktuell/politik/inland/bundespraesident-joachim-gauck-beim-
kirchentag-in-stuttgart-13629604.html

Bohleber, W. (2006). Intersubjektivismus ohne Subjekt? Der Andere in der psychoanalytischen Tradition. In M. Altmeyer, H. Thomä (Hrsg.), Die vernetzte
Seele. Die intersubjektive Wende in der Psychoanalyse (S. 203–226). Stuttgart: Klett-Cotta.

Bohleber, W. (2012). Was Psychoanalyse heute leistet: Identität und Intersubjektivität, Trauma und Therapie, Gewalt und Gesellschaft. Stuttgart: Klett-Cotta.

Bollas, C. (1997). Der Schatten des Objekts. Das ungedachte Bekannte: Zur Psychoanalyse der frühen Kindheit. Stuttgart: Klett-Cotta.

Bollas, C. (2015). Psychoanalysis in the age of bewilderment: on the return of the
oppressed. (Hauptvortrag auf dem 49. IPA-Congress Boston 2015). International Journal of Psychoanalysis, 96 (3), 535–551.

Bopp, L. (2001). Anselm Kiefer am Collège de France. Bin Ladin – eine Kunst-
Performance? Zugriff am 27.10.2015 unter http://www.faz.net/aktuell/feuil-
leton/geisteswissenschaften/anselm-kiefer-am-college-de-france-bin-ladin-
eine-kunst-performance-1592344.html

Bosse, S. (2006a). Tagebuch. Zugriff am 22.10.2015 unter http://www.menschen-
kunde.com/emsdetten/sebastian_bosse_tagebuch_text.pdf

Bosse, S. (2006b). Abschiedsbrief. Zugriff am 22.10.2015 unter http://gedenta-
feln.beepworld.de/sebastianbosse.htm

Bråten, S. (1992). The virtual other in infants' minds and social feelings. In
A. H. Wold (Eds.), The dialogical alternative. Towards a theory of language
and mind (pp. 77–97). Oslo: Scandinavian University Press.

Brooks, D. (2012). Das soziale Tier. München: Deutsche Verlagsanstalt.

Brooks, D. (2015). Building attention span. The New York Times vom 10.07.2015.
Zugriff am 13.10.2015 unter http://www.nytimes.com/2015/07/10/opinion/
david-brooks-building-attention-span.html?action=click&contentCollec-
tion=opinion&region=stream&module=stream_unit&version=latest&con-
tentPlacement=14&pgtype=collection

Buruma, I., Margalit, A. (2005). Okzidentalismus. Der Westen in den Augen
seiner Feinde. München: Carl Hanser.

Cavell, M. (2006). Becoming a subject. Reflections in philosophy and psychoanalysis. New York: Oxford University Press.

Damasio, A. (2000). Ich fühle, also bin ich. Die Entschlüsselung des Bewusstseins. München: List.

Damasio, A. (2004a). Zur Neurobiologie des Fühlens. Gastvortrag auf dem
43. Kongress der Internationalen Psychoanalytische Vereinigung (IPV) in
New Orleans.

Damasio, A. (2004b). Descartes' Irrtum. Fühlen, Denken und das menschliche
Gehirn. München: List Taschenbuch.

Davidson, D. (2004). Subjektiv, intersubjektiv, objektiv. Frankfurt a. M.: Suhrkamp.

Demmer, U., Feldenkirchen, M., Kurbjuweit, D., Pfister, R. (2010). Die fabelhaften Guttenbergs. Paarlauf ins Kanzleramt. Der Spiegel Nr. 42 vom 18.10.2010.
Zugriff am 15.10.2015 unter http://www.spiegel.de/spiegel/print/index-2010-
42.html

Diner, D. (2005). Versiegelte Zeit. Über den Stillstand in der islamischen Welt.
Berlin: Propyläen.

Dornes, M. (1993). Der kompetente Säugling. Frankfurt a. M.: Fischer.

Dornes, M. (1997). Die frühe Kindheit. Frankfurt a. M.: Fischer.

Dornes, M. (1999). Das Verschwinden der Vergangenheit. Psyche – Zeitschrift
für Psychoanalyse und ihre Anwendungen, 53 (6), 530–571.

Dornes, M. (2000). Die emotionale Welt des Kindes. Frankfurt a. M.: Fischer.

Dornes, M. (2002). Der virtuelle Andere. Aspekte vorsprachlicher Intersubjektivität. Forum der Psychoanalyse, 18, 303–331.

Dornes, M. (2006). Die Seele des Kindes: Entstehung und Entwicklung. Frankfurt a. M.: Fischer.

Dornes, M. (2012). Die Modernisierung der Seele. Kind – Familie – Gesellschaft.
Frankfurt a. M.: Fischer.

Dornes, M. (2016). Macht der Kapitalismus depressiv? Seelische Gesundheit und
Krankheit in modernen Gesellschaften. Frankfurt a. M.: Fischer.

Dornes, M., Altmeyer, M. (2015). Macht der Kapitalismus depressiv? Die gängige Sozialkritik ignoriert die empirischen Befunde. Die Zeit vom 08.01.2015.
Zugriff am 27.10.2015 unter http://www.zeit.de/2015/02/kapitalismus-de-
pression-untersuchung-studie

Dotzauer, G. (2015). Die Seele im System. Jonathan Franzen: Neuer Roman
»Unschuld«. Der Tagesspiegel vom 01.09.2015. Zugriff am 06.01.2016 unter
http://www.tagesspiegel.de/kultur/jonathan-franzen-neuer-roman-unschuld-
die-seele-im-system/12254204.html

Duerr, H. P. (1993). Obszönität und Gewalt. Frankfurt a. M.: Suhrkamp.

Dunn, J. (1995). Intersubjectivity in psychoanalysis: A critical review. International Journal of Psychanalysis, 76, 723–738.

Eagle, M. (1988). Neuere Entwicklungen in der Psychoanalyse: Eine kritische
Würdigung. München u. Wien: Verlag Internationale Psychoanalyse.

Eagle, M. (2011). From classical to contemporary psychoanalysis. New York,
NY: Routledge.

Ebbinghaus, U. (2011). Verstehen Sie Kleist, Herr Matthes? Interview mit Ulrich Matthes. Frankfurter Allgemeine Zeitung vom 19.11.2011. Zugriff am 03.11.2015 unter http://www.faz.net/aktuell/feuilleton/buecher/zum-200-todestag-verstehen-sie-kleist-herr-matthes-11533125.html

Edelman, G. (1993). Unser Gehirn – Ein dynamisches System. München: Piper.

Eggers, D. (2014). Der Circle. Köln: Kiepenheuer & Witsch.

Ehrenberg, A. (2008). Das erschöpfte Selbst: Depression und Gesellschaft in der Gegenwart. Frankfurt a. M.: Suhrkamp.

Ehrenberg, A. (2011). Das Unbehagen in der Gesellschaft. Berlin: Suhrkamp.

Elias, N. (1939/1976). Über den Prozess der Zivilisation. 2 Bde. Frankfurt a. M.: Suhrkamp.

Eliot, T. S. (1944/1999). Little Gidding. Four Quartets. London: Faber & Faber.

Ellison, R. (1952/1987). Der unsichtbare Mann. Reinbek: Rowohlt.

Engels, F. (1878/1973). Herrn Eugen Dührings Umwälzung der Wissenschaft (»Anti-Dühring«). In Marx-Engels-Werke, Bd. 20. Berlin: Dietz.

Enzensberger, H. M. (1993). Aussichten auf den Bürgerkrieg. Frankfurt a. M.: Suhrkamp.

Enzensberger, H. M. (2006). Schreckens Männer. Versuch über den radikalen Verlierer. Frankfurt a. M.: Suhrkamp.

Enzensberger, H. M. (2014). Enzensbergers Regeln für die digitale Welt: Wehrt Euch! Frankfurter Allgemeine Zeitung vom 28.02.2014. Zugriff am 28.10.2015 unter http://www.faz.net/aktuell/feuilleton/debatten/enzensbergers-regeln-fuer-die-digitale-welt-wehrt-euch-12826195.html

Fanon, F. (1961/1966). Die Verdammten dieser Erde. Frankfurt a. M.: Suhrkamp.

Feifer, J. (2015). The essence of a selfie. The New York Times vom 26.07.2015 (Online: 22.07.2015). Zugriff am 15.10.2015 unter http://www.nytimes.com/2015/07/22/opinion/is-this-a-selfie.html

Fonagy, P., Gergely, G., Jurist, E., Target, M. (2004). Affektregulierung, Mentalisierung und die Entwicklung des Selbst. Stuttgart: Klett-Cotta.

Foucault, M. (1974). Die Ordnung der Dinge. Eine Archäologie der Humanwissenschaften. Frankfurt a. M.: Suhrkamp.

Foucault, M. (1976). Überwachen und Strafen: Die Geburt des Gefängnisses. Frankfurt a. M.: Suhrkamp.

Foucault, M. (1982/2007). Die Hermeneutik des Subjekts. Vorlesung am College de France. In M. Foucault, Ästhetik der Existenz. Schriften zur Lebenskunst (S. 123–136). Frankfurt a. M.: Suhrkamp.

Franck, G. (1998). Ökonomie der Aufmerksamkeit. Ein Entwurf. München: Carl Hanser.

Franck, G. (2005). Mentaler Kapitalismus. Eine politische Ökonomie des Geistes. München: Carl Hanser

Frank, J. (2015). Die Okkupation der Privatsphäre. Interview mit Harald Welzer. Frankfurter Rundschau vom 11.04.2015. Zugriff am 02.11.2015 unter http://www.fr-online.de/kultur/medien-internet-die-okkupation-der-privatsphaere,1472786,30401492.html

Franzen, J. (2015). Unschuld. Reinbek: Rowohlt.

Freud, S. (1905). Drei Abhandlungen zur Sexualtheorie. In A. Freud, E. Bibring, W. Hoffer, E. Kris, O. Isakower (Hrsg.), Gesammelte Werke, Bd. V (S. 27–145). Frankfurt a. M.: S. Fischer.

Freud, S. (1911). Formulierungen über die zwei Prinzipien des psychischen Geschehens. In A. Freud, E. Bibring, W. Hoffer, E. Kris, O. Isakower (Hrsg.), Gesammelte Werke, Bd. VIII (S. 230–238). Frankfurt a. M.: S. Fischer.

Freud, S. (1914). Zur Einführung des Narzissmus. In A. Freud, E. Bibring, W. Hoffer, E. Kris, O. Isakower (Hrsg.), Gesammelte Werke, Bd. X (S. 137–170). Frankfurt a. M.: S. Fischer.

Freud, S. (1916/17). Vorlesungen zur Einführung in die Psychoanalyse. In A. Freud, E. Bibring, W. Hoffer, E. Kris, O. Isakower (Hrsg.), Gesammelte Werke, Bd. XI. Frankfurt a. M.: S. Fischer.

Freud, S. (1917). Trauer und Melancholie. In A. Freud, E. Bibring, W. Hoffer, E. Kris, O. Isakower (Hrsg.), Gesammelte Werke, Bd. X (S. 427–446). Frankfurt a. M.: S. Fischer.

Freud, S. (1921). Massenpsychologie und Ich-Analyse. In A. Freud, E. Bibring, W. Hoffer, E. Kris, O. Isakower (Hrsg.), Gesammelte Werke, Bd. XIII (S. 71–161). Frankfurt a. M.: S. Fischer.

Freud, S. (1923). Das Ich und das Es. In A. Freud, E. Bibring, W. Hoffer, E. Kris, O. Isakower (Hrsg.), Gesammelte Werke, Bd. XIII (S. 237–289). Frankfurt a. M.: S. Fischer.

Freud, S. (1926). Hemmung, Symptom und Angst. In A. Freud, E. Bibring, W. Hoffer, E. Kris, O. Isakower (Hrsg.), Gesammelte Werke, Bd. XIV (S. 111–205). Frankfurt a. M.: S. Fischer.

Freud, S. (1930). Das Unbehagen in der Kultur. In A. Freud, E. Bibring, W. Hoffer, E. Kris, O. Isakower (Hrsg.), Gesammelte Werke, Bd. XIV (S. 419–506). Frankfurt a. M.: S. Fischer.

Freud, S. (1932). Neue Folge der Vorlesungen zur Einführung in die Psychoanalyse. In A. Freud, E. Bibring, W. Hoffer, E. Kris, O. Isakower (Hrsg.), Gesammelte Werke, Bd. XV (S. 62–86). Frankfurt a. M.: S. Fischer.

Freud, S. (1937). Die endliche und die unendliche Analyse. In A. Freud, E. Bibring, W. Hoffer, E. Kris, O. Isakower (Hrsg.), Gesammelte Werke, Bd. XVI (S. 57–100). Frankfurt a. M.: S. Fischer.

Friedman, T. L. (2006). Not so smart. The New York Times vom 19.07.2006. Zugriff am 22.10.2015 unter http://www.nytimes.com/2006/07/19/opinion/19friedman.html?_r=0

Frommer, J., Tress, W. (1998). Primär traumatisierende Welterfahrung oder primäre Liebe? Zwei latente Anthropologien in der Psychoanalyse. Forum der Psychoanalyse, 12, 57–77.

Fuchs, T. (2007). Das Gehirn – ein Beziehungsorgan. Stuttgart: Kohlhammer.

Gehrs, O., Tuma, T. (2000). RTL 2. Richtig ausquetschen. Der Spiegel 11/2000. Zugriff am 17.11.2015 unter http://www.spiegel.de/spiegel/print/d-15930910.html

Gill, M. M. (1994). Psychoanalysis in transition: A personal view. Hillsdale, NJ: The Analytic Press.

Glissant, E. (1997). Traité du Tout-Monde. Paris: Gallimard.

Glucksmann, A. (2005). Hass: Die Rückkkehr einer elementaren Gewalt. München u. Wien: Nagel und Kimche.

Goldhagen, D. (1996). Hitlers willige Vollstrecker. Ganz gewöhnliche Deutsche und der Holocaust. Berlin: Siedler.

Göppel, R. (2007). Aufwachsen heute. Veränderungen der Kindheit – Probleme des Jugendalters. Stuttgart: Kohlhammer.

Greiner, U. (2000). Versuch über Intimität. Von Ballermann bis zu »Big Brother«, vom Internet bis zur Talkshow: Der neue Exhibitionismus grassiert. Die Zeit vom 27.04.2000, Zugriff am 16.10.2015 unter http://www.zeit.de/2000/18/200018.intimitaet_.xml

Groys, B. (2000). Unter Verdacht. Eine Phänomenologie der Medien. München: Carl Hanser.

Grunberger, B. (1982). Vom Narzissmus zum Objekt. Frankfurt a. M.: Suhrkamp.

Guth, K.-M. (Hrsg.) (2015). Ovid. Metamorphosen. Berlin: Hofenberg.

Habermas, J. (1981). Theorie des kommunikativen Handelns. 2 Bde. Frankfurt a. M.: Suhrkamp.

Habermas, J. (2005). Zwischen Naturalismus und Religion. Philosophische Aufsätze. Frankfurt a. M.: Suhrkamp.

Han, B.-C. (2010). Müdigkeitsgesellschaft. Berlin: Matthes & Seitz.

Han, B.-C. (2011). Topologie der Gewalt. Berlin: Matthes & Seitz.

Han, B.-C. (2012). Transparenzgesellschaft. Berlin: Matthes & Seitz.

Han B.-C. (2014). Psychopolitik. Neoliberalismus und die neuen Machttechniken. Frankfurt a. M.: Fischer.

haz-online (2011). Terroranschlag als Kunst. Die grausame Schönheit des 11. September. Hannoversche Allgemeine Zeitung vom 18.08.2011. Zugriff am 22.10.2015 unter http://www.haz.de/Nachrichten/Kultur/Uebersicht/Die-grausame-Schoenheit-des-11.-September

Hegel, G. W. F. (1802–1803/1967). System der Sittlichkeit Hamburg: Meiner.

Hegel, G. W. F. (1805–1806/1969). Jenaer Realphilosophie. Hamburg: Meiner.

Hegel, G. W. F. (1820/1979). Grundlinien der Philosophie des Rechts. In E. Moldenhauer, K. M. Michel (Hrsg.), Georg Wilhelm Friedrich Hegel. Werke in zwanzig Bänden, Bd. 7. Frankfurt a. M.: Suhrkamp.

Henley, W. E. (1888). A book of verses. London: D. Nutt.

Herzinger, R. (2000). Die wirklichere Wirklichkeit. Die Zeit Nr. 21 vom 18.05.2000. Zugriff am 15.10.2015 unter http://www.zeit.de/2000/21/Die_wirklichere_Wirklichkeit

Hobsbawm, E. (1995). Das Zeitalter der Extreme. Weltgeschichte des 20. Jahrhunderts 1914 bis 1991. München: Carl Hanser.

Hobson, P. (2003). Wie wir denken lernen. Düsseldorf u. Zürich: Walter (Patmos).

Honneth, A. (2000). Objektbeziehungstheorie und postmoderne Identität. Über das vermeintliche Veralten der Psychoanalyse. Psyche – Zeitschrift für Psychoanalyse und ihre Anwendungen, 54, 1087–1109.

Honneth, A. (1992). Kampf um Anerkennung. Zur moralischen Grammatik sozialer Konflikte. Frankfurt a. M.: Suhrkamp.

Honneth, A. (2003). Unsichtbarkeit. Stationen einer Theorie der Intersubjektivität. Frankfurt a. M.: Suhrkamp.

Honneth, A. (2006). Facetten des vorsozialen Selbst. Eine Erwiderung auf Joel Whitebook. In M. Altmeyer, H. Thomä (Hrsg.), Die vernetzte Seele. Die intersubjektive Wende in der Psychoanalyse (S. 314–333). Stuttgart: Klett-Cotta.

Horkheimer, M. (Hrsg.) (1936/2005). Studien über Autorität und Familie. Forschungsberichte aus dem Institut für Sozialforschung. Reprint der Ausgabe Paris 1936. Lüneburg: zu Klampen.

Horkheimer, M., Adorno, T. W. (1947/1969). Dialektik der Aufklärung. Frankfurt a. M.:Fischer.

Howard, D. (2002). The specter of democracy. New York, NY: Columbia University Press.

Huntington, S. (1993/2002). Kampf der Kulturen. Die Neugestaltung der Weltpolitik im 21. Jahrhundert. München: Goldmann.

Hustvedt, S. (2015). Die gleißende Welt. Reinbek: Rowohlt.

Huxley, A. (1932/1953). Schöne neue Welt. Frankfurt a. M.: Fischer. (Engl.: Brave New World. London: Chatto and Windus)

Jaenicke, C. (2006). Das Risiko der Verbundenheit – Intersubjektivitätstheorie in der Praxis. Stuttgart: Klett-Cotta.

Jessen, J. (2009). Adel macht Eindruck. Familie zu Guttenberg. Die Zeit Nr. 31 vom 23.07.2009. Zugriff am 15.10.2015 unter http://www.zeit.de/2009/31/Die-Guttenbergs

Jungen, O. (2016). Offline gehen: Hoffentlich will heute niemand mehr etwas von mir. Frankfurter Allgemeine Zeitung vom 02.01.2016. Zugriff am 03.01.2016 unter http://www.faz.net/aktuell/feuilleton/medien/offline-gehen-hoffentlich-will-niemand-was-von-mir-13993301.html

Kassir, S. (2006). Das arabische Unglück. Berlin: Schiler. (Frz.: Considérations sur le malheur arabe. Arles: Actes Sud-Sindbad, 2004)

Kegel, S. (2000). Du bist nicht allein. Frankfurter Allgemeine Zeitung vom 10.05.2000.

Kegel, S. (2015). Das Internet ist die DDR von heute. Rezension zu Jonathan Franzens Roman »Unschuld«. Frankfurter Allgemeine Zeitung vom 29.08.2015. Zugriff am 13.10.2015 unter http://www.faz.net/aktuell/feuilleton/buecher/buecher-der-woche/rezension-unschuld-von-jonathan-franzen-13773447.html

Koenen, G. (2001) Das rote Jahrzehnt. Köln: Kiepenheuer & Witsch.

Koenen, G. (2003). Vesper, Ensslin, Baader. Köln: Kiepenheuer & Witsch.

König, H. (2012). Im Gespräch mit Dr. Till Bastian. Zugriff am 02.11.2015 unter http://interviews-mit-autoren.blogspot.de/2012/08/helga-konig-im-gesprach-mit-dr-till.html

Krämer, S. (2001). Sprache, Sprechakt, Kommunikation. Sprachtheoretische Positionen des 20. Jahrhunderts. Frankfurt a. M.: Suhrkamp.

Kranzberg, M. (1986). Technology and History: »Kranzberg's Laws«. Technology and Culture, 27 (3), 544–560.

Kraushaar, W. (Hrsg.) (2006). Die RAF und der linke Terrorismus, 2 Bde. Hamburg: Hamburger Edition.

Krauss, N. (2011). Das große Haus. Reinbek: Rowohlt. (Engl.: Great house: A novel. New York: W. W. Norton & Company, 2010)

Kuhn, T. S. (1976). Die Struktur wissenschaftlicher Revolutionen (2. Aufl.). Frankfurt a. M.: Suhrkamp.

Lacan, J. (1936/1973). Das Spiegelstadium als Bildner der Ichfunktion. In J. Lacan, Schriften I (S. 61–70). Olten u. Freiburg i. Br.: Walter.

Lanier, J. (2014). Wem gehört die Zukunft? Du bist nicht der Kunde der Internetkonzerne. Du bist ihr Produkt. Hamburg: Hoffman und Campe. (Engl.: Who owns the future? Simon and Schuster, 2013)

Laplanche, J. (1996). Die unvollendete kopernikanische Revolution in der Psychoanalyse. Frankfurt a. M.: Fischer.

Lasch, C. (1979/1995). Das Zeitalter des Narzissmus. Hamburg: Hoffmann und Campe.

Lau, P. (2000). Brand eins antwortet: Martin Altmeyer. brand eins. Wirtschaftsmagazin. Ausgabe 06/2000. Zugriff am 21.10.2015 unter http://www.brandeins.de/archiv/2000/zeit/brand-eins-antwortet-martin-altmeyer/

Lear, J. (2005). Freud. New York u. London: Routledge.

Lemma, A. (2015). Psychoanalyse in Zeiten der technologischen Kultur. Überlegungen zum Schicksal des Körpers im virtuellen Raum. Psyche – Zeitschrift für Psychoanalyse und ihre Anwendungen, 69 (5), 391–412.

Löffler, S. (2002). Kritiker Marcel Reich-Ranicki. Literaturen 2 (1/2), 27.

Lovenberg, F. von (2015). Das ist alles sehr deutsch. Interview mit Jonathan Franzen. Frankfurter Allgemeine Zeitung vom 30.08.2015. Zugriff am 13.10.2015 unter http://www.faz.net/aktuell/feuilleton/buecher/autoren/jonathan-franzen-unschuld-im-interview-13773830.html

Lueken, V. (2015). Filmfestival in Cannes. Selfie, nein danke. Frankfurter Allgemeine Zeitung vom 18.04.2015. Zugriff am 15.10.2015 unter http://www.faz.net/aktuell/feuilleton/kino/selfie-verbot-in-cannes-13544317.html

Lyons-Ruth, K. (1999). The two-person unconscious: Intersubjective dialogue, enactive relational representation, and the emergence of new forms of relational organization. Psychoanalytic Inquiry: A Topical Journal for Mental Health Professionals, 19 (4), 576–617.

Lyons-Ruth, K., Bruschweiler-Stern, N., Harrison, A. M., Morgan, A. C., Nahum, J. P., Sander, L., Stern, D. N., Tronick, E. Z. (1998). Implicit relational knowing: Its role in development and psychoanalytic treatment. Infant Mental Health Journal, 19 (3), 282–289.

Marx, K. (1845/1888/1969). Thesen über Feuerbach. In Marx-Engels Werke, Bd. 3 (S. 533 ff.). Berlin: Dietz.

Masson, J. M. (Hrsg.) (1999). Sigmund Freud. Briefe an Wilhelm Fließ 1887–1904. Frankfurt a. M.: Fischer.

Matt, P. von (1979). Die Opus-Phantasie. Das phantasierte Werk als Metaphantasie im kreativen Prozess. Psyche – Zeitschrift für Psychoanalyse und ihre Anwendungen, 33, 193–212.

McLuhan, M. (1964/1992). Die magischen Kanäle. Düsseldorf: Econ.

Mercier, P. (2004). Nachtzug nach Lissabon. München: Carl Hanser.

Mitchell, S. A. (2003). Bindung und Beziehung. Auf dem Weg zu einer relationalen Psychoanalyse. Gießen: Psychosozial-Verlag.

Morozov, E. (2013). Smarte neue Welt: Digitale Technik und die Freiheit des Menschen. München: Blessing.

O'Connor, B. (2015). Here is what appears to be Dylann Roofs racist manifest. Zugriff am 22.10.2015 unter http://gawker.com/here-is-what-appears-to-be-dylann-roofs-racist-manifest-1712767241

Ogden, T. H. (1994). Subjects of analysis. Northvale, NJ: Jason Aronson.

Ogden, T. H. (1997). Über den potentiellen Raum. Forum der Psychoanalyse, 13, 1–18.

Orwell, G. (1949/1994). 1984. Berlin: Ullstein (Engl.: Nineteen Eighty-Four. London: Secker & Warburg)

Pauen, M., Welzer, H. (2015). Autonomie. Eine Verteidigung. Frankfurt a. M.: Fischer.

Potthoff, P., Wollnik, S. (2014). Die Begegnung der Subjekte. Die intersubjektiv-relationale Perspektive in Psychoanalyse und Psychotherapie. Gießen: Psychosozial.

Radisch, I. (2015). Europa muss kollabieren. Interview mit Giorgio Agamben. Die Zeit Nr. 35 vom 27.08.2015. Zugriff am 02.11.2015 unter http://www.zeit.de/2015/35/giorgio-agamben-philosoph-europa-oekonomie-kapitalismus-ausstieg

Radkau, J. (1998). Das Zeitalter der Nervosität. Deutschland zwischen Bismarck und Hitler. München: Carl Hanser.

Reemtsma, J. P. (2008). Vertrauen und Gewalt. Versuch über eine besondere Konstellation der Moderne. Hamburg: Hamburger Edition.

Reemtsma, J. P. (2015a). Gewalt als attraktive Lebensform betrachtet. Abschiedsrede am Hamburger Institut für Sozialforschung vom 5. Juni 2015 (als mp3 auf der Webseite des Instituts).

Reemtsma, J. P. (2015b). Gespräch mit Jan Philipp Reemtsma »Das Dementi der Realität ist die dümmste Art der Zeitverschwendung«. Neue Gesellschaft Frankfurter Hefte, (1/2), 21–28.

Reiche, R. (1991). Haben frühe Störungen zugenommen? Psyche – Zeitschrift für Psychoanalyse und ihre Anwendungen, 45 (12), 1045–1066 (auch in R. Reiche (2004), Triebschicksal der Gesellschaft. Frankfurt a. M. u. New York: Campus).

Reiche, R. (1999). Subjekt, Patient, Außenwelt. Psyche – Zeitschrift für Psychoanalyse und ihre Anwendungen, 53, 572–596.

Reiche, R. (2004). Triebschicksal der Gesellschaft. Frankfurt a. M. u. New York: Campus.

Reiche, R. (2011). Beschleunigung – als Epochenbegriff, als Zeitdiagnose und als Strukturgesetz des Kapitals. Psyche – Zeitschrift für Psychoanalyse und ihre Anwendungen, 65, 1089–1112.

Riesman, D. (1956). Die einsame Masse. Darmstadt: Luchterhand.

Rosa, H. (2005). Beschleunigung: Die Veränderung der Zeitstrukturen in der Moderne. Frankfurt a. M.: Suhrkamp.

Rosa, H. (2011). Beschleunigung und Depression – Überlegungen zum Zeitverhältnis der Moderne. Psyche – Zeitschrift für Psychoanalyse und ihre Anwendungen, 65 (11), 104–1060.

Rosa, H. (2012). Resonanz statt Entfremdung: Zehn Thesen wider die Steigerungslogik der Moderne. Tagung des SFB 580 »Gesellschaftliche Entwicklungen nach dem Systemumbruch« und des Kollegs »Postwachstumsgesellschaften« am 14./15.6.2012 in Jena. Zugriff am 03.11.2015 unter http://www.kolleg-postwachstum.de/sozwgmedia/dokumente/Thesenpapiere+und+Materialien/Thesenpapier+Krise+_+Rosa.pdf

Rosa, H. (2013). Beschleunigung und Entfremdung. Entwurf einer kritischen Theorie spätmoderner Zeitlichkeit. Berlin: Suhrkamp.

Roth, G., Strüber, N. (2014). Wie das Gehirn die Seele macht. Stuttgart: Klett-Cotta.

Roy, O. (2006). Der islamische Weg nach Westen. München: Pantheon.

Schillemeit, J. (Hrsg.) (1992). Franz Kafka: Nachgelassene Schriften und Fragmente II (S. 143–217). Frankfurt a. M.: Fischer.

Schirrmacher, F. (2008). Pflüger contra Will. Der Mameluck. Frankfurter Allgemeine Zeitung vom 04.06.2008. Zugriff am 15.10.2015 unter http://www.faz.net/aktuell/feuilleton/pflueger-contra-will-der-mameluck-1542627.html

Schirrmacher, F. (Hrsg.) (2015). Technologischer Totalitarismus. Eine Debatte. Frankfurt a. M.: Suhrkamp.

Schivelbusch, W. (2001). Die Kultur der Niederlage: Der amerikanische Süden 1865. Frankreich 1871. Deutschland 1918. Berlin: Alexander Fest.

Said, E. (1978/2009). Orientalismus. Frankfurt a. M.: Fischer.

Schmid, T. (2015). Lassen Sie uns banal miteinander werden. Jan Philipp Reemtsmas Abschiedsvortrag. Die Welt vom 07.06.2015. Zugriff am 22.10.2015 unter http://schmid.welt.de/2015/06/07/lassen-sie-uns-banal-miteinander-werden-jan-philipp-reemtsmas-eleganter-abschiedsvortrag/

Sennett, R. (1976/1986). Verfall und Ende des öffentlichen Lebens. Die Tyrannei der Intimität (4. Aufl.). Frankfurt a. M.: Fischer.

Singer, W. (2002). Der Beobachter im Gehirn: Essays zur Hirnforschung. Frankfurt a. M.: Suhrkamp.

Sloterdijk, P. (2014). Die schrecklichen Kinder der Neuzeit: über das anti-genealogische Experiment der Moderne. Berlin: Suhrkamp.

Spiegel-Online Kultur (2001). Eklat: Stockhausen vergleicht Terroranschlag mit Kunst. Spiegel-Online vom 18.09.2001. Zugriff am 22.10.2015 unter http://www.spiegel.de/kultur/gesellschaft/eklat-stockhausen-vergleicht-terroranschlag-mit-kunst-a-157890.html

Spiegel-Online Netzwelt (2010). Mark Zuckerberg: Facebook-Boss nennt weniger Datenschutz zeitgemäß. Spiegel-Online vom 10.01.2010. Zugriff am 02.11.2015 unter http://www.spiegel.de/netzwelt/web/mark-zuckerberg-facebook-boss-nennt-weniger-datenschutz-zeitgemaess-a-671083.html

Stepansky, P. E. (2009). Psychoanalysis at the Margins. New York, NY: Other Press.

Stern, D. N. (1992) Die Lebenserfahrung des Säuglings. Stuttgart: Klett-Cotta.

Stern, D. N. (2005). Unconscious experience: Science and infancy research. Vortrag auf der Konferenz der International Association for Relational Psychoanalysis and Psychotherapy (IARPP) am 25.6.2005 in Rom (unveröffentlicht).

Stöcker, C. (2009). Netz-Strategie: Google will die Herrschaft. Spiegel-Online vom 08.12.2009. Zugriff am 02.11.2015 unter http://www.spiegel.de/netzwelt/netzpolitik/netz-strategie-google-will-die-weltherrschaft-a-665813.html

Strauß, B. (1993). Anschwellender Bocksgesang. Der Spiegel, 6/1993, 202–207. Zugriff am 22.10.2015 unter http://magazin.spiegel.de/EpubDelivery/spiegel/pdf/13681004; später publiziert in: Der Pfahl, 9–25. München: Matthes & Seitz.

Strauß, B. (2013a). Der Plurimi-Faktor. Anmerkungen zum Außenseiter. Spiegel-Essay 31/2013

Strauß, B. (2013b). Lichter des Toren. Der Idiot und seine Zeit. München: Diederichs.

Streeck, U. (2016). Psychotherapie – ein Weg zum Seelenenhancement? Psychotherapeut 61.

Ströbele, C. (2015). Dieser Mensch gehört Euch nicht. Die Zeit vom 06.03.2015. Zugriff am 15.10.2015 unter http://www.zeit.de/kultur/musik/2015–03/esc-andreas-kuemmert-absage-kommentar

Taylor, C. (1996). Quellen des Selbst. Die Entstehung der neuzeitlichen Identität (8. Aufl.). Frankfurt a. M.: Suhrkamp.

Taylor, C. (2009). Ein säkulares Zeitalter. Frankfurt a. M.: Suhrkamp.

Thadden, E. von (2005). Die Igel der Welt. Interview mit Sudhir Kakar. Die Zeit vom 06.04.2005. Zugriff am 28.10.2015 unter http://www.zeit.de/2005/15/st-kakarneu

Theweleit, K. (1977/1978). Männerphantasien, 2 Bde. Bd. 1: Frauen, Fluten, Körper, Geschichte; Bd. 2: Männerkörper. Zur Psychoanalyse des Weißen Terrors. Frankfurt a. M.: Roter Stern.

Theweleit, K. (2015). Das Lachen der Täter. St. Pölten: Residenz Verlag.

Thomä, H. (1999). Zur Theorie und Praxis von Übertragung und Gegenübertragung im psychoanalytischen Pluralismus. Psyche – Zeitschrift für Psychoanalyse und ihre Anwendungen, 53, 820–872.

Thomä, H. (2001). Intersubjektivität und Bifokalität der Übertragung. In W. Bohleber, S. Drews (Hrsg.), Die Gegenwart der Psychoanalyse und die Psychoanalyse der Gegenwart (S. 370–383). Stuttgart: Klett-Cotta.

Thomä, H., Kächele, H. (2006). Lehrbuch der psychoanalytischen Therapie. Bd. 1: Grundlagen, Bd. 2: Praxis, Bd. 3: Forschung (3., überarb. u. aktual. Aufl.). Berlin u. a.: Springer.

Tomasello, M. (2002). Die kulturelle Entwicklung des menschlichen Denkens. Frankfurt a. M.: Suhrkamp.

Trevarthen, C. (1979). Communication and cooperation in early infancy: A description of primary intersubjectivity. In M. Bullowa (Ed.), Before speech: The beginning of interpersonal communication (pp. 321–347). New York: Cambridge University Press.

Trotha, T. von (1997). Zur Soziologie der Gewalt. In T. von Trotha (Hrsg.), Soziologie der Gewalt (S. 9–56) (Kölner Zeitschrift für Soziologie und Sozialpsychologie, Sonderheft 37). Opladen u. Wiesbaden: Verlag für Sozialwissenschaften.

Tustin, F. (1996). Die Zementierung eines Irrtums. Arbeitshefte Kinderanalyse, 22/23, 15–37.

Voss, J. (2015). Gerhard Richter. Ein Mahnmal für die Häftlinge von Auschwitz. Frankfurter Allgemeine Zeitung vom 28.02.2015. Zugriff am 15.10.2015 unter http://www.faz.net/aktuell/feuilleton/kunst/gerhard-richter-vier-gemaelde-zu-auschwitz-13454785.html

Wallerstein, R. S. (1990). Psychoanalysis. The common ground. International Journal of Psychoanalysis, 71, 3–20.

Wasik, B. (2015) Welcome to the age of digital imperialism. The New York Times Magazine vom 04.06.2015. Zugriff am 03.11.2015 unter http://www.nytimes.com/2015/06/07/magazine/welcome-to-the-age-of-digital-imperialism.html?_r=0

Welzer, H. (2005). Täter – Wie aus ganz normalen Menschen Massenmörder werden. Frankfurt a. M.: Fischer.

Wikipedia (o. J.). Amoklauf an der Columbine High School. Zugriff am 22.10.2015 unter https://de.wikipedia.org/wiki/Amoklauf_an_der_Columbine_High_School

Willemsen, R. (2000). Was »Big Brother« bedeutet. Die Reality-Show wurde zur ersten kulturellen Metapher des neuen Jahrtausends. Die Zeit vom 14.09.2000. Zugriff am 18.12.2015 unter http://www.zeit.de/2000/38/Was_Big_Brother_bedeutet

Winnicott, D. W. (1955/1983). Von der Kinderheilkunde zur Psychoanalyse. Frankfurt a. M.: Fischer.

Winnicott, D. W. (1965/1974). Reifungsprozesse und fördernde Umwelt. München: Kindler.

Winnicott, D. W. (1971/1995). Vom Spiel zur Kreativität. Stuttgart: Klett-Cotta.

Winterhoff, M. (2008). Warum unsere Kinder Tyrannen werden: Oder: Die Abschaffung der Kindheit (unter Mitarbeit von Carsten Tergast). Gütersloh: Gütersloher Verlagshaus.

YouTube (2009). Interview mit Eric Schmidt. Zugriff am 02.11.2015 unter https://www.youtube.com/watch?v=cJmt48z_cME

Ziehe, T. (1975). Pubertät und Narzissmus. Sind Jugendliche entpolitisiert? Frankfurt u. Köln: Europäische Verlagsanstalt.

Žižek, S. (2000). Die Kamera liebt dich. Unser Leben als Seifenoper. Süddeutsche Zeitung vom 28.03.2000. (auch In F. Balke, G. Schwering, U. Stäheli (Hrsg.), Big Brother: Beobachtungen, S. 151–155. Bielefeld: Transcript Verlag.)

Žižek, S. (2002). Die Revolution steht bevor: Dreizehn Versuche über Lenin.
    Frankfurt a. M.: Suhrkamp.
Žižek, S. (2008). Violence: six sideways reflections. London: Picador (deutsch:
    Gewalt. Sechs abseitige Reflexionen. Aus dem Englischen von Andreas Leo-
    pold Hofbauer. Herausgegeben von Willi Baer und Karl-Heinz Dellwo. Laika
    Verlag 2012).
Žižek, S. (2011). Die bösen Geister des himmlischen Bereichs. Der linke Kampf
    um das 21. Jahrhundert. Frankfurt a. M.: Fischer.
Žižek, S. (2014). ISIS is a disgrace to true fundamentalism. The New York Times
    vom 03.09.2014. Zugriff am 21.10.2015 unter http://opinionator.blogs.nyti-
    mes.com/2014/09/03/isis-is-a-disgrace-to-true-fundamentalism/?_r=0
Žižek, S. (2015a). Wer hat die Kraft der Leidenschaft? Zeit vom 28.01.2015.
    Zugriff am 21.10.2015 unter http://www.zeit.de/2015/03/slavoj-zizek-char-
    lie-hebdo-fundamentalisten
Žižek, S. (2015b). Verunsicherte Fundamentalisten. Schweizer Wochenzeitung
    vom 15.01.2015. Zugriff am 21.10.2015 unter https://www.woz.ch/-58d8

Nachwort

Dieses Buch enthält die vorläufige Bilanz von Untersuchungen, die ich seit der Jahrtausendwende zum Wandel der modernen Seelen- und Lebenswelt angestellt habe.

Begonnen hat das Projekt einer Zeitdiagnose mit einer Revision der psychoanalytischen Narzissmustheorie, veröffentlicht als Buch unter dem Titel »Narzissmus und Objekt. Ein intersubjektives Verständnis der Selbstbezogenheit« (Altmeyer, 2000a) und als Aufsatz über »Narzissmus, Intersubjektivität und Anerkennung« in der Zeitschrift »Psyche« (Altmeyer, 2000b). Meine dort begründete Auffassung, dass der Narzissmus keineswegs selbstbezogen ist, sondern entwicklungspsychologisch erst im Spiegel der Umwelt entsteht, unbewusst das psychische Innen mit dem sozialen Außen verbindet und die heimliche Hoffnung auf zwischenmenschliche Resonanz trägt, bildet den Kern des dritten Teils (III), angereichert durch Erkenntnisse aus der empirischen Säuglingsforschung zur primären Intersubjektivität (Altmeyer, 2005a) und erweitert um das Konzept eines relationalen, das heißt auf die Lebenswelt bezogenen Unbewussten, das ich in dem Aufsatz »Das Unbewusste als der virtuelle Andere« (Altmeyer, 2005b) skizziert und nun ausgearbeitet habe. Dieser Mittelteil fungiert als eine Art metatheoretische Brücke, welche die sozialphänomenologische Oberflächenbeschreibung der digitalen Moderne in den beiden ersten Teilen mit ihrer sozialpsychologischen Tiefenanalyse in den beiden letzten Teilen verbindet.

Vorüberlegungen zum ersten Teil dieses Buchs (I) habe ich bereits in einem Vortrag bei den Lindauer Psychotherapiewochen 2002 mit dem Titel »Videor ergo sum! Ich werde gesehen, also bin ich!« angestellt, als Epilog aufgenommen in den Aufsatzband »Im Spiegel des Anderen. Anwendungen einer relationalen Psychoanalyse« (Altmeyer, 2003) und später fortgeführt in dem Zeitschriftenbeitrag »Identitätsspiele mit der Kamera. Medialer Narzissmus und das zeitgenössische Selbst« (Altmeyer, 2009a). In den zweiten Teil (II) sind Gedanken aus einem früheren Aufsatz über »Big Brother und andere Inszenierungen postmoderner Identität« (Altmeyer, 2001) sowie aus einem Tagungsbeitrag »Das Selbst im Blick des Anderen: die Modernisierung der Psyche« (Altmeyer, 2012) aufgenommen und weiterentwickelt worden.

Der vierte Teil (IV), die Anwendung eines relationalen Narziss-muskonzepts auf das Verständnis öffentlich begangener und medial inszenierter Gewaltausübung, ist aus mehreren Quellen entstanden: zum Ersten aus meiner Antrittsvorlesung an der Universität Kassel »Gewalt als unbewusste Botschaft. Zur Dynamik des sogenannten ›Amoklaufs‹« (11. Juni 2008, unveröffentlicht); zum Zweiten aus ver-schiedenen Zeitungs- und Zeitschriftenaufsätzen zum islamistischen Terror von Al Qaida in der Folge des 11. September 2001 und aus Nachgedanken zu den Massenmorden des Islamischen Staats in Paris im Jahr 2015; zum Dritten aus Studien zu den Motiven sozialrevo-lutionärer Gewaltrechtfertigung innerhalb der 1968er-Bewegung, insbesondere der RAF (Altmeyer, 2007, 2009a).

Der fünfte Teil (V) schließlich hat seine erste Quelle in einem Zeitschriftenaufsatz »Inklusion, Wissenschaftsorientierung, Inter-subjektivität. Modernisierungstendenzen im psychoanalytischen Gegenwartsdiskurs« (Altmeyer, 2004). Es sind auch Grundgedanken aus einem Buch wiederaufgenommen und weiterentwickelt worden, das ich unter dem Titel »Die vernetzte Seele. Die intersubjektive Wende der Psychoanalyse« zusammen mit Helmut Thomä heraus-gegeben habe (Altmeyer u. Thomä, 2006); dort haben wir den Wan-del der »Wissenschaft vom Unbewussten« (Freud) von der Trieb- zu einer Beziehungstheorie dokumentiert, ein Paradigmenwechsel der im deutschen Sprachraum verspätet eingesetzt hat und immer noch im Gange ist.

Zudem sind in diesen abschließenden Teil einige Thesen aus zwei Beiträgen eingeflossen, die ich für die Zeitschrift »Forum der Psy-choanalyse« verfasst habe – ein Aufsatz zur Modernisierung der Psy-choanalyse (Altmeyer, 2011) und ein zeitdiagnostischer Beitrag zur Veränderung des Sozialcharakters (Altmeyer, 2013) – und die für dieses Buch verdichtet, weitergedacht und angereichert worden sind.

Die ungenannten impliziten Quellen sind sozialphilosophische, entwicklungspsychologische und psychoanalytische Überlegungen zum Verhältnis von Individuum und Gesellschaft, das vor allem durch soziale Resonanz vermittelt wird. Wie ich darüber denke, ist stark beeinflusst von Hegel, dem Vordenker der modernen Intersubjektivitätstheorie, und seinen sozialphilosophischen Erben Max Horkheimer und Theodor W. Adorno, Jürgen Habermas, Charles Taylor und Axel Honneth. Andere Einflüsse stammen aus der Tradition der empirischen Säuglingsforschung mit ihrem entwicklungspsychologischen Basiskonzept einer primären Intersubjektivität, wie es unter anderem von Daniel Stern und Martin Dornes vertreten wird. Eine dritte Quelle meines Denkens bildet eine modernisierte Psychoanalyse, die sich im Zuge ihrer intersubjektiven Wende endlich dazu durchgerungen hat, die fundamentale Weltbezogenheit und soziale Vernetzung des menschlichen Seelenlebens anzuerkennen.

Für eine Zeitdiagnose der digitalen Moderne gilt im Übrigen immer noch, was Hegel über die Einbettung des Einzelnen in seine Zeit gesagt hat (Hegel, 1820/1979, S. 28):

»Was das Individuum betrifft, so ist ohnehin jedes ein Sohn seiner Zeit [oder eine Tochter, würde man heute ergänzen; M. A.], so ist auch die Philosophie ihre Zeit in Gedanken erfasst. Es ist ebenso töricht zu wähnen, irgendeine Philosophie gehe über ihre gegenwärtige Welt hinaus, als ein Individuum überspringe seine Zeit, springe über Rhodus hinaus. Geht seine Theorie in der Tat drüber hinaus, baut es sich eine Welt, wie sie sein soll, so existiert sie wohl, aber nur in seinem Meinen – einem weichen Elemente, dem sich alles Beliebige einbilden lässt. […] Wenn die Philosophie ihr Grau in Grau malt, dann ist eine Gestalt des Lebens alt geworden, und mit Grau in Grau lässt sie sich nicht verjüngen, sondern nur erkennen; die Eule der Minerva beginnt erst mit der einbrechenden Dämmerung ihren Flug«.

Danksagung

Mein Dank geht zunächst an meine Frau Martina, die bei der Entstehung des Manuskripts über Jahre hinweg die erste und sehr genaue Leserin gewesen ist, sowie an unsere Söhne Michael und Andreas, deren jugendliche Unbefangenheit gegenüber den neuen Medien mir meine eigenen Vorurteile erst zugänglich und bewusst gemacht hat. Danken möchte ich Marianne Leuzinger-Bohleber vom Frankfurter Sigmund Freud-Institut und Axel Honneth vom Frankfurter Institut für Sozialforschung, die das interdisziplinär angelegte Projekt wissenschaftlich von Anfang an gefördert haben. Dankbar bin ich Gert Krell für seine politikwissenschaftlichen Kommentare und Ulrich Streeck für seine psychoanalytischen Anregungen; beiden bin ich in langjähriger Freundschaft verbunden. Anderen guten Freunden möchte ich für ihre praktische Unterstützung danken: Norbert und Isolde Heilmann-Kunz haben uns ihr Haus im Midi zur Verfügung gestellt, wo das Manuskript in der Abgeschiedenheit der südfranzösischen Provinz erst seine endgültige Struktur bekam; für die Schlussredaktion haben uns Judith und Joseph Schachter ihre Hochhauswohnung in New York City überlassen, sodass am Ende der Sound meiner Lieblingsmetropole in das Buch einfließen konnte. Herzlichen Dank gebührt darüber hinaus Imke Heuer und Ulrike Rastin vom Verlag Vandenhoeck & Ruprecht für das intensive Engagement, mit dem beide die Entstehung des Texts redaktionell begleitet haben. Danken möchte ich schließlich und vor allem Martin Dornes, meinem Bruder im Geiste einer Verteidigung der gesellschaftlichen und seelischen Moderne. Er hat mich nicht nur ermutigt und angetrieben, sondern mit seinen wertvollen Vorschlägen, Anregungen und Abratungen die Arbeit bis zum Ende begleitet. Seine Begleitung hat entscheidend dazu beigetragen, dass bei der Analyse der Medienwelt die Empirie nicht allzu flach und die Theorie nicht allzu spekulativ geworden ist.

Personenregister

Ehrenberg, Alain 28
Elias, Norbert 162
Eliot, Thomas Stearns 185
Ellison, Ralph Waldo 198 f.
Elvers-Elbertzhagen, Jenny 89
Engels, Friedrich 157
Ensslin, Gudrun 61
Enzensberger, Hans Magnus 26,
    153, 165, 181, 209

F
Fanon, Frantz 157, 198
Feifer, Jason 17
Feldenkirchen, Markus 53
Fließ, Wilhelm 134, 154
Foer, Jonathan Safran 64
Fonagy, Peter 109
Foucault, Michel 22, 44, 211
Franck, Georg 37, 67 f.
Frank, Joachim 209
Franzen, Jonathan 26, 77, 207 f.
Freud, Sigmund 22, 73, 103, 105 ff.,
    114 f., 119, 127, 133 f., 153 f.,
    156 f., 213, 258
Friedman, Thomas L. 182
Frommer, Jörg 115
Fuchs, Thomas 190

G
Gauck, Joachim 196
Gehrs, Oliver 86
Gelernter, David 55, 221
Gergely, György 109
Gill, Merton M. 109
Glissant, Edouard 199
Glucksmann, André 158 f., 165
Goldhagen, Daniel 169
Göppel, Rolf 213
Gottschalk, Thomas 46
Greiner, Ulrich 85
Groys, Boris 64
Grunberger, Béla 121
Guevara, Che 176
Guth, Karl-Maria 131
Guttenberg, Karl-Theodor Freiherr
    von und zu 53

H
Habermas, Jürgen 22, 110, 203, 259
Han, Byung-Chul 26, 213 f.
Harrelson, Woody 141
Harris, Eric 139, 142, 147 f., 150 ff.
Harting, Robert 236
Hartwich, Daniel 96
Hasselhoff, David 89
Hegel, Georg Wilhelm Friedrich
    196 f., 259
Heidenreich, Elke 46 f.
Henley, William Ernest 151
Herberger, Sepp 93
Herzinger, Richard 54
Hirst, Damien 172
Hobsbawm, Eric 166
Hobson, Peter 110
Honneth, Axel 45, 198 f., 229, 239,
    259 f.
Horkheimer, Max 22, 65, 154,
    214 f., 259
Howard, Dick 176
Huntington, Samuel 170 f.
Hustvedt, Siri 33
Huxley, Aldous 25, 55, 208

J
Jaenicke, Chris 109
Jagger, Mick 97
Jessen, Jens 53
Jobs, Steve 221
Joy, Bill 55
Jurist, Elliot L. 109

K
Kächele, Horst 109
Kafka, Franz 194
Kahn, Oliver 227
Kakar, Sudhir 31
Karasek, Hellmuth 45
Kardashian West, Kim 123 f.
Kassir, Samir 181
Kegel, Sandra 26, 85, 207
Kerkeling, Hape 96
Khan, Jay
    »der schöne Jay« 99 f.
Kiefer, Anselm 172

Sachregister

Scharnierfunktion 105
Schaubühne 11, 38, 69 ff., 81, 99,
   114, 125, 137, 148, 216
Schauplatz 141, 146, 196, 214
Schauspieler 13 f., 42, 97 ff.
Schibboleth 108
Schicksal 13, 44
schöpferisch 126, 128
Schuld 145, 151
   schuldig 160
Schulmassaker/Highschool-
   Massaker 142 f.
Seele 12, 23, 30, 64, 70, 75, 103 ff.,
   109, 112, 114, 151, 171, 187, 189,
   191, 206, 211, 216, 223, 229,
   239 ff.
   Seelenleben 14 f., 17, 19, 25,
      30 f., 41, 67, 73, 81 f., 103,
      107, 111 f., 122, 126, 132,
      101, 192, 197 f., 203 f., 223,
      228 f., 240
   seelisch 13, 19, 41, 169
Sehnsucht 17, 38, 41, 53, 197
Selbst
   -analyse 134
   -anteil 133
   -ausbeutung 26, 214
   -auslöschung 123
   -befragung 178
   -begegnung 126
   -behauptung 157
   -bekenntnis 151
   -beobachtung 17
   -bestimmung 191, 204, 208
   -bewusstsein 113, 129, 224
   -beziehung 103 f., 119
   -bezogenheit 22, 28, 103, 121,
      125
   -bild 12, 37, 39, 123
   -darstellung 11, 37, 47, 49, 69 ff.,
      77, 80, 85, 103, 122, 137,
      200, 206, 215 f., 228, 236
   -design 211
   -entblößung 79, 84
   -entgrenzung 123
   -entwicklung 241
   -erfahrung 131

-erhaltung 154
-erhöhung 122
-erkenntnis 18
-ermächtigung 152, 161
-erniedrigung 122
-erweiterung 122
-findung 157
-gerechtigkeit 27
-in-Beziehung 110
-inszenierung 37 f., 48, 50 f., 53,
   64, 71, 137, 146 f., 150, 210
-ironie 232
-kontrolle 161
-liebe 12, 103, 122, 124
-marketing 217
-mord 13, 48, 61, 156
-optimierung 28, 137, 210
-pathologie 161
-performanz 211
-porträt 37
-präsentation 66, 205, 218
-reflexion 133
-sicherheit 133
-sicht 23
-spiegelung 126, 206
-täuschung 112
-überschätzung 98
und Anderer 123, 156
und Welt 12, 118, 126, 128, 197
-unsicherheit 193
-vergewisserung 14, 35, 70, 109,
   124, 132, 164
-verkapselung 123
-verliebtheit 39
-vernichtung 153
-versunkenheit 98, 122
-verwirklichung 214
-wert 130
-wertgefühl 45, 122, 155, 179,
   232
-zweck 158, 192
-zweifel 122
Selbst, das
   abgegrenzte 240
   bedürftige 38
   begehrende 197
   beschädigte 148, 161